A reforma do Poder Judiciário no estado do Rio de Janeiro

FUNDAÇÃO GETULIO VARGAS
Praia de Botafogo, 190
22250-900 – Rio de Janeiro, RJ – Brasil
www.fgv.br

EBAPE/FGV
Escola Brasileira de Administração Pública e de Empresas
Praia de Botafogo, 190 — 3º, 4º e 5º andares
22250-900 – Rio de Janeiro, RJ – Brasil
www.ebape.fgv.br.

FGV PROJETOS
Praia de Botafogo, 190 — 6º andar
22250-900 – Rio de Janeiro, RJ – Brasil
www.ebape.fgv.br/fgvprojetos

Impresso no Brasil / *Printed in Brazil*

Todos os direitos reservados. A reprodução não autorizada desta publicação, no todo ou em parte, constitui violação do copyright (Lei nº 5.988).

A reforma do Poder Judiciário no estado do Rio de Janeiro

FUNDAÇÃO
GETULIO VARGAS

ISBN — 85-225-0500-4

Copyright © Fundação Getulio Vargas

EDITORA FGV
Praia de Botafogo, 190 — 14º andar
22250-900 — Rio de Janeiro, RJ — Brasil
Tels.: 0800-21-7777 — 21-2559-5543
Fax: 21-2559-5532
e-mail: editora@fgv.br — pedidoseditora@fgv.br
web site: www.editora.fgv.br

Impresso no Brasil / *Printed in Brazil*

Todos os direitos reservados. A reprodução não autorizada desta publicação, no todo ou em parte, constitui violação do copyright (Lei nº 5.988).

Os conceitos emitidos neste livro são de inteira responsabilidade dos autores.

1ª edição — 2005

EDITORAÇÃO ELETRÔNICA: FA Editoração Eletrônica

CAPA: Studio Creamcrackers

Ficha catalográfica elaborada pela Biblioteca
Mario Henrique Simonsen/FGV

A reforma do Poder Judiciário no estado do Rio de Janeiro /
  Fundação Getulio Vargas. — Rio de Janeiro : Fundação
  Getulio Vargas, 2005.
  312p.

  Inclui bibliografia.

  1. Poder Judiciário — Rio de Janeiro (estado). I. Fundação
Getulio Vargas.

CDD — 341.256

Sumário

Apresentação   9

Judiciário: construindo um novo modelo   13
Nelson Jobim

A nova gestão do Poder Judiciário   17
Marcus Faver e Miguel Pachá

A resposta da gestão estratégica às exigências de efetividade,
eficácia e eficiência no Poder Judiciário   25
Newton Meyer Fleury

O alinhamento estratégico no Poder Judiciário, garantido pela
Comissão de Gestão Estratégica e Assessoria de Desenvolvimento
Institucional   37
Mauriti Maranhão

O Fundo Especial do Tribunal de Justiça como garantia de
autonomia administrativa e de responsabilidade fiscal   47
Jessé Torres Pereira Junior

A qualificação do modelo "linha de frente-retaguarda" e sua
adaptabilidade às características da administração judiciária   83
Newton Meyer Fleury

A superação das dificuldades técnicas de harmonização entre os
conceitos de processo judicial, processo administrativo e processo
de trabalho 93
Maria Elisa Bastos Macieira

A definição das competências administrativas no Poder Judiciário 101
André Luiz de Freitas

A utilização de instrumentos organizacionais como meios de
fortalecimento das instituições e de racionalização 111
Mauriti Maranhão

Indicadores e instrumentos de apoio à produtividade dos
magistrados em 1º e 2º graus 123
Ronaldo Foresti Werneck da Silva

A padronização possível de procedimentos, instalações e materiais 135
Maria Elisa Bastos Macieira e Mauriti Maranhão

Os ganhos comprovados na redução do tempo de duração do
processo judicial 149
Ronaldo Foresti Werneck da Silva

O papel da Emerj na formação e aperfeiçoamento de magistrados 159
Sergio Cavalieri Filho

Escola de Administração Judiciária: experiência do Poder
Judiciário do estado do Rio de Janeiro 165
Leila Maria Carrilo Cavalcante Ribeiro Mariano

A atuação da Escola de Magistratura do Estado do Rio de
Janeiro (Emerj) e da Escola de Administração Judiciária (Esaj) 181
André Luiz de Freitas

A contribuição dos cursos ministrados pelo convênio TJERJ/FGV
no Projeto de Modernização da Gestão do Poder Judiciário do
Estado do Rio de Janeiro 189
 André Luiz de Freitas

Apêndices 195

Exposição de motivos da resolução que aprovou a nova estrutura
organizacional do Poder Judiciário do estado do Rio de Janeiro
em 2003 197

Exposição de motivos da resolução que redistribuiu cargos em
comissão e funções gratificadas 221

Modelo de RAD: elaboração de relatório de informações gerenciais 231

Perfil das maiores demandas judiciais do TJERJ 247

Documento estratégico de vara cível visando a certificação 277
ISO 9001:2000

Apresentação

No dia 13 de setembro de 2001, o Tribunal de Justiça do Estado do Rio de Janeiro (TJERJ), representado por seu presidente, desembargador Marcus Antonio de Souza Faver, e a Fundação Getulio Vargas, representada por seu presidente, professor Carlos Ivan Simonsen Leal, assinaram o Convênio nº 003/226/2001, por meio do qual se estabeleciam as bases de cooperação técnico-científica para a execução de ações voltadas para o desenvolvimento institucional do TJERJ.

O acordo configurava uma parceria estratégica cuja importância em muito transcendia um esforço pontual de reforma administrativa no setor público estadual. Tratava-se de uma iniciativa do Poder Judiciário para buscar um novo modelo de gestão, alinhado com os complexos desafios que se apresentam à proteção dos direitos e à observação das normas legais no estado do Rio de Janeiro, na atualidade e no futuro.

Juntaram-se assim, de um lado, a clara determinação do TJERJ para promover a transformação administrativa indispensável à sustentação da independência, da competência e da eficiência da Justiça Estadual e, de outro, a experiência e a excelência da FGV, respaldada em mais de 60 anos de contribuição à modernização do Estado e da administração pública no país.

Em consonância com os objetivos estratégicos do acordo firmado, foi estabelecida uma base organizacional tão simples quanto possível para o desenvolvimento dos trabalhos: uma comissão de apoio à reforma no âmbito do TJERJ e uma comissão de gestão do suporte técnico a ser fornecido pela FGV. Todo o teor do trabalho a ser realizado seria construído a partir do processo interativo que se criava. A premissa central para o esforço de mudança era a do alto envolvimento. A busca de um novo modelo de gestão deveria ser uma tarefa coletiva, envolvendo toda a administração do tribunal.

Em sua etapa inicial, a construção da realidade da reforma partiu da identificação de problemas específicos enfrentados na gestão do TJERJ, da exploração de suas causas, da discussão das possibilidades de ação imediata e de eventuais limitações, para a solução desses problemas.

Nessa perspectiva, dois projetos mais específicos foram imediatamente desenvolvidos. O primeiro, voltado para o acervo inativo dos processos judiciais e administrativos do TJERJ, teve como propósito apresentar soluções estruturais para o adequado aproveitamento das informações e documentos gerados e recebidos pelo tribunal. O segundo, voltado para as atividades relacionadas à logística do TJERJ, objetivou a proposição da revisão dos processos de trabalho de planejamento, suprimento e controle de materiais e bens patrimoniais.

A realização dos dois projetos iniciais de alcance limitado teve, entretanto, grande importância para a seqüência dos trabalhos no âmbito do acordo. Ao final desse primeiro estágio de implementação dos objetivos de reforma, a atenção voltou-se para os arranjos organizacionais existentes na área da administração do TJERJ.

Sob a denominação Fortalecimento e Modernização da Gestão do Poder Judiciário, o primeiro projeto mais amplo da reforma do TJERJ focalizou a então Secretaria de Administração. Os trabalhos, que transcorreram entre julho e outubro de 2002, resultaram no desdobramento dessa secretaria na Secretaria de Gestão de Pessoas e na Secretaria de Logística.

Ao mesmo tempo, institucionalizava-se a Comissão de Modernização e Gestão do Poder Judiciário, com a incumbência de dar apoio central aos esforços de mudança no modelo de gestão do Poder Judiciário.

No período de fevereiro a setembro de 2003, o projeto de Fortalecimento e Modernização da Gestão do Poder Judiciário teve dois focos: pri-

APRESENTAÇÃO | 11

meiro, a implementação das secretarias de Gestão de Pessoas e de Logística, e, segundo, o redesenho de toda a estrutura organizacional do Poder Judiciário. Nesse período, o apoio técnico da FGV totalizou 10.935 horas/consultoria, aí incluídas as visitas técnicas a outros tribunais de justiça do país, as entrevistas externas indicadas pela Comissão de Modernização e Gestão, bem como o levantamento de dados e mapeamento dos processos de trabalho no contexto das unidades do TJERJ.

A terceira fase na implementação do acordo realizou-se entre outubro de 2003 e setembro de 2004. Nessa etapa, foram desenvolvidas as seguintes atividades, totalizando mais de 29.660 horas/consultoria prestadas pela FGV:

❑ orientação e acompanhamento da implementação da estrutura organizacional aprovada, com base na proposta do novo Modelo Organizacional Integrado Idealizado do Poder Judiciário;

❑ elaboração e implementação de um sistema de gestão, com base na Norma Internacional NBR-ISO9001-2000, na Escola da Magistratura (Emerj), na 18ª Câmara Cível, na 18ª Vara Cível e na 13ª Vara Cível;

❑ descrição das competências administrativas de todas as unidades organizacionais do Poder Judiciário, de modo a compor o Regimento Interno do Sistema Administrativo Judiciário;

❑ auxílio no processo de fortalecimento da infra-estrutura de sistemas e tecnologia da informação;

❑ continuidade à implementação da Diretoria Geral de Gestão de Pessoas e da Diretoria Geral de Logística;

❑ elaboração da matriz de competência administrativa judiciária;

❑ capacitação de 400 servidores nas dimensões técnica e comportamental, com o objetivo de prover os instrumentos necessários ao processo de mudança.

Paralelamente aos esforços de adequação do modelo organizacional do TJERJ, importante decisão estratégica da reforma foi a realização do Curso de Pós-graduação em Administração Judiciária, voltado para garantir a sustentação futura das inovações nos processos e sistemas administrativos do Poder Judiciário.

O curso, com uma carga horária de 360 horas/aula, foi concebido com o propósito de possibilitar aos participantes uma visão estratégica da gestão pública, elevando sua competência pessoal tanto no aspecto técnico-profissional quanto no ético-comportamental, bem como sua capacidade de coordenar ações gerenciais que favoreçam a obtenção de ganhos de produtividade e a melhoria da efetividade das ações do Poder Judiciário no estado do Rio de Janeiro.

Duas turmas foram formadas a partir das indicações das diferentes áreas do TJERJ, sob os critérios estabelecidos para a sua composição. A primeira, realizada no período de setembro de 2002 a novembro de 2003, contou com a participação de 38 servidores do tribunal. Da segunda, iniciada em outubro de 2003 e com previsão de conclusão em novembro de 2004, participam 39 servidores.

Os textos a seguir, do ministro Nelson Jobim, presidente do Supremo Tribunal Federal, dos desembargadores Marcus Faver e Miguel Pachá, anterior e atual presidente do Tribunal de Justiça, e dos desembargadores Sergio Cavalieri Filho, Jessé Torres e Leila Maria Mariano, traçam os contornos mais amplos da reforma do Judiciário no país e no contexto do estado do Rio de Janeiro.

As contribuições de Maria Elisa Macieira, Newton Fleury, Mauriti Maranhão, André Freitas e Ronaldo Werneck, membros da equipe técnica da FGV, esclarecem os conceitos e métodos que caracterizam o desenvolvimento dos trabalhos no âmbito do Acordo TJERJ/FGV.

Prof. Armando S. M. da Cunha   *Prof. Paulo Roberto Motta*
Comissão de Coordenação do
Acordo TJERJ/FGV na Fundação Getulio Vargas

Judiciário: construindo um novo modelo

Nelson Jobim[*]

A promulgação da Constituição de 1988, contendo vasta Carta de Direitos e novos instrumentos processuais; a valorização do controle concentrado de constitucionalidade como uma espécie de "instância recursal" utilizada pelas minorias políticas quando derrotadas no Parlamento; a intensa judicialização das chamadas "lesões de massa", especialmente as relacionadas com planos econômicos; o alto impacto econômico de decisões judiciais proferidas em ações civis públicas; a ampliação do ingresso de usuários no sistema judicial, em face dos Juizados Especiais (estaduais em 1996 e federais em 2002); o aumento da criminalidade organizada e da violência urbana; esses são os fatores mais importantes que levaram a um crescente protagonismo político e social experimentado pelo Judiciário brasileiro.

Estes diagnósticos já estão consolidados, quando se cuida da questão judiciária no Brasil.

Para o que nos propomos, é suficiente a síntese apresentada.

Ela nos remete diretamente ao problema que nos parece central.

Compreender que o protagonismo, não obstante seja positivo para a democracia, aprofundou a crise do Judiciário, na medida em que a sua moro-

---

[*] Presidente do Supremo Tribunal Federal.

sidade, a quantidade de suas "vítimas" e os custos político-econômicos do seu mau funcionamento foram aumentados.

Este enfoque nos liberta da mesmice corporativista que enxerga a cada esquina "tramas diabólicas" contra os juízes, não formula autocríticas que conduzam a ações efetivas e limita-se a apresentar, ao debate público, soluções do tipo "mais do mesmo" (mais juízes, mais tribunais, mais computadores, mais prédios etc. etc.).

A par disso se deteriora a crença da opinião pública na capacidade de o Judiciário ser o guardião do Estado de Direito, solapando-se a sua legitimidade – como sucessivas e diferentes pesquisas revelam.

Daí nasce a motivação do trabalho que estamos implementando no Supremo Tribunal Federal. Ou seja, partindo desta linha de reflexão, buscamos contribuir para a sistematização de idéias que possam, progressivamente, superar os aspectos mais significativos da crise do Judiciário no Brasil.

Para a concretização de nossas propostas, é premissa necessária a compreensão de que o Supremo Tribunal Federal e o seu presidente – como chefe do Judiciário nacional – devem ter um papel muito além das fronteiras do "simbólico" ou do "honorífico".

O STF constitui o *locus* essencial para que se congreguem forças com densidade suficiente para enfrentar eficazmente o modelo organizacional e as visões políticas (internas e externas) responsáveis pelo apontado quadro de crise.

Elegemos como objetivos fundamentais de nossa gestão: (a) diminuir, de modo claramente perceptível para a sociedade brasileira, a morosidade do Judiciário; (b) adotar iniciativas que repercutam diretamente em favor dos direitos humanos e do acesso à Justiça; (c) institucionalizar um novo modelo organizacional que ponha fim ao puro "gerenciamento de rotina", ao improviso e ao insulamento administrativo; (d) ampliar a legitimação democrática da magistratura, interagindo fortemente com a opinião pública e aumentando a visibilidade dos pontos positivos da atuação judicial.

Como afirmei em meu discurso de posse, o alcance desses objetivos depende de uma estratégia de alianças:

"A mesa de discussões tem que se ampliar. Não mais só os tradicionais atores – juízes, promotores e advogados. Devem estar na mesa o governo, os políticos, os filósofos, os antropólogos, os economistas, os administradores. Também as organizações sociais e os sindicatos de trabalhadores e patrões. Enfim, todos os que são e fazem o país."

A constituição e a capacidade operacional desses espaços de alianças dependem de uma agenda concreta, que conduza aos objetivos enunciados e motive os agentes mencionados.

"Não há vento favorável para quem não sabe onde quer chegar", lembra Sêneca.

Invoco, ainda, minha oração de posse:

"Proponho a elaboração de uma agenda comum. Eis um de seus possíveis itens. Vamos dimensionar a nossa capacidade de oferta de decisões e seus gargalos. Esse dimensionamento, absolutamente necessário, reclama uma análise estratégica do Poder judiciário, na sua integralidade. Análise essa que induza os 27 tribunais de justiça estaduais, os 24 tribunais regionais do trabalho, os 5 tribunais regionais federais, com todas as suas estruturas de primeiro grau, juntamente com os quatro tribunais superiores e com o Supremo Tribunal Federal a começarem a agir em comum e de forma sistêmica. A divisão constitucional em tribunais com competências específicas foi pensada para produzir consistência ao todo. Em momento algum se pensou nas autonomias dos órgãos judiciários para impedir o diálogo e obstruir a complementariedade. É assim que devemos pensar a nossa ação futura."

Assim temos agido.

Está em fase avançada o projeto "Indicadores Estatísticos para o Judiciário Nacional", com sucessivas reuniões envolvendo dirigentes dos tribunais e seus técnicos.

Até o final do ano de 2004 os primeiros resultados serão apresentados, fruto de processo cuidadoso e participativo.

Brevemente deverá ser concluída a reforma constitucional do Judiciário.

Seguir-se-á a imprescindível e muito reclamada reforma do Código de Processo Civil, mormente no tocante ao sistema recursal.

A partir de estudo elaborado pelo Tribunal de Justiça do Rio de Janeiro, avançamos também em um primeiro ensaio de pactos setoriais, capazes de prevenir litígios e/ou solucioná-los sem que haja a oneração desnecessária do aparato judicial. Cuidamos, desse modo, não só da **oferta** de decisões – como é tradicional –, mas também da **demanda** por decisões, almejando a superação da trágica morosidade judicial.

No âmbito interno do STF, institucionalizamos a administração ativa de casos, por intermédio das pautas temáticas, previamente comunicadas à sociedade brasileira. Ganham assim os profissionais do direito e os cidadãos, que podem acompanhar as grandes decisões nacionais tomadas no Supremo Tribunal do país. Ademais, ganhamos tempo e maior eficácia, auxiliando inclusive a que as outras instâncias judiciais funcionem melhor.

Recebemos nas últimas semanas a visita do dr. Leandro Despouy, relator especial da Comissão de Direitos Humanos das Nações Unidas sobre a Independência de Juízes e Advogados. O clima democrático e a transparência com que o Judiciário recebeu a missão internacional constituem importantes indícios de como temos avançado, em direção a novas posturas.

Como vemos, decorridos pouco mais de quatro meses de gestão os principais eixos da agenda já se encontram em implementação, desenhando o que pretendemos venha a ser um novo modelo de organização e funcionamento do Judiciário – evidentemente na esteira de muitas experiências exitosas anteriores.

Muito há o que fazer. Tratamos de tarefas para gerações, que às vezes ultrapassam os nossos tempos individuais. Contudo, que isso não nos traga desânimo. Façamos a nossa parte, com alegria, entusiasmo e coragem.

A nova gestão do Poder Judiciário

Marcus Faver[*]
Miguel Pachá[**]

A sociedade brasileira tem dado mostras de que não a interessa debruçar-se sobre as diferenças técnicas que distinguem o Poder Judiciário do Ministério Público, da Defensoria Pública, das Procuradorias e de outras instituições e órgãos que exercem funções de algum modo sugestivas de que integram o que o povo identifica como "Justiça". Muito se tem insistido em apontar tais diferenças, por meio de entrevistas, seminários, artigos. Até cartilhas. Sem sucesso proporcional ao esforço, que, todavia, deve prosseguir, porquanto o esclarecimento faz parte dos encargos da cidadania.

Quando a sociedade reclama da Justiça, de sua morosidade, de seus custos, de sua ineficiência e de suas injustiças, está a reclamar, na verdade, do conjunto que aqueles órgãos e instituições formam, independentemente do perfil conceitual de cada qual. Aos olhos do homem comum, todos esses órgãos e instituições são responsáveis solidários por uma atuação insatisfatória porque incapaz de aliviar as tensões sociais e resolver, em tempo razoável, os conflitos por elas gerados. No sentimento popular, essa incapacidade se estende aos demais poderes do Estado. Em suma, é o próprio Estado que se tem mostrado incompetente.

---

[*] Desembargador, presidente do TJERJ no biênio 2001-2002.

[**] Desembargador, presidente do TJERJ no biênio 2003-2004.

Desnecessário apontar a singeleza dessa ótica sob a perspectiva jurídico-administrativa. Mas assim não parece à lógica do cidadão. Este espera que as instituições e os órgãos atuem como um sistema articulado, apto a ativar e fazer prevalecer a idéia-força que se contém na palavra Justiça, que nada mais é do que a obrigação do Estado, que recolhe tributos para cumpri-la, de garantir a moralidade pública, a segurança e a igualdade de oportunidades.

Por isto é que a acentuada e permanente precariedade da moralidade pública, da segurança e da igualdade de oportunidades traduz, no reducionismo popular, a inépcia do sistema existente para promover e distribuir Justiça. À sociedade – que quer resultados e não mais se contenta em assistir a debates ideológicos – não importa tanto identificar culpados individuais. Para ela, o sistema é que não funciona, funciona mal ou funciona tardiamente, na admirável síntese proposta pela doutrina francesa há mais de um século, para fixar a responsabilidade patrimonial do Estado quanto à reparação de danos decorrentes do funcionamento defeituoso dos serviços públicos.

O direito e a política não poderiam estar, como não estão, insensíveis à lógica do homem comum, que se sedimenta a partir da frustração das promessas do Estado do Bem-Estar Social e de suas vertentes, multiplicadas a partir da segunda metade do século passado. Por toda parte, observam-se esforços de criação de categorias jurídicas que dêem respostas inovadoras ao sentimento de que a Justiça estatal é ineficiente.

Basta referir a enunciação de novas gerações de direitos fundamentais e as sucessivas ondas em que avança o direito processual. A enunciação, caminhando dos direitos individuais aos sociais, difusos e comunitários ou transnacionais. As ondas, trazendo as chamadas ações de classe para a postulação de direitos coletivos e difusos, a solução dos pequenos conflitos do cotidiano e do consumidor mediante juizados especiais, e a arbitragem privada. Iniciativas gradualmente incorporadas pelo direito positivo brasileiro nos últimos vinte anos e em busca de implementação segundo as disponibilidades.

Os métodos utilizados no desenvolvimento especulativo das ciências sociais não são, nem poderiam ser, capazes de afetar a percepção da sociedade com a mesma rapidez e intensidade dos fatos que produzem a avaliação negativa do sistema responsável pela prática da Justiça concreta. Recorde-se que, enquanto as *class-actions* cumprem estágio na mentalidade brasileira, milhares continuam sendo lesados em seus direitos ao meio ambiente equilibrado e em seus direitos de consumidor, sem saberem que podem fazer uso daquelas demandas judiciais, criadas com o fim de proteger esses direitos e reparar aquelas lesões.

Nada obstante os progressos em tese alcançados, o fato é que o dia-a-dia do homem comum continua agravado por desigualdades, iniqüidades e insegurança. O sistema proclama a Justiça, mas não a realiza de modo visível pela sociedade.

A contradição exaspera-se nas sociedades onde maior é a concentração de renda e menores os investimentos na educação. A sociedade – ou sua parcela mais consciente – tem razão em exigir providências daqueles que operam o sistema.

A reação de mais largo espectro, retratada nos textos constitucionais contemporâneos, concentra ênfase na participação da sociedade na organização e na gestão das funções públicas. Na Constituição Federal brasileira de 1988, aparece na fonte dos poderes que a sociedade outorga ao estado democrático de direito – "Todo o poder emana do povo, que o exerce por meio de representantes eleitos ou **diretamente** ..." (art. 1º, parágrafo único). A questão passa a ser a de tornar funcional a fórmula do exercício direto do poder pelo povo, na presunção de que a correção das desigualdades, das mazelas e da insegurança seria melhor conduzida se o povo participasse, diretamente, do exercício do poder político.

A Constituição de 1988 sinaliza para uma das possibilidades de efetivação ao criar e ampliar controles sobre os poderes públicos. São as ações que instrumentalizam o exercício e a proteção de novos direitos (art. 5º); os novos cometimentos do Ministério Público (art. 129) e Tribunais de Contas (artigos 70-71); os instrumentos novos de vigilância parlamentar sobre a administração pública (artigos 57-58); a atuação de entidades privadas e comunidades na formulação e execução de políticas públicas setoriais, no âmbito da ordem social (artigos 194 e seguintes).

O conceito operacional de Justiça é inserido na Constituição como uma decorrência do exercício das funções tidas por essenciais à sua materialização. Em outras palavras, lança-se no texto constitucional a idéia de sistema para efetivar o ideal de Justiça.

Um fato resulta do manejo desses controles, após quinze anos de aplicação da Constituição: o exercício dos novos direitos e o controle dos eventuais desvios ou abusos se fazem por intermédio do Judiciário, que, já antes desprovido de meios, vê-se provocado por grande volume acrescido de demandas, nas quais participam os demais órgãos e agentes que cumprem funções essenciais à Justiça, como partes, procuradores de partes ou fiscais.

Recrudescem os pontos de estrangulamento do sistema e, em face deles, a insatisfação da sociedade cresce porque cresceu a distância entre a estrutura instalada do sistema e a sua capacidade para atender à nova demanda.

Suspeita-se de que são inoperantes os mecanismos de controle interno do sistema. Vence, mercê de verossimilhança reforçada por casos lamentáveis, a tese de que é necessário melhorar o controle para elevar o nível de eficiência do sistema. Não soa relevante, a esta altura, debater-se sobre a propriedade ou a impropriedade de fazer-se do controle externo a tábua de salvação da Justiça. Certamente que não lhe é a chave da perfeição. Até porque controles existem, muitos, de há muito, e nem por isto a Justiça que se distribui é aquela com a qual se sonha.

É inegável que se cristalizou na opinião pública o consenso de que o controle externo é, ao menos, uma tentativa que se deve promover. A idéia é congruente com o contexto histórico no qual nasce e se desenvolve, alimentada por episódios aparentemente confirmatórios da fragilidade dos controles internos existentes, expostos na mídia com alarde proporcional à sua gravidade, mas como se fosse generalizado o câncer, quando, em verdade, é localizado e extirpável, como sempre demonstrou a firme diretriz ética observada pelo Tribunal de Justiça do Estado do Rio de Janeiro em notórios episódios.

Perde-se de vista que, na compreensão da sociedade, a Justiça não é o Judiciário isolado, mas o sistema integrado por quantos cumprem as funções essenciais à Justiça, definidas na Constituição da República (artigos 127-135). A intuição da cidadania está correta quando dá curso à expressão "controle externo da Justiça". Equivocados estão os que supõem que o isolado controle externo do Judiciário estaria sintonizado com os anseios da opinião pública.

A intuição popular está correta porque o funcionamento do sistema em que a sociedade divisa a imagem da Justiça não depende somente do Judiciário, embora este possa ser o protagonista de maior evidência. A Carta de 1988 constitucionalizou o que a percepção da sociedade identificava: há um sistema de funções essenciais à Justiça e é este sistema o objeto do controle que se quer operante em favor da sociedade.

Tomem-se duas situações de grande apelo popular, focalizadas, sem maior apuro técnico, pelos meios de comunicação: os benefícios (acidentários e previdenciários) pagos pela seguridade social e o processamento dos precatórios (ordens de pagamento de valores resultantes de condenações judiciais da Fazenda Pública): chega-se ao final de um processo judicial no qual funcionaram, em primeira instância, magistrados, advogados, promotores, procuradores de entes públicos (União, estados, municípios, suas autarquias e fundações públicas) e defensores públicos (se houver beneficiário da assistência judiciária gratuita); os mesmos operadores do direito que funcionaram nas instâncias superiores, perante as quais se interpõem intermináveis recursos.

Ao final de cada processo, forma-se um título provido de força executória, cujo valor foi exaustivamente examinado por todos esses agentes e seus serviços auxiliares (contadores e peritos), envolvendo todas as funções essenciais à Justiça. No momento de satisfazer-se o crédito, suscitam-se dúvidas quanto ao valor. Algumas procedem, apurando-se fraudes e condenando-se os fraudadores, entre os quais juízes, advogados, procuradores, contadores, peritos. A maioria é das que não procedem, porém ingressam num torvelinho de tergiversações por parte do ente público devedor, que protela o quanto possível o pagamento dos respectivos precatórios.

A sensação de Justiça ineficiente transborda da síntese popular do "ganha, mas não leva".

Passa a ser "politicamente correto" – é de pasmar, mas compreensível nesse contexto – governantes declararem, abertamente, que não cumprirão decisões judiciais. A sociedade queda-se perplexa. O sistema está posto em xeque. A pergunta que o cidadão se faz é: quem responde pelo fato de haver o Estado empenhado tempo e meios, incluindo profissionais de remuneração maior do que a média, para chegar ao impasse ou à fraude, mantendo desatendido o titular de um direito reconhecido?

A resposta: todos e cada um dos segmentos da Justiça são responsáveis; o Estado é responsável.

Proposição: é necessário evitar que a Justiça gaste o tempo e o dinheiro do contribuinte para mergulhar em desorientação ainda maior do que aquela que levou as partes ao litígio.

Reação: reformar o sistema, a começar do vértice da pirâmide, onde está o Poder Judiciário. Os administradores dos tribunais estão disto conscientes e, na medida dos meios disponíveis ou mobilizáveis, estão investindo em ações que repercutam sobre o desempenho de todo o sistema. Começam na seriedade do recrutamento e seleção de seus agentes, passam pela possível racionalização de normas e procedimentos a que estão sujeitas suas atividades, e incluem a remodelagem de estruturas e processos de gestão.

Objetivos: adoção de medidas de nível gerencial e operacional do sistema de distribuição de Justiça, com o fim de dotá-lo de presteza e objetividade, sem prejuízo das garantias individuais; definição de prioridades estimulantes do funcionamento integrado das funções essenciais à Justiça; cooperação entre os órgãos gestores dessas funções; aplicação de medidas preventivas e corretivas de desvios na execução.

No Tribunal de Justiça do Estado do Rio de Janeiro o foco tem estado direcionado para tais finalidades nos últimos doze anos. E a partir de 2001 com um novo e decisivo parceiro. Celebrou-se convênio com a Fundação Getulio Vargas, não mais para apenas estudar o problema, mas para encontrar e implementar as soluções. Se muito já se fizera antes desse convênio, muito mais se passou a fazer graças a ele, que vem de ser prorrogado por dois anos.

Chegou-se a uma estrutura organizacional calcada em modelo de gestão que se mostrou adequado às peculiaridades do Judiciário. Todas as unidades administrativas e as prestadoras de jurisdição estão sendo renovadas em suas atribuições e processos de trabalho, com visão estratégica, missões, objetivos e metas bem definidos, procedimentos pautados nas melhores práticas gerenciais.

O impensável começa a acontecer. Varas e Câmaras julgadoras estão sendo preparadas em busca de um modelo que permite a excelência de gestão, mediante a certificação ISO 9001:2000. Este talvez seja o adequado "controle externo", porque realizado por auditorias independentes, tendo como parâmetros normas técnicas de reconhecimento internacional, sem qualquer conotação política ou tonalidade ideológica. O Judiciário quer apenas cumprir a missão institucional de que está investido – pacificador de conflitos.

Os resultados aparecem: no primeiro grau, já se julgam quase 80% do que se recebeu de demandas, a cada ano; no segundo grau, julga-se acima de 100%. Reduz-se o estoque de ações pendentes, de um exercício para outro, sem embargo de crescer a distribuição de novas ações (mais de um milhão por ano, nos últimos três anos). Concretiza-se a autonomia administrativa e financeira prevista na Constituição da República para o Poder Judiciário, mediante a instituição de um fundo especial cuja arrecadação basta para atender a todas as despesas de custeio do Judiciário, exceto as de pessoal. Viabilizou-se forte apoio da tecnologia da informação em todos os órgãos judiciários.

É hora de partilhar o conhecimento obtido. A Justiça não é só estadual. A idéia de Justiça é necessariamente universal e a todos tem de alcançar e beneficiar. É o que se almeja com esta obra que a Fundação Getulio Vargas entendeu de dedicar, em 2004, à reforma do Judiciário, a partir das experiências resultantes de seu convênio com o Tribunal de Justiça do Estado do Rio de Janeiro. Que cada artífice se sinta co-autor dessa grande obra de respeito à cidadania e ao interesse público, que prossegue e não pode parar.

A resposta da gestão estratégica às exigências de efetividade, eficácia e eficiência no Poder Judiciário

Newton Meyer Fleury[*]

1. Introdução

A administração como disciplina autônoma de conhecimento, tendo como objeto de estudo as organizações – sistemas sociais formalmente organizados – e as pessoas que delas fazem parte, surgiu no início do século XX e desenvolveu-se ao longo do mesmo, através de um *continuum* de idéias em incessante entrelaçamento evolutivo.

Desde os seus primórdios, a teoria da administração considerou o planejamento uma de suas funções básicas. Assim, entre os quatro princípios da administração científica de Taylor, criador da Escola da Administração Científica, o primeiro deles era o do planejamento: "substituir o critério individual do operário, a improvisação e a atuação empírico-prática pelos métodos baseados em procedimentos científicos. Substituir a improvisação pela ciência, por meio do planejamento do método".[1]

A Teoria Clássica da Administração, que surgiu à mesma época, também deu ênfase à função de planejamento. Assim Henry Fayol (1841–1925),

---

[*] Mestre em gestão empresarial e administrador pela Ebape/FGV, mestre em administração pela PUC-Rio, pesquisador do Projeto de Fortalecimento e Modernização da Gestão do Poder Judiciário do Rio de Janeiro.

[1] Chiavenato, 1999:41.

A REFORMA DO PODER JUDICIÁRIO NO ESTADO DO RIO DE JANEIRO

ao definir o ato de administrar, estabeleceu como primeira função do administrador *prever*, entendido este termo como visualizar o futuro e traçar o programa de ação.

Entretanto, não obstante a importância conferida à função planejamento desde os primórdios da teoria da administração, o imenso acervo de contribuições acadêmicas para a mesma, ao longo da primeira metade do século XX, não conferiu relevância à gestão estratégica, que só ganhou consistência acadêmica a partir da década de 1950, segundo Certo e Peter:

> "o estudo da administração estratégica teve sua forma definida pela primeira vez após a Fundação Ford e a Carnegie Corporation patrocinarem, nos anos 50, a pesquisa no currículo das escolas de negócios. Um resumo dessa pesquisa, chamada de relatório Gordon-Howell, recomendou que o ensino de negócios tivesse uma natureza mais ampla e incluísse um curso de capacitação em uma área chamada de política de negócios".[2]

Foi nessa época que surgiram as primeiras abordagens conceituais sobre gestão estratégica, entre as quais destacamos as contribuições de Drucker, Mc Gregor, Chandler e Ansoff:

> Drucker foi o primeiro a divulgar o conceito da Administração por Objetivos, segundo o qual cada administrador – do mais alto escalão até o nível operacional – deveria nortear sua gestão por meio de objetivos mensuráveis;

> Mc Gregor também adotou a filosofia da administração por objetivos, enfatizando a integração entre os diversos níveis hierárquicos na s organizações, a partir da formalização de objetivos e planos relacionados;

> Chandler articulou a relação entre estratégia e estrutura, demonstrando que o formato da organização é conseqüência da estratégia adotada pela corporação;

---

[2] Certo e Peter, 1993.

Ansoff concebeu um modelo para explicar o mecanismo da gestão estratégica, a partir do reconhecimento da existência nas organizações de duas categorias de processos, o logístico – relacionado às suas atividades-fim – e o gerencial, vinculado às atividades-meio, e três áreas de decisão: estratégica, administrativa e operacional.

As obras desses pioneiros constituíram as bases referenciais da administração estratégica contemporânea, definida como "um processo contínuo e iterativo que visa manter uma organização como um conjunto apropriadamente integrado a seu ambiente".[3] A definição apresentada incorpora dois aspectos que devem ser enfatizados.

Os termos "contínuo" e "iterativo" indicam que a administração estratégica, composta de um conjunto de etapas, repete-se ciclicamente;

O objetivo de manutenção da organização como um conjunto integrado a seu ambiente pressupõe a consideração da corporação como um sistema aberto, que interage, influencia e é influenciado pelo ambiente externo.

Ainda segundo Certo e Peter,[4] os administradores deveriam assumir um conjunto de responsabilidades para o sucesso da gestão estratégica, entre as quais salientamos as seguintes:

1. **Definir a missão** – decidir a respeito do negócio a que a companhia deve dedicar-se, e outros assuntos fundamentais que irão guiar e caracterizar o negócio.

2. **Formular a filosofia da companhia** – estabelecer crenças, valores, atitudes e normas não escritas que contribuam para " a forma como fazemos as coisas aqui".

3. **Estabelecer políticas** – decidir a respeito de planos de ação para guiar o desempenho de todas as principais atividades e levar a cabo a estratégia de acordo com a filosofia da companhia.

---

[3] Certo e Peter, 1993:6.

[4] Certo e Peter, 1993, apud Bower, 1986.

4. **Estabelecer objetivos** – decidir a respeito do empreendimento-alvo dentro de um intervalo de tempo definido. Objetivos têm escopos mais específicos do que a missão e são projetados para ajudar na montagem de planos operacionais e levar a cabo a estratégia.

5. **Desenvolver a estratégia** – desenvolver conceitos, idéias e planos para alcançar os objetivos com êxito e enfrentar e vencer a concorrência. O planejamento estratégico faz parte do processo de planejamento global, que inclui planejamento administrativo e operacional.

6. **Planejar a estrutura da organização** – desenvolver o plano da organização e as atividades que ajudem as pessoas a trabalhar em equipe, realizando essas atividades de acordo com a estratégia, filosofia e política estabelecidas.

7. **Estabelecer procedimentos** – determinar e prescrever como todas as atividades importantes e periódicas serão realizadas.

8. **Estabelecer padrões** – estabelecer medidas de desempenho que possibilitarão ao negócio atingir seus objetivos de longo prazo com sucesso.

9. **Fornecer informação de controle** – fornecer fatos e valores para ajudar pessoas a seguir a estratégia, a política, os procedimentos e programas; manter a força de trabalho interna e externa atenta ao negócio; medir o desempenho global em relação aos planos e padrões estabelecidos.

10. **Manter o pessoal ativo** – comandar e motivar pessoas a agir de acordo com a filosofia, a política, os procedimentos e padrões, realizando os planos da companhia.

A gestão estratégica, para ser efetiva, deve apoiar-se em um conjunto organizado de atividades, o processo de planejamento estratégico, definido como "esforço disciplinado para produzir decisões e ações fundamentais, que moldam e guiam o que é uma organização, o que ela faz, e por que faz".[5]

Em complementação, ao se discorrer sobre planejamento "deve-se entender que o mesmo está associado a dois elementos básicos: (1) o futuro e

---

[5] Bryson, 1995:5.

A RESPOSTA DA GESTÃO ESTRATÉGICA | 29

(2) a relação entre fins e meios – entre objetivos e metas e as formas para atingi-los".[6]

2. A gestão estratégica na administração pública

Ainda segundo Bryson, a maior parte dos processos de gestão estratégica, nos últimos 50 anos, foi direcionada para as empresas privadas. Desta forma, "até o início dos anos 1980, o planejamento estratégico no setor público voltou-se primariamente para as organizações militares e para o apoio à formulação de políticas de governo em larga escala".[7]

As práticas de planejamento estratégico foram levadas para um amplo espectro de entidades do setor público somente nos últimos 25 anos, no contexto das reformas dos órgãos do estado sob o foco do "modelo gerencial puro", conforme definido por Abrucio[8].

Nessa linha, a gestão no setor público passou a caracterizar-se por uma "despolitização" da administração, aliada à ênfase no conceito de eficiência governamental. Os novos caminhos do modelo gerencial passaram a ser norteados por conceitos e práticas de há muito aplicadas nas empresas privadas: flexibilidade de gestão, foco na qualidade dos serviços e prioridade às demandas do consumidor.

As novas práticas de gestão adotadas na administração pública, nos países do Primeiro Mundo, tiveram como paradigma uma série de estudos desenvolvidos nos últimos 25 anos, que podem ser sintetizados no livro de David Osborne e Ted Gabler, *Reinventando o governo*[9]. Nessa obra, os autores postulam que os problemas nas entidades governamentais não residem nas pessoas, mas no sistema de gestão, e somente a reforma das instituições e dos incentivos tornará a burocracia apta a responder às novas demandas quanto à efetividade, eficácia e eficiência na prestação dos serviços.

---

[6] Haynes e Massie, 1961:249.

[7] Bryson, 1995:5.

[8] Abrucio, 1998.

[9] Osborne e Gabler, 1994.

A REFORMA DO PODER JUDICIÁRIO NO ESTADO DO RIO DE JANEIRO

Quanto à gestão estratégica nas instituições públicas, eles propõem dois instrumentos básicos para a transformação nos seus modelos de gestão:

(a) orientação administrativa por missões, a partir das quais o governo pode ganhar flexibilidade, tornando mais fácil a avaliação de cada agência, pela comparação entre objetivos inicialmente formulados e resultados efetivamente alcançados;

(b) antecipação das tendências futuras a partir de uma atividade não confinada à burocracia, devendo o planejamento estratégico envolver a sociedade e ser incorporado à cultura dos funcionários.

Nesta linha, "o elemento importante não é o plano, mas sim a atividade do planejamento. Ao criar consenso em torno de uma determinada visão de futuro, a organização ou a comunidade promovem em todos os seus membros uma percepção comum a alcançar".[10]

3. A gestão estratégica no Poder Judiciário do estado do Rio de Janeiro

Os desafios propostos à administração pública ganham dimensão ainda maior nos países emergentes. No caso brasileiro, a despeito dos esforços pontuais que resultaram na criação de "ilhas de excelência" no setor público, a partir da década de 1970, a reflexão mais intensa sobre a necessidade do fortalecimento e modernização da gestão só ganhou corpo a partir da Constituição de 1988.

No âmbito do Poder Judiciário, atualmente são claras as manifestações das suas maiores autoridades quanto às intenções de mudança e a forma de concretizá-las.

Assim, conforme salientado pelo Ministro Nelson Jobim, Presidente do Supremo Tribunal Federal, "a modernização do Judiciário não é mais um

---

[10] Abrucio, 1997:34, citado em Osborne e Gabler, 1994:256.

A RESPOSTA DA GESTÃO ESTRATÉGICA | 31

assunto restrito aos personagens do Judiciário".[11] Argumenta que a legitimidade deste Poder deve estar alicerçada na prestação do serviço jurisdicional com qualidade e eficiência, o que depende do atendimento a duas regras fundamentais:

transparência nas ações desenvolvidas pelo Poder Judiciário, tanto no âmbito interno quanto no externo;

conhecimento explícito dos aspectos essenciais relacionados à prestação jurisdicional, tais como o custo do sistema judiciário, capacidade e gargalos que o sistema judiciário tem de ofertar decisões, e qualificação e quantificação das demandas (quem são claramente os clientes constantes do Poder Judiciário, quer no lado de autores, quer no lado de réus).

A mesma questão também é abordada pelo Ministro Edson Vidigal, Presidente do Superior Tribunal de Justiça:

"Qual é a Justiça que queremos? Queremos a Justiça mais próxima do cidadão. Queremos a Justiça mais transparente (....) Porque, havendo transparência, haverá maior possibilidade de compreensão. Havendo compreensão, há respeito; e, havendo respeito, o Poder Judiciário, o Ministério Público e a Advocacia, todos que tenham a contribuir para a realização da Justiça, terão o respeito da sociedade e, por conseguinte, terão também maior autoridade".[12]

As manifestações acima salientadas, provenientes das duas maiores autoridades do Poder Judiciário no País, demonstram que a prestação jurisdicional, que constitui a essência da atividade do Judiciário, deve estar fundamentada no conhecimento explícito dos aspectos essenciais relacionados à prestação jurisdicional, e em um processo dotado de eficiência e de transparência nas relações com a sociedade.

---

[11] Jobim, 2004:6.

[12] Vidigal, 2004:14.

Tais preocupações estão em linha com as proposições fundamentais de Osborne e Gaebler e demais autores ligados à adoção de novos caminhos para a gestão na administração pública: atividade orientada por missões explicitamente definidas, efetividade, eficácia e eficiência na prestação dos serviços, e envolvimento da sociedade e dos quadros internos na formulação e implementação de uma visão de futuro.

O Poder Judiciário no estado do Rio de Janeiro, em sintonia com a demanda pela modernização da administração pública, já há algum tempo vem consolidando as bases para respostas, com efetividade, às demandas básicas da sociedade por justiça: maior acesso da população ao Judiciário, prestação de serviços em tempo razoável, efetividade e celeridade no julgamento e na aplicação das decisões.

A partir de reflexão sobre a conveniência de promover a sua modernização, reforçada pela constatação da efetividade das ações pioneiras desencadeadas ao longo da década de 1990, a Administração Superior do Poder Judiciário chegou ao consenso de que tal processo deveria ser ampliado, embasado em métodos e técnicas de organização e gestão consagrados, e apoiado por instituição especializada em projetos no ramo.

Foi nesse contexto que, ao longo de 2003, iniciou-se um processo sistematizado de planejamento estratégico na Instituição, que resultou na formulação de três direcionadores estratégicos fundamentais: missão, visão de futuro e políticas básicas quanto à qualidade.

A missão do Poder Judiciário do estado do Rio de Janeiro foi então definida como:

> "Resolver os conflitos de interesses que lhe sejam levados pela população, garantindo as liberdades, assegurando os direitos e promovendo a paz social".

A Visão de Futuro foi assim formulada:

> "Entregar a prestação jurisdicional em tempo adequado à natureza dos conflitos propostos, obtendo o reconhecimento da sociedade sobre a contri-

A RESPOSTA DA GESTÃO ESTRATÉGICA | 33

buição do Judiciário para o exercício democrático da cidadania e o desenvolvimento harmonioso de todos os segmentos sociais".

Finalmente, a Política da Qualidade para nortear o alcance das duas primeiras diretrizes foi estabelecida nos seguintes termos:

"Desenvolver as melhores práticas de gestão, para que os órgãos de prestação jurisdicional e as unidades administrativas que lhes dão apoio atendam à missão e à visão estabelecidas para o Poder Judiciário".

Tendo como balizadoras as diretrizes acima delineadas, a implementação da gestão estratégica foi desencadeada com o estabelecimento de um conjunto de Focos Estratégicos e Objetivos relacionados, com ações desencadeadas no corrente ano de 2004, demonstrados no quadro que se segue :

Poder Judiciário do estado do Rio de Janeiro
Focos e Objetivos Estratégicos para o Exercício de 2004

FOCO ESTRATÉGICO	OBJETIVOS ESTRATÉGICOS
Implementação do Processo de Planejamento Estratégico do Poder Judiciário	Definição, implementação e acompanhamento dos focos e ações estratégicas para o exercício de 2004
Implementação e Avaliação da Nova Estrutura Organizacional	Preenchimento dos cargos de chefia até o nível de serviço Revisão do Regimento de Atribuições dos Serviços do Poder Judiciário
Certificação ISO 9001:2000 de Unidades do Poder Judiciário	Certificação da Emerj Certificação de uma Câmara Cível Certificação de duas Varas Cíveis Implementação do documento estratégico do Poder Judiciário
Estruturação da Rede de Conhecimento do Poder Judiciário	Desenvolvimento do banco de conhecimento em matéria de pessoal Redefinição do portal corporativo do Poder Judiciário Definição das políticas de disseminação das informações do Poder Judiciário

continua

FOCO ESTRATÉGICO	OBJETIVOS ESTRATÉGICOS
Informatização das Serventias Judiciais de 1ª Instância	Complementação da informatização para atingir 100% dos processos judiciais Migração das comarcas informatizadas no Sistema Capital para o Projeto Comarca Complementação do quadro de analistas e programadores da DGTEC
Implementação do Sistema de Gestão de Pessoas do Poder Judiciário	Elaboração da matriz de competências administrativas judiciárias Definição e implementação do sistema unificado de pagamento de pessoal
Implementação do Sistema Normativo Administrativo	Modelagem e normatização de processos específicos relacionados a cada Diretoria Geral

Para viabilizar politicamente a implementação do planejamento estratégico no Poder Judiciário do Estado do Rio de Janeiro, bem como para sustentar a continuidade do processo, foi criada a Comissão de Gestão Estratégica do Poder Judiciário,[13] tendo como membros natos o Presidente do TJERJ, o Corregedor-Geral da Justiça, os 1º, 2º e 3º Vice-Presidentes do TJERJ, o Diretor-Geral da Escola da Magistratura, o Presidente do Conselho Consultivo da Escola de Administração Judiciária, os ex-Presidentes do TJERJ em atividade, o Gerente do Fundo Especial do Tribunal de Justiça e o presidente da Associação dos Magistrados do Estado do Rio de Janeiro.

Para apoiar operacionalmente o acompanhamento do cumprimento dos objetivos estratégicos, foi instituída na estrutura organizacional a ASDIN (Assessoria de Desenvolvimento Institucional), diretamente subordinada à Presidência do TJERJ, com a missão de integrar os esforços das diversas unidades organizacionais na implementação da gestão estratégica como uma ação dinâmica.

4. Conclusões

A gestão estratégica no Poder Judiciário do Estado do Rio de Janeiro se tem constituído em forte alavancador da modernização da instituição. No

---

[13] Ato Executivo nº 4.325/2003, publicado no *Diário Oficial* do estado do Rio de Janeiro.

final do corrente ano, estar-se-á completando o primeiro ciclo do processo, já tendo sido estabelecidos, em reunião da Comissão de Gestão Estratégica, os Focos Estratégicos para o exercício de 2005.

Em coerência com o aperfeiçoamento gradual da gestão estratégica, o segundo ciclo do processo inicia-se com maior nível de detalhe do planejamento: cada unidade organizacional está pormenorizando seus objetivos estratégicos em nível de metas, indicadores de desempenho e período de realização, e para cada um deles está sendo formulado o respectivo plano de ação, com o detalhamento das ações de implementação, em termos de responsabilidades, custos e resultados esperados.

Referências bibliográficas

ABRUCIO, Fernando Luiz. O impacto do modelo gerencial na administração pública. *Cadernos Enap*, Brasília: Fundação Escola Nacional de Administração Pública, 1997.

ANSOFF, Igor. *Business strategy*. Baltimore: Penguin Books, 1969.

BOWER, Marvin. The will to manage: corporate success through. *Programmed Management*. New York: McGraw-Hill, 1986.

BRYSON, John M. *Strategic planning for public and nonprofit organizations*. San Francisco: Jossey-Bass, 1995.

CERTO, Samuel C.; PETER, J. Paul. *Administração estratégica*. São Paulo: Makron Books, 1993.

CHANDLER, A. D. Jr. *Strategy and structure*. Cambridge, Mass: MIT Press, 1962.

CHIAVENATO, Idalberto. Introdução à teoria geral da administração. 4. ed. Rio de Janeiro: Campus, 1999.

DRUCKER, Peter. *The practice of management*. New York: Harper, 1954.

HAYNES, W. Warren; MASSIE, Joseph L. *Management: analysis, concepts and cases*. New Jersey: Prentice-Hall, 1961.

JOBIM, Nelson. Por um Judiciário mais moderno, in Justiça & Cidadania, Rio de Janeiro, abr. 2004.

_____ Compromisso com a magistratura, in Justiça & Cidadania, Rio de Janeiro, jul. 2004.

OSBORNE, David; GABLER, Ted. *Reinventando o governo: como o espírito empreendedor está transformando o governo.* Brasília: M H Comunicação, 1994.

VIDIGAL, Edson. A Justiça que queremos, in Justiça & Cidadania, Rio de Janeiro, jul. 2004.

O alinhamento estratégico no Poder Judiciário, garantido pela Comissão de Gestão Estratégica e Assessoria de Desenvolvimento Institucional

Mauriti Maranhão[*]

1. Introdução

Para funcionar regularmente, as organizações necessitam, sob uma visão resumida, de três tipos de recursos: pessoas, sistemas e ambiente de trabalho, este último combinando os dois primeiros. Os sistemas, por melhores que sejam as suas respectivas tecnologias, não podem prescindir da contribuição consentânea das pessoas, que se mostra vital para o desenvolvimento das organizações na medida em que os executores dos processos de trabalho assumam, por inteiro, suas responsabilidades na transformação dos processos de gestão e no desenvolvimento organizacional, concretizado por melhorias contínuas.

A estratégia da organização, quando coerente, consistente e bem comunicada, constitui um dos mais expressivos fatores para viabilizar mudanças organizacionais: é poderoso veículo para criar o ambiente que desperta nas pessoas a vontade sincera de dar a sua contribuição positiva e aglutinadora.

---

[*] Mestre em engenharia mecânica pela Efei, engenheiro pelo IME e estatístico pela Ence/IBGE, consultor do Projeto de Fortalecimento e Modernização da Gestão do Poder Judiciário do Rio de Janeiro.

A implementação da estratégia, usualmente de delicada consecução, pode ser substancialmente facilitada quando se estabelece o **alinhamento** entre as pessoas e a estratégia organizacional. O alinhamento pode ser metaforicamente interpretado como a "freqüência de ressonância" ou "sintonia",[1] similarmente ao sentido físico do termo, quando aplicado a sistemas mecânicos, elétricos, eletrônicos etc. Entretanto, a concretização do indispensável alinhamento entre a estratégia e a execução dos processos de trabalho, que constitui a materialização das ações, enfrenta significativas dificuldades potenciais. A estratégia, por ser formulação abstrata, é de difícil tradução e percepção na base organizacional, requerendo intenso e continuado esforço de implementação.

A primeira dessas dificuldades refere-se ao costumeiro alheamento da administração superior devido a várias razões, relacionadas à alocação de tempo e recursos necessários ao gerenciamento da sua estratégia. Ao invés de desenvolver o planejamento estratégico tradicional (que algumas vezes pode perder-se na vacuidade de resultados), é de bom alvitre utilizar, como instrumento para converter o planejamento abstrato em fatos concretos, a prática de **gestão estratégica**, conceituada como o conjunto de proposições, cenários, objetivos, metas, planos, registros de resultados de implementação e ações de realimentação, com o fim de estabelecer e manter direcionadores estratégicos claros e objetivos, capazes de "puxar" a gestão operacional da organização.

Neste contexto, a gestão operacional é definida como o conjunto de ações vitais de operação e manutenção organizacionais, basicamente sumarizadas pelos processos de trabalho representados na cadeia de valor de Michael Porter,[2] reproduzida na figura 1.

---

[1] Segundo Mauriti Maranhão (Maranhão e Macieira, 2004), o alinhamento é obtido com a implementação do seguinte ciclo: comunicar estratégias, objetivos e planos; obter engajamento das pessoas; implementar a estratégia; medir e avaliar resultados; validar e rever planejamento e realimentar as ações.

[2] Porter, 1989.

Figura 1

A segunda dificuldade para a concretização dos planos estratégicos refere-se à compreensão do que venha a ser "estratégia organizacional", usualmente expressa por um conjunto de declarações de missão, visão, valores e objetivos.

Uma boa seqüência de passos, para criar um clima organizacional favorável à geração do compromisso das pessoas, pode ser representada por uma forma desdobrada do ciclo P-D-C-A, adaptada a partir da proposição de Gubman (figura 2):[3]

Figura 2

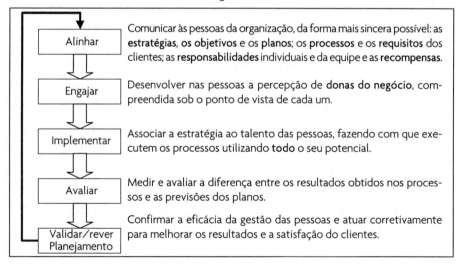

---

[3] Gubman, 1998.

Além das ações intrínsecas da gestão estratégica, apresentadas, não há dúvida de que a implementação da estratégia é fortemente potencializada e reforçada pela seleção e implementação apropriada de indicadores de desempenho (ID).

Em resumo, qualquer que seja a forma de análise, os elementos "processo" e "estratégia" devem constituir questões indissociáveis, complementares e harmônicas, caso se queira obter e assegurar gestão organizacional eficiente e eficaz.

Com base na experiência de organizações que se caracterizaram pelo sucesso na gestão estratégica, a exemplo da General Electric, Embraer, Fedex, WEG e outras, a implementação das estratégias requer a participação decisiva da administração superior, entendida neste sentido como as pessoas ou equipes que detêm efetivamente o poder na organização. Sem a sinalização clara das intenções da administração superior para as pessoas da base organizacional, dificilmente a implementação da estratégia terá êxito. De acordo com Mauriti Maranhão,[4] vários estudiosos, entre eles Deming, Juran, Ishikawa, Peter Drucker, ralatam situações nas quais os diretores de empresas são os primeiros a violar os princípios estabelecidos, "as regras são seguidas até que provoquem incômodo em quem tem poder (no chefe). A partir daí se estabelecem as incertezas, confusões e desconfianças. E foi-se a qualidade...".

Também parece evidente que a boa gestão organizacional pressupõe um perfeito e contínuo alinhamento da estratégia com a estrutura e com os processos organizacionais. A partir de um bom modelo de gestão estratégica, devidamente atualizado e disseminado, é possível identificar quais são os processos de trabalho críticos e os processos de apoio que são realizados na organização, ficando-se então em condições de estabelecer onde será concentrado o esforço da gestão.

Como decorrência natural do conhecimento dos processos, pode-se definir a mais adequada estrutura organizacional para viabilizar a implementação da estratégia, onde serão estabelecidos os **gerentes funcionais**

---

[4] Maranhão, 2002.

que, adicionalmente às suas funções, serão responsáveis pela condução dos processos de trabalho mais relevantes.

Com os processos conhecidos e a estrutura organizacional formalizada (partindo do que foi previamente definido pela estratégia), a organização passa a realizar o que é necessário e exigido para atender às necessidades dos clientes internos e externos.

A figura 3[5], adotada como metodologia no Projeto de Fortalecimento da Gestão do Poder Judiciário, mostra a vinculação entre estratégia, estrutura e processos organizacionais:

Figura 3

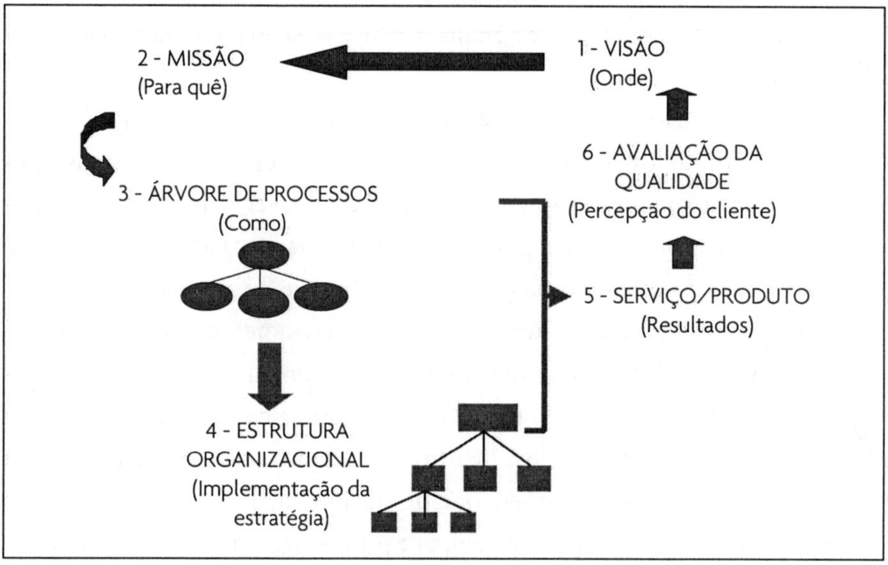

Sintetizando, podemos considerar que uma gestão organizacional eficaz e eficiente deve gerir um *continuum* que seja capaz de:

- viabilizar a implementação da estratégia da organização;
- alinhar os processos de trabalho à estratégia organizacional;
- compatibilizar harmonicamente a **estrutura**, a **estratégia** e os **processos**.

---

[5] Extraída de Maranhão e Macieira (2004).

2. O processo de alinhamento estratégico no Poder Judiciário do Estado do Rio de Janeiro

No caso da modernização da gestão no Poder Judiciário, o processo de alinhamento contemplou alguns pontos-chave, buscando estabelecer as âncoras capazes de dar sustentação à implementação da estratégia, assim resumidas:

a) instituição de uma Comissão de Modernização e Gestão;

b) formulação de direcionadores estratégicos.

c) criação, na estrutura organizacional do Poder Judiciário, da Assessoria de Desenvolvimento Institucional;

d) adoção de mecanismo de análises críticas sistemáticas da gestão.

Cada uma dessas âncoras será explicada nos próximos parágrafos.

Com o fim de organizar e implementar o processo de gestão, assegurando-lhe posicionamento estrutural capaz de prover o indispensável alinhamento entre processos e gestão, foi planejada a criação de um órgão colegiado para a condução da gestão estratégica e de um órgão de apoio operacional, posteriormente designados, respectivamente, como Comissão de Gestão Estratégica e Assessoria de Desenvolvimento Institucional.

Como embrião da Comissão de Gestão Estratégica, ao início do Projeto de Modernização da Gestão foi instituída a Comissão de Modernização e Gestão, à qual, ainda com posicionamento informal, cabia estabelecer o planejamento e coordenar as primeiras ações de desenvolvimento institucional, além de desempenhar o papel de interface com a Consultoria FGV. A Comissão de Modernização e Gestão teve importante atuação no sentido de gerar o embrião da cultura de gestão de processos de trabalho no Poder Judiciário, assim iniciando a mudança organizacional, com o desafio de modificar procedimentos e práticas fortemente enraizados.

A Comissão de Modernização e Gestão atuou decisivamente na implementação do Projeto de Modernização, representando a administração superior na liderança de mudanças, balizando os limites da mudança organizacional possível, mantendo o equilíbrio entre a adoção de boas práti-

O ALINHAMENTO ESTRATÉGICO NO PODER JUDICIÁRIO | 43

cas de gestão, subordinada à preservação, inquestionável, do livre convencimento dos magistrados, além da conveniência de manter hábitos culturais saudáveis.

Com a proposição da nova estrutura organizacional em setembro de 2004, foi formalizada a Comissão de Gestão Estratégica, tendo como atribuição natural dar continuidade ao desenvolvimento institucional iniciado pela Comissão de Modernização e Gestão.

As duas grandes tarefas iniciais da Comissão de Gestão Estratégica consistiam em implementar a estrutura organizacional do Poder Judiciário, aprovada pelo Órgão Especial do Tribunal de Justiça, e concretizar o início do processo de gestão estratégica, mediante a validação dos direcionadores estratégicos do Poder Judiciário, assim estabelecidos:

Missão:
Resolver os conflitos de interesses que lhe sejam levados pela população, garantindo as liberdades, assegurando os direitos e promovendo a paz social.

Visão:
Entregar a prestação jurisdicional em tempo adequado à natureza dos conflitos propostos, obtendo o reconhecimento da sociedade sobre a contribuição do Judiciário para o exercício democrático da cidadania e o desenvolvimento harmonioso de todos os segmentos sociais.

Política:
Desenvolver as melhores práticas de gestão, para que os órgãos de prestação jurisdicional e as unidades administrativas que lhes dão apoio atendam à missão e à visão estabelecidas para o Poder Judiciário.

Considerando a constituição da Comissão de Gestão Estratégica (Presidente, Corregedor Geral da Justiça, Vice-Presidentes, Diretor-Geral da Escola da Magistratura, Presidente do Conselho Consultivo da Escola de Administração Judiciária, ex-Presidentes do TJ em atividade, Gerente do Fundo Especial da Justiça e Presidente da Associação dos Magistrados do Estado do Rio de Janeiro), todos com funções políticas relevantes, mostrou-se evidente, como anteriormente planejado, a necessidade de criar uma unidade organizacional com atribuições, entre outras, de realizar a operacionalização da gestão estratégica; tal unidade foi denominada Assessoria de Desenvolvimento Institucional (Asdin), diretamente subordinada à Presidência do TJERJ, formalizada simultaneamente à Comissão de Gestão Estratégica.

Adicionalmente à atuação como "braço operacional" da Comissão de Gestão Estratégica, a Asdin tem a seu cargo atribuições de relacionar-se com a sociedade, gerenciar as auditorias internas e coordenar o Sistema Normativo Administrativo. Todas essas atribuições, complementares entre si, além de coordenação da gestão operacional, dizem respeito ao alinhamento estratégico pretendido, a saber:

❏ as atribuições do relacionamento com a sociedade referem-se à pesquisa de suas necessidades, daí decorrendo ações com o fim de alinhar a oferta da prestação jurisdicional com a respectiva demanda;

❏ as atribuições de gerenciamento de auditorias referem-se à implementação e manutenção de instrumento de avaliação interna e externa da eficácia do Sistema de Gestão Administrativo, bem como de estimulação de oportunidades de melhorias;

❏ as atribuições de coordenação do Sistema Normativo Administrativo referem-se à manutenção de sua vitalidade como instrumento padronizador de atividades administrativas no Poder Judiciário.

Finalmente, com o fim de sistematizar um instrumento, alinhado com a filosofia das normas ISO série 9000,[6] está planejada a implementação de mecanismos de "análises críticas sistemáticas da gestão". Como resultado da operação desse mecanismo, designado como "reuniões de análise crítica do Sistema Integrado de Gestão", espera-se a obtenção dos benefícios advindos da gestão estratégica e da gestão operacional, mediante a realimentação recíproca, coerente e oportuna dos resultados de cada uma delas,

---

[6] Fundamentado no requisito 5.6.3 da norma NBR ISO 9001:2000.

expressos como indicadores de desempenho. Esse instrumento se constitui na ferramenta gerencial típica da Comissão de Gestão Estratégica, tendo, como requisito de planejamento e realização, a documentação das "informações de entrada" e "informações de saída" das reuniões. Tal arranjo permite a abordagem de todos os fatores significativos à consecução dos objetivos pretendidos, mediante a consolidação de indicadores de desempenho que, a seu turno, permitem orientar e direcionar a tomada de decisão com base em fatos.

3. Conclusões

À adequada seleção de meios instrumentais para a obtenção do indispensável alinhamento estratégico, a implementação da estratégia no Poder Judiciário somou, como fator crítico de sucesso, a decisiva participação e envolvimento da Presidência e demais membros da Administração Superior do Poder Judiciário do estado do Rio de Janeiro, do TJERJ, durante todo o período de implementação do Projeto (2001-2004).

Dos meios instrumentais selecionados (Comissão de Modernização e Gestão; formulação de direcionadores estratégicos; criação, na estrutura organizacional do Poder Judiciário, da Assessoria de Desenvolvimento Institucional; mecanismo de análises críticas sistemáticas da gestão), todos mostraram-se decisivos para a partida e para o desenvolvimento das ações em curso, que têm causado grande impacto na gestão do Poder Judiciário.

Ao tempo da finalização deste texto, o alinhamento estratégico no Poder Judiciário mostra-se significativamente promissor. Ainda está por consolidar-se o pleno funcionamento da Comissão de Gestão Estratégica, todavia essa dificuldade é plenamente compensada pela atuação de alguns de seus membros, com isso assegurando o estabelecimento dos direcionadores estratégicos, isto é, o "norte" da gestão. Observa-se a evolução incomum da implementação da gestão estratégica no nível hierárquico das diretorias gerais, como decorrência da necessidade de alinhamento organizacional, identificada na primeira auditoria interna, realizada por conta da certificação ISO 9001:2000 em curso em algumas unidades organizacionais (Emerj, 18ª Câmara Cível, 13ª Vara Cível e 18ª Vara Cível).

Com a ampliação do projeto de modernização da gestão, a ser executado no período 2005/2006, as perspectivas são bastante otimistas quanto ao fortalecimento, em extensão e aprofundamento, da gestão operacional e da gestão estratégica.

Dois fatos merecem destaque nessa experiência de implementação do Projeto de Modernização do Poder Judiciário, ambos significativos fatores de viabilização das ações. O primeiro refere-se à contribuição da Comissão de Modernização na formulação e parametrização das mudanças, em especial os desembargadores Leila Mariano e Jessé Torres. O segundo, confirmando a experiência bem-sucedida em outras organizações, consubstanciado na presença e participação direta da Presidência do TJERJ em treinamentos, visitas às unidades organizacionais e em eventos marcantes, isto é, a intenção estratégica, verbalizada em pessoa pelo mais alto representante da instituição, mostrou-se significativo fator para convencer e estimular as pessoas, consolidando a implementação da estratégia.

Referências bibliográficas

GUBMAN, Edward. *Talento – desenvolvendo pessoas e estratégias para obter resultados extraordinários.* Rio de Janeiro: Campus, 1998.

MARANHÃO, Mauriti. *ISO série 9000 – Manual de implementação.* Rio de Janeiro: Qualitymark, 2002.

_____; MACIEIRA, Maria Elisa Bastos. *O processo nosso de cada dia.* Rio de Janeiro: Qualitymark, 2004.

NBR ISO 9001:2000. Sistemas de gestão da qualidade – Requisitos.

PORTER, Michael F. *Vantagem competitiva.* Rio de Janeiro: Campus, 1989.

O Fundo Especial do Tribunal de Justiça como garantia de autonomia administrativa e de responsabilidade fiscal

Jessé Torres Pereira Junior[*]

1. A autonomia administrativa e financeira do Judiciário brasileiro

O Judiciário apresentou numerosas proposições ao Congresso Nacional que, investido de poderes extraordinários, elaborou a Constituição promulgada aos 05.10.1988, redemocratizando o Estado brasileiro. Entre elas a de que ao Judiciário fosse assegurada autonomia administrativa e financeira. Assim se postulava porque, até então, os Poderes públicos, constituídos para serem independentes e harmônicos entre si, viviam realidade diversa. O Judiciário dependia do erário, cujas disponibilidades, geridas pelo Executivo, raramente contemplavam recursos que satisfizessem, por inteiro, às suas necessidades de custeio e investimento.

Ao contrário, havia situação de dependência para a realização de qualquer despesa. Criação de varas e cartórios judiciais, multiplicação ou aparelhamento de serviços judiciários de atendimento à população, reforma ou edificação de sedes de Foros, realização de concursos para o provimento de cargos, atos de remoção ou promoção de pessoal, tudo dependia da aprovação do Executivo. Não é difícil imaginar, colhendo-se a narrativa de admi-

---

[*] Desembargador, professor de direito administrativo da Escola da Magistratura e gerente do Fundo Especial do Tribunal de Justiça do Estado do Rio de Janeiro.

nistradores judiciários anteriores a 1988, quão árdua, quando não frustrante, era cada negociação para que o Executivo liberasse os meios reclamados pelo Judiciário. Em parte, tal esquema respondia pelo crônico descompasso entre o aumento da demanda da população por serviços judiciais e a capacidade dos órgãos judiciários para dar-lhe resposta.

O art. 99 da Constituição da República de 1988 assegurou ao Poder Judiciário a esperada "autonomia administrativa e financeira". Em termos, porém. Seu §1º vincula a autonomia a orçamento que, embora proposto pelos tribunais, se há de conter nos "limites estipulados conjuntamente com os demais Poderes na lei de diretrizes orçamentárias". Quer dizer: o Judiciário goza de autonomia para administrar os recursos que estiverem previstos em orçamento aprovado pelos demais Poderes. Na Ação Declaratória Indireta (ADIn) nº 820-RS, o Relator, Ministro Eros Grau, vem de votar, no Supremo Tribunal Federal, pelo acolhimento de representação argüinte da inconstitucionalidade de dispositivos da Constituição e de lei do Rio Grande do Sul, que reservaram recursos orçamentários para aplicação obrigatória em manutenção e conservação de escolas públicas. O fundamento da procedência da argüição corrobora a opção constitucional de submeter as leis orçamentárias ao crivo predominante dos Poderes Executivo e Legislativo, *verbis*: "as normas impugnadas ofendem o inciso III do art. 165 da CF, já que dispõem sobre matéria orçamentária, cuja iniciativa de lei é de competência privativa do Chefe do Poder Executivo" (*Informativo do STF*, nº 364, out. 2004).

O cerceio, cujo propósito se compreende – as receitas estatais devem ser repartidas de modo eqüânime –, ensejava que o Judiciário continuasse sob a discrição de conveniência e oportunidade dos demais Poderes quanto ao repasse dos recursos vertidos ao Tesouro, órgão do Executivo. Conquanto houvesse a expectativa de receber determinadas receitas, posto que estimadas no orçamento, o Judiciário somente as recebia quando o Executivo as repassasse, a seu talante. O Supremo Tribunal Federal, em mais de um julgamento, decidiu que os repasses deveriam, e devem, ocorrer mediante duodécimos, até o dia 20 de cada mês, consoante se depreende do art. 168 da CF/88 (vg, MS nº 22.384-GO, Rel. Min. Sydney Sanches, *DJU* de 26.09.97).

O FUNDO ESPECIAL DO TRIBUNAL DE JUSTIÇA | 49

Os atrasos permaneciam, e permanecem, a ponto de débitos serem pagos por administradores judiciários com correção monetária e juros moratórios, por não receberem do Executivo o duodécimo em tempo hábil. Assim também ocorria no Tribunal de Justiça do Estado do Rio de Janeiro até a criação (1996) e a ampliação (1999) das receitas de seu Fundo Especial.

Era, como ainda é, necessário encontrar-se alternativa que efetive a autonomia constitucional deferida ao Judiciário. Não para que este disponha de todos os recursos que queira, em país de tantas carências prioritárias, entre as quais a da prestação jurisdicional eficiente, em tempo razoável. Mas para que, ao menos, a administração judiciária tenha a certeza de contar com os meios previstos no orçamento, de modo a planejar-lhe a realização e a executar-lhe os programas e projetos de modo pertinente e oportuno, buscando efetividade e eficácia em todas as suas atividades.

2. Os fundos especiais como instrumento de implementação de autonomia administrativa e financeira

A Lei nº 4.320, de 17.03.46, ao estatuir "normas gerais de direito financeiro para elaboração e controle dos orçamentos e balanços da União, dos Estados, dos Municípios e no Distrito Federal", prevê a criação de fundos especiais constituídos pelo "produto de receitas especificadas que por lei se vinculam à realização de determinados objetivos ou serviços, facultada a adoção de normas peculiares de aplicação". Extrai-se de seus artigos 71 a 74 que os fundos especiais têm as seguintes características:

(a) a lei que cria o fundo também discrimina as suas receitas, vedado o recebimento pelo fundo de qualquer receita não nomeada;

(b) as receitas passam a integrar as dotações orçamentárias da instituição a que pertence o fundo e serão aplicadas de acordo com as finalidades estabelecidas na sua lei de criação;

(c) o saldo positivo que o fundo apresentar ao final do exercício financeiro será transferido para o exercício seguinte, a crédito do mesmo fundo, vale dizer que não será recolhido ao erário (a chamada caixa única do Tesouro, seja este federal ou estadual);

50 | A REFORMA DO PODER JUDICIÁRIO NO ESTADO DO RIO DE JANEIRO

(d) a gerência do fundo sujeita-se às normas de controle externo, o que significa que deve manter sistema próprio de controle interno e prestar contas, ao Tribunal de Contas competente, de sua arrecadação e das despesas a que atendeu com o produto daquelas receitas.

A Constituição Federal de 1988 dedica mais de uma dezena de disposições aos fundos especiais (artigos 159, inciso I, alíneas *a* e *b*; 161, inciso II e parágrafo único; 165, §5º, incisos I e III, e §9º, inciso II; 167, incisos IV, VIII e IX). Destaca-se do perfil constitucional dos fundos especiais que:

(a) podem ser utilizados para a repartição do produto da arrecadação de impostos entre os entes federados, como se dá com os Fundos de Participação dos Estados e dos Municípios em receitas da União, o que significa dizer que os fundos especiais podem e devem ser manejados como instrumentos de eqüidade tributária, com o propósito de "promover o equilíbrio sócio-econômico entre Estados e entre Municípios" (art. 161, II, parte final);

(b) suas receitas integram, respectivamente, os orçamentos fiscal e da seguridade social, ambos objeto da lei orçamentária anual (art. 165, §5º, I e III), seguindo-se que as receitas de um fundo especial são oriundas, em princípio, da arrecadação de tributos, posto que dessa natureza são, também, as contribuições previdenciárias, segundo tem decidido o Supremo Tribunal Federal (*vg*, ADIn nº 2.087-AM, Rel. Min. Sepúlveda Pertence, *DJU* de 19.09.03; e ADC nº 3-UF, Rel. Min. Nelson Jobim, *DJU* de 09.05.03);

(c) da lei devem advir as normas de instituição e funcionamento dos fundos especiais (art. 165, §9º, II), daí ser defesa a sua disciplina por ato administrativo infralegal, bem como é vedada a instituição desses fundos especiais sem prévia autorização legislativa (art. 167, IX);

(d) é ilegal a vinculação de receitas de impostos a fundos (art. 167, IV), ou seja, não se criam, nem se majoram, impostos com o fim de atender a necessidades de arrecadação de fundos especiais;

(e) é proibida, sem autorização legislativa específica, a utilização de recursos do orçamento fiscal ou da seguridade social para suprir necessidade ou cobrir déficit de fundos especiais (art. 167, VIII).

O FUNDO ESPECIAL DO TRIBUNAL DE JUSTIÇA | 51

As características constitucionais e legais dos fundos especiais evidenciam sua aptidão para assegurar autonomia administrativa e financeira à instituição incumbida da aplicação de suas receitas, que compõem o orçamento aprovado. Somente as pode gerir a própria instituição, excluída qualquer ingerência externa, em função dos objetivos definidos na lei de criação do fundo e nas leis orçamentárias anuais ou plurianuais (CF/88, art. 165).

A eficiência e a eficácia da gestão desses fundos resultam estimuladas porque: 1º, eventual saldo positivo passará ao orçamento do exercício seguinte, garantindo continuidade de planejamento, execução, avaliação e controle dos programas previstos nas leis orçamentárias; 2º, há obstáculos administrativos e de execução orçamentária que dificultam desvios de finalidade ou descontinuidades gerenciais; 3º, não se admitirá o improviso para a cobertura de saldos negativos, o que expõe a todo tipo de censura (jurídica e política) o responsável por gestão antieconômica de um fundo especial.

3. O ajustamento dos fundos especiais às peculiaridades da organização judiciária

Esse conjunto de atributos nucleares convence da adequação de um fundo especial para servir à prometida autonomia administrativa e financeira do Poder Judiciário. Contudo, há três pontos capazes de turvar tal adequação, tornando-a incerta: a suficiência do fundo depende do vigor da economia do local ou região onde ocorram os fatos geradores de suas receitas, o que pode fazer do fundo uma auspiciosa solução para certos estados e uma decepção para outros; a necessidade de especialização na organização e na gerência do fundo, o que nem sempre estará disponível nos quadros judiciários; e o potencial de conflito de competências ou atribuições entre a gerência das receitas do fundo e a da ordenação das despesas do tribunal em que atue.

3.1 Os fatos geradores de receitas e suas limitações

A arrecadação de um fundo especial judiciário dependerá, em dose considerável, do volume de demandas ajuizadas (quando se recolhem a taxa judiciária e as custas processuais iniciais). Estas, no segmento que interessa às receitas do fundo, retratam conflitos conseqüentes de negócios que movimentam a economia. Se a economia local for modesta, poucas, e igualmente modestas quanto a seu valor, serão as ações ajuizadas. Reduza-se ainda mais a atividade econômica e ter-se-á provável aumento de conflitos e de ações judiciais, porém de outra natureza, em sua maioria envolvendo pessoas, físicas ou jurídicas, sem meios para custear o processo litigioso, mas que terão de ser atendidas ainda assim, mediante o deferimento do benefício da gratuidade de justiça, previsto na Constituição em favor dos que comprovem insuficiência de recursos (art. 5º, LXXIV).

No estado do Rio de Janeiro, as estatísticas mostram, nos últimos três anos, elevação do número de demandas que tramitam gratuitamente, chegando à média de 65%, na capital e no interior. Em números redondos: em um terço das ações aforadas, os demandantes pagam as despesas dos respectivos processos, enquanto dois terços das ações gozam da gratuidade. Sorte que, como se verá adiante, as demais receitas do Fundo Especial do Tribunal de Justiça bastam para atender ao custeio e aos investimentos do Judiciário fluminense. Inviáveis ou igualmente reduzidas fossem essas outras receitas e o resultado seria adverso, o que pode ocorrer de futuro ou em outros estados da Federação que criaram ou venham a criar fundos especiais, inadvertidos para os efeitos com que os pode afetar a economia local.

Mesmo em face dessa dificuldade, a instituição de um fundo especial no Poder Judiciário amolda-se como luva à função de promotor do "equilíbrio sócio-econômico", a que alude o art. 161, II, parte final, da CF/88. A índole também social do fundo harmoniza-se com a missão do Judiciário no estado democrático de direito, que se deve aproximar da população e franquear-lhe o mais possível as vias de acesso à Justiça, por inferência de seus arts. 1º e 3º.

Nada obstante, fica claro o cuidado que se deve ter quando da elaboração da lei de criação de um fundo especial judiciário. Quaisquer que sejam as receitas que o integrarão, poderá ocorrer de não bastarem para responder aos encargos a que se destinam, o que deve merecer atenta consideração do legislador, inclusive para cogitar de soluções alternativas ou suplementares, desde que fiéis ao objetivo de assegurar a autonomia administrativa e financeira do Judiciário.

3.2 Exigência de atuação especializada

AFONSO AGUIAR GOMES ensina que "Os Fundos Especiais são somas de recursos financeiros postas à disponibilidade de determinados objetivos, não se tratando, porém, de órgão público, mas sendo por este administrados... são instrumentos de gestão financeira... que exigem um tratamento diverso do aplicável às demais atividades... há duas espécies de Fundo Especial, cuja caracterização se funda no tipo de finalidade que ele objetiva perseguir. Assim como há fundos instituídos com a finalidade de pôr em execução atividades ligadas à política econômica, social e administrativa, ou destinados à manutenção de serviços ou órgãos públicos, há os que não visam pôr em prática qualquer tipo de programa de trabalho de interesse da Administração Pública, ou manter serviços ou órgãos públicos, mas cujo objetivo é, simplesmente, o de redistribuição de receitas entre as diversas pessoas jurídicas de direito público, como é o caso do Fundo de Participação dos Estados e do Fundo de Participação dos Municípios, de finalidades meramente contábeis. Dessa diversidade de objetivos é que os Fundos Especiais se distinguem como sendo de natureza financeira e de natureza contábil"[1].

Um fundo especial judiciário tem natureza financeira e deve cumprir a "finalidade de pôr em execução atividades ligadas à política econômica, social e administrativa, ou destinados à manutenção de serviços ou órgãos públicos". Daí sua gestão exigir formação técnica correspondente à sua especialização, que se há de buscar mediante seleção e treinamento permanente de recursos humanos, instante atividade de controle interno, e solicitação periódica de auditagens externas, incluindo fiscalizações do Tribunal de Contas. Convém que a gerência desse fundo especial equilibre: (a) a austeridade que se espera decorra da presença da autoridade judiciária; (b)

---

[1] Aguiar, 2004:373-374.

A REFORMA DO PODER JUDICIÁRIO NO ESTADO DO RIO DE JANEIRO

a especialização de servidores adequadamente selecionados e aos quais se propicie treinamento; e (c) a constância de inspeções por órgãos controladores, internos e externos.

Os problemas dessa gestão especializada resultariam amenizados na medida em que a tecnologia do computador provê soluções para a massificação de procedimentos de verificação e conferência de documentos. A experiência do Fundo Especial do TJERJ tem confirmado que onde há receita pública há possibilidade de sonegação, evasão e fraude, a par de erros involuntários naturais em qualquer processo de trabalho, mas que, em se cuidando de recursos públicos, podem conduzir a perdas inaceitáveis. Há de se dispor, e fazer funcionar, de adequado sistema de controles, como se verá adiante.

3.3 Possíveis conflitos entre a gerência de receitas e a ordenação de despesas

Questão delicada, a acompanhar a inserção de um fundo especial na organização judiciária, reside na possibilidade de conflitos de competências ou atribuições entre o ordenador de despesa do tribunal e o gerente do fundo.

O gerente de um fundo especial é, de ordinário, também gestor das despesas a que se deve destinar a aplicação de suas receitas, de vez que estas foram previstas na lei de criação do fundo com o fim de acudir a determinados objetivos. Cuidar para que a aplicação das receitas se faça para atender a esses objetivos é encargo do gestor do fundo. A atuação deste se circunscreve a tais objetivos, vedada a aplicação de suas receitas para atender a quaisquer outros. Segue-se que o gestor do fundo é, em tese, a um só tempo, curador das receitas do fundo e ordenador das despesas a que essas receitas estiverem legalmente vinculadas.

Ocorre que as leis de organização e divisão judiciárias (cujo projeto é da iniciativa do Tribunal de Justiça, nos termos do art. 125, §1º, da CF/88) habitualmente concentram no presidente a grave função de ser o ordenador de despesas do tribunal, admitido que delegue competência para servidores que ocupam cargos executivos no cume da hierarquia funcional da administração judiciária, quanto a determinados atos de ordenação.

O Código de Organização e Divisão Judiciárias do Estado do Rio de Janeiro (CODJERJ) traça a função ordenadora de modo a exaurir as atividades do Judiciário estadual. Tanto que incumbe o Presidente da Corte de "superintender, ressalvadas as atribuições do Órgão Especial do Tribunal de Justiça, do Conselho da Magistratura e da Corregedoria Geral da Justiça, todas as atividades jurisdicionais e administrativas do Poder Judiciário, podendo, para isso, agir diretamente junto a qualquer autoridade e expedir os atos necessários" (art. 30, II). Em matéria financeira, o CODJERJ manda o Presidente "encaminhar, para apreciação e aprovação pelo Conselho da Magistratura, projetos de provimentos normativos para aplicação da legislação vigente sobre a administração de pessoal e administração financeira", bem como o autoriza a "praticar os atos suplementares normativos e executivos de administração de pessoal e de administração financeira que lhe forem atribuídos nas normas regulamentares gerais aprovadas pelo Conselho da Magistratura" (art. 30, incisos XXXVI e XXXVII).

Nessas circunstâncias, o Presidente é o ordenador das despesas do Tribunal de Justiça do Estado do Rio de Janeiro, quaisquer que sejam, inclusive aquelas que se venham a pagar com recursos oriundos de receitas de seu Fundo Especial. Somente o Presidente, ou os diretores a quem expressamente delegar atos de ordenação de despesa, entre os quais não se encontra o gerente do Fundo, que é um magistrado, pratica os atos próprios de ordenação, como soem ser aqueles referidos no art. 80, §1º, do Decreto-lei nº 200/67 ("Ordenador de despesas é toda e qualquer autoridade de cujos atos resultarem emissão de empenho, autorização de pagamento, suprimento ou dispêndio de recursos..."). No Tribunal de Justiça fluminense, não há uma só hipótese de o gerente do Fundo emitir nota de empenho, autorizar pagamento, suprimento ou dispêndio de recursos.

Circunstância histórica singulariza o caso do FETJ. A lei estadual que o criou, em 1996, atrelava suas receitas ao "processo de modernização e reaparelhamento do Poder Judiciário". Por conseguinte, caberia ao gerente do

Fundo, se fosse o caso, ordenar despesas estritamente condizentes com esse processo político-administrativo conjuntural. Alterações introduzidas na lei estenderam, em 1999, a destinação das receitas do Fundo a todas as despesas correntes e de investimentos do Poder Judiciário, mantendo vedada a aplicação dos recursos do Fundo apenas para o pagamento de despesas com pessoal, sábia proibição que já constava do texto original.

A superposição da função de ordenador de despesa no Presidente do Tribunal e no gerente do Fundo seria incontornável se se tomasse ao pé da letra a aplicação universal das receitas deste. Uma vez que as receitas do FETJ, a partir de 1999, passaram a responder por todo o custeio do Judiciário estadual, excetuadas as despesas com pessoal, ao gerente do Fundo passaria a caber, em tese, a ordenação de todas as correspondentes despesas, restando para o Presidente do Tribunal a ordenação das despesas de pessoal.

Tal interpretação seria, como é, inconciliável com a lei estadual de organização e divisão judiciárias, que há de prevalecer sobre a legislação instituidora do Fundo porque aquela tem berço constitucional e se refere à própria gestão do Poder (CF/88, art. 125, §1º). Também no que respeita à legitimidade da ordenação, inquestionável ser do Presidente do Tribunal, eleito por seus pares para exercer as funções que lhe são cometidas pelo CODJERJ, ao passo que não a tem o gerente do Fundo, designado por ato administrativo do Presidente para gerenciar a arrecadação de receitas.

Impõe-se o reconhecimento de distinção impeditiva de conflito de competências ou atribuições: ao Presidente do Tribunal compete a ordenação das despesas de qualquer natureza; ao gerente do FETJ cabe a curadoria de suas receitas, de modo a que se mantenham suficientes e desembaraçadas para cobrir as despesas ordenadas pelo Presidente.

A gerência do FETJ, por um lado, não participa, salvo se especificamente convocada a opinar em caso concreto, do processo decisório que fixa prioridades de despesas, nem da verificação de sua regularidade, a cargo do Presidente (na qualidade de seu ordenador) e dos órgãos de controle interno (no desempenho da competência prevista no art. 74 da CF/88). Mas, por outro, o gerente do Fundo não se alheia do comportamento da despesa em relação à disponibilidade das receitas. Deve emitir sinais de alerta e propor medidas, preventivas e corretivas, ao Presidente do Tribunal, sempre que o cenário dessa correlação suscitar preocupações acerca de desmedida elevação das despesas em relação à força das receitas.

No Tribunal de Justiça do Rio de Janeiro, o gerente do Fundo tem como parâmetro, no exercício de sua curadoria das receitas, o Plano de Ação Governamental do Poder Judiciário (PAG), que descreve todos os programas e projetos cuja execução se prevê para o biênio a que se refere. E, na verificação periódica do comportamento das despesas, conta com o Relatório de Acompanhamento e Controle de Custos (RAC), que a Diretoria Geral de Planejamento, Coordenação e Finanças expede e cuja síntese faz publicar trimestralmente.

4. A experiência do Fundo Especial do Tribunal de Justiça do Estado do Rio de Janeiro

O Fundo Especial do Tribunal de Justiça do Estado do Rio de Janeiro (FETJ) posiciona-se, na estrutura organizacional do Judiciário estadual, como unidade subordinada diretamente ao Presidente do Tribunal. Rente a tal topografia, cumpre ao gerente do Fundo o desempenho de três funções primaciais: (a) gerenciar a arrecadação das receitas previstas em sua lei instituidora, de modo a manter completo controle sobre os ingressos, incluindo a imposição de multa quando de recolhimentos sonegados ou feitos com atraso, bem como a possibilidade de aplicar recursos no mercado, com o fim de obter receita financeira; (b) normalizar, no âmbito de competência do Fundo, entendimentos técnicos padronizados acerca de procedimentos que devam ser observados por serventias judiciais e extrajudiciais na arrecadação de taxas, custas, emolumentos e remunerações que constituam receitas legais do Fundo; (c) assegurar a disponibilidade dessas receitas ao ordenador de despesas, o que impõe ao gerente o dever funcional de sinalizar, com base em indicadores objetivos, eventual perda de posição de receita em face de aumento de despesa.

4.1 Gerência da arrecadação

Para desincumbir-se da primeira função, o gerente do FETJ conta, no nível operacional, com a Diretoria Geral de Planejamento, Coordenação e Finanças, onde se localiza o Departamento de Gestão da Arrecadação (DEGAR), pelo qual passam para conferência, em média, ao dia, quatro mil guias de recolhimento (GRERJ) de numerário devido ao FETJ, em todas as noventa Comarcas do Estado, nas quais são distribuídas, na média dos três últimos exercícios, cerca de um milhão de novas demandas judiciais ao ano, para cuja resolução o Judiciário fluminense conta com 700 magistrados, somados ambos os graus de jurisdição. Para dimensionar-se a ordem de grandeza desse movimento, registre-se: em 2001, foram 980.997 GRERJ; em 2002, 1.081.963; em 2003, 980.935; de janeiro a setembro, inclusive, de 2004, 833.602. Equivalem a receitas anuais globais de R$ 186.870.114,57 (2001), R$ 226.326.976,91 (2002), R$ 326.550.072,18 (2003) e R$ 244.518.766,10 (de janeiro a setembro de 2004).

A verificação dessas guias pode defrontar-se com incidentes de seis ordens, todos de reduzido percentual em face do movimento total de GRERJ:

(a) autenticação bancária inidônea, acarretando a abertura de processos administrativos para a imposição de multa e comunicação ao juiz do processo judicial e ao Ministério Público, para a persecução criminal cabível (em 2000, foram 201 casos; em 2001, 65; em 2002, 41; em 2003, 39; em 2004, até setembro, 22);

(b) recolhimentos sem autenticação bancária, com a conseqüência de determinar-se a comprovação do pagamento mediante outra guia, devidamente autenticada (em 2001, foram 127 casos; em 2002, 137; em 2003, 146; em 2004, até setembro, 112);

(c) recolhimentos mediante a emissão de cheques devolvidos por insuficiência de fundos, situação que o FETJ comunica ao cartório processante, que junta o cheque nos autos e o curso do processo é sobrestado até a regularização do pagamento (em 2001, foram 65 casos; em 2002, 38; em 2003, 55; em 2004, até setembro, 30);

O FUNDO ESPECIAL DO TRIBUNAL DE JUSTIÇA | 59

(d) rasuras ou adulterações em qualquer dos campos do formulário padronizado da guia, com a providência de certificar-se a correção do recolhimento junto ao Banco arrecadador (em 2001, foram 31 casos; em 2002, 26; em 2003, 39; em 2004, 18, até setembro);

(e) intempestividade no recolhimento de valores devidos por serventias extrajudiciais, que, uma vez confirmada, dá azo à imposição de multa (atrasos de recolhimento originam a instauração da média mensal de 43 processos administrativos de apuração, relativos a 227 GRERJ);

(f) denúncias espontâneas de serventias que reconhecem recolhimentos incorretos (média mensal de 27 ofícios de denúncia, média de 99 GRERJ).

O DEGAR gerencia, ainda, milhares de processos administrativos relativos a três objetos específicos principais (em 2001, foram 14.222; em 2002, 19.496; em 2003, 22.627; em 2004, até setembro, 19.958), a saber:

(a) pedidos de restituição de valores recolhidos indevidamente ao FETJ (em 2001, foram 811 processos; em 2002, 1.568; em 2003, 1.634; em 2004, até setembro, 1.658), ou de retificação de valores recolhidos a maior ou a menor (225, em 2001; 664, em 2002; 815, em 2003; 946, em 2004, até setembro); o crescimento do número desses processos, corroborado por insistentes reclamações de advogados e usuários, identifica a necessidade de buscar-se solução para a complexidade da GRERJ, que propicia erros de preenchimento; há estudos para a informatização do documento, com implantação prevista para 2005;

(b) cobrança da remuneração devida por permissionários e cessionários de bens em prédios de Foros, que passaram de 20 a 153, a partir de meados de 2003, mais do que dobrando a respectiva receita entre 2002 e 2004 (de R$ 527.832,45 para R$ 1.202.866,73 ao ano);

(c) cobranças administrativas (vg, débitos e multas – em 2003, foram 7.749 processos, gerando receita de R$ 438.822,20; em 2004, até setembro, 7.328, gerando receita de R$ 571.875,02).

60 | A REFORMA DO PODER JUDICIÁRIO NO ESTADO DO RIO DE JANEIRO

O que se pode perceber nas entrelinhas dos números é a progressiva formação de uma cultura administrativa que valoriza a gestão do que é próprio do Poder Judiciário e cujas receitas devem ser aplicadas na melhoria contínua de seus processos de trabalho.

4.2 Enunciados administrativos uniformizadores

A lei destinou ao FETJ elevado número de receitas. Desiguais quanto à natureza e ao potencial de arrecadação: tributárias ou não-tributárias, sujeitas à disciplina que a Lei de Responsabilidade Fiscal traçou para a renúncia de receita (art. 14, seus incisos e parágrafos); cotidianas ou eventuais; umas têm na prestação jurisdicional o seu fato gerador, outras decorrem de atividade administrativa. Natural que tal diversidade desperte entendimentos variados a cada caso, daí a função normalizadora que ao FETJ cabe desenvolver, com o fim de padronizá-los tanto quanto possível.

São receitas do FETJ (Lei nº 2.524, de 22.01.96, art. 2º, e Lei nº 3.217, de 27.05.99, art. 1º):

(a) as custas e os emolumentos devidos pelo processamento de feitos judiciais e fixados segundo a natureza do processo e a espécie de recurso interposto;

(b) os emolumentos, que expressam a remuneração devida aos serviços notariais e de registros, que garantem a publicidade, a autenticidade, a segurança e a eficácia dos atos providos de fé pública;

(c) a taxa judiciária incidente sobre os serviços por meio dos quais atuam os órgãos prestadores de jurisdição de ambos os graus, na justiça estadual;

(d) as receitas oriundas da inscrição em concursos públicos para o provimento de cargos efetivos do Judiciário estadual;

(e) a remuneração decorrente de permissões de uso de espaços em prédios afetados ao Judiciário estadual;

(f) parcela de 20%, incidente sobre o valor tabelado de cada ato praticado por serventia extrajudicial, como, por exemplo, o da lavratura de ter-

O FUNDO ESPECIAL DO TRIBUNAL DE JUSTIÇA | 61

mos em geral (procurações e escrituras), objeto das leis de nº 713/83 e 723/84, que a instituíra, originariamente, como receita do estado;

(g) dotações orçamentárias próprias;

(h) auxílios, subvenções, contribuições e doações de entidades públicas e privadas, nacionais ou estrangeiras;

(i) transferências de recursos de entidades de caráter extra-orçamentário, que lhe venham a ser atribuídas;

(j) as provenientes da prestação de serviços a terceiros, inclusive as impostas pela aplicação de selo holográfico de autenticidade e controle afeto à Corregedoria Geral da Justiça;

(l) as provenientes de inscrições em cursos, simpósios, seminários e congressos promovidos pelo Tribunal de Justiça, excetuadas as que constituem receita do Fundo Especial da Escola da Magistratura;

(m) as decorrentes de venda de assinaturas ou volumes avulsos de revista, boletins e outras publicações editadas pelo Tribunal de Justiça;

(n) as resultantes da alienação de equipamentos, veículos ou outros materiais permanentes;

(o) a remuneração oriunda de depósitos bancários ou aplicação financeira realizada em contas do próprio Fundo;

(p) as provenientes de quaisquer outros ingressos extra-orçamentários.

São hipóteses que configuram a aplicação do antigo princípio da rentabilidade, hoje subsidiário do princípio da eficiência, introduzido na cabeça do art. 37 da CF/88 pela Emenda Constitucional nº 19/98. Segundo a proposição da rentabilidade, era de admitir-se o "lucro social" na Administração Pública, assim chamado pelo direito público da época (segunda metade do século XX, quando proliferou a criação das chamadas entidades vinculadas de administração indireta do Estado – autarquias, fundações, empresas públicas e sociedades de economia mista) em correspondência ao superávit financeiro do exercício, que deveria ser reinvestido nas atividades de interesse público dos entes e entidades estatais.

O "lucro social" ou superávit financeiro pode ser indicador de eficiência e eficácia, ou não, na gestão pública. Será afirmativo se for efeito da consecução de objetivos e metas com alto grau de racionalidade e ótima relação custo-benefício. Outro não é o fundamento de a Lei de Responsabilidade Fiscal haver determinado que se integre ao projeto de lei de diretrizes orçamentárias um "Anexo de Metas Fiscais, em que serão estabelecidas metas anuais, em valores correntes e constantes, relativas a receitas, despesas, resultados nominal e primário e montante da dívida pública, para o exercício a que se referirem e para os dois seguintes" (art. 4º, §§1º e 2º).

Permanece como de interesse público a destinação do saldo positivo de cada exercício financeiro, se houver, na manutenção, no aperfeiçoamento e na expansão de programas de interesse público. As receitas do FETJ cumprem esse papel. Dão sustentação aos serviços judiciários – as mais expressivas de suas receitas advêm da própria atividade judiciária ou de atividades e ela sujeitas – e viabilizam a manutenção, o aperfeiçoamento e a expansão da oferta de prestação jurisdicional em resposta ao aumento da demanda da sociedade por esses serviços.

É previsível que tal elenco de possibilidades venha a ensejar interpretações díspares quanto à tipificação dos fatos geradores de cada uma daquelas receitas, ao processamento de seu recolhimento, à restituição de valores recolhidos a maior ou indevidamente, à aplicação de recursos em projetos inovadores. Dessas operações necessariamente participam magistrados e servidores, cada qual podendo divisar de modo próprio tal ou qual questão.

Por isto é que, no desempenho de sua segunda função básica (normalização), a gerência do Fundo promove, desde 2001, em caráter permanente, estudos sobre questões técnicas decorrentes de dúvidas que, em processos administrativos, magistrados e serventuários suscitem no concernente a hipóteses e critérios de recolhimento e aplicação de exações, contribuições e remunerações devidas ao FETJ. Na medida em que a dúvida ou divergência se reitere e em que os respectivos estudos sejam conclusivos, incluindo a audiência da Corregedoria Geral da Justiça – competente para o exercício da polícia administrativa sobre os cartórios, durante o qual pode flagrar desvios de recolhimentos devidos –, o FETJ submete ao Presidente do Tribunal enunciados administrativos que sintetizam sua orientação em matéria controvertida. Em setembro de 2004, esse rol de proposições uniformi-

O FUNDO ESPECIAL DO TRIBUNAL DE JUSTIÇA | 63

zadoras, aprovadas pelo Presidente, era de 39 Enunciados (*DO* de 26.03.04), divulgados via *internet* e *intranet*, além de serem objeto de impressos (*folder* periodicamente atualizado).

O vetor fundamental da uniformização dos Enunciados Administrativos é o vetusto princípio da rentabilidade, absorvido pelo da eficiência. A receita gerada pelos serviços prestados pelo Poder Judiciário deve ser reinvestida na contínua melhoria desses serviços, tendo como foco o atendimento devido aos jurisdicionados. Entendendo-se por prestação jurisdicional, nesse sentido administrativo-financeiro, toda a atividade realizada pelos órgãos prestadores em resposta à provocação do jurisdicionado, que faça movimentar-se a máquina judiciária. Movimento que, por oneroso, há de ser considerado pelas partes de modo sério e conseqüente. Bem ilustra o zelo contido nessa definição o Enunciado Administrativo nº 24, *verbis*: "Não dispensa o pagamento das custas, nem autoriza a restituição daquelas já pagas: a) a extinção do processo em qualquer fase, por abandono, transação ou desistência, mesmo antes da citação do réu, nos termos do art. 20 da Lei nº 3.350/99; b) a desistência de recurso interposto; c) o recurso declarado deserto, seja por intempestividade ou por irregularidade no preparo, falta de preparo ou preparo insuficiente; d) o cancelamento da distribuição inicial, por falta de pagamento do preparo no prazo devido".

4.3 Medidas preventivas e corretivas em face da correlação receita-despesa

A realização da terceira função atrai inusitado desafio para a gerência de um fundo especial judiciário, posto que versa sobre projeções econômicas a que magistrados e serventuários não estão ordinariamente afeiçoados. Mas que profissionais que são do ofício de julgar se devem empenhar para virem a estar, em mundo no qual o homem e sua circunstância se encontram no epicentro de fenômenos cada vez mais impregnados de todos os matizes socioeconômicos, com raízes tanto próximas e visíveis quanto distantes e invisíveis, ou indecifráveis ao olhar comum ou desavisado. Melhor do que descrever o repto é ilustrá-lo com episódio concreto e que ainda está a produzir efeitos.

Ao final do exercício de 2002, o gerente do FETJ submeteu ao Presidente do Tribunal relatório sobre a evolução das receitas e das despesas, em face do cenário que então se descortinava para o implemento do PAG do Poder Judiciário, cuja elaboração se ultimava para 2003/2004 e cuja execução ora se arremata. Eis os principais excertos do relatório, lançado nos autos do processo administrativo nº 184.308/02, como testemunho da natureza, dos métodos e do desempenho dessa terceira função da gerência do FETJ, cuja classificação é difícil de rotular.

"Estes autos ocupam-se das modificações que, a partir do segundo trimestre de 2002, passaram a ser observadas no cenário econômico do País, com possíveis repercussões sobre as atividades do Poder Judiciário. Os estudos foram provocados e articulados por este Fundo Especial do Tribunal de Justiça – FETJ. Antes de apresentar seus resultados, é necessário esclarecer as razões de haver o FETJ impulsionado a iniciativa.

Consoante o disposto no art. 2º da Lei nº 2.524/96, que criou o FETJ (após laboriosas negociações com os demais Poderes do Estado, iniciadas em 1991, por inspiração do então Corregedor-Geral da Justiça, o saudoso Desembargador Polinício Buarque de Amorim, quando se elaborou o primeiro anteprojeto de lei), este tem por objetivo 'a dotação de recursos financeiros ao processo de modernização e reaparelhamento do Poder Judiciário'. A partir da Lei nº 3.217/99, os recursos financeiros arrecadados pelo FETJ passaram a sustentar, também, todo o custeio, salvo as despesas com pessoal, que permanecem à conta de repasses pelo Poder Executivo. Hoje, todas as despesas do Poder Judiciário fluminense, incluindo as de capital (investimentos em obras e equipamentos) e de custeio (manutenção dos serviços e atividades, meio e fim, do Poder), com a isolada exceção das despesas com pessoal, são providas pelas receitas do FETJ. Pode-se afirmar que o FETJ resultou do somatório de esforços de uma década, em que cinco administrações sucessivas do Tribunal de Justiça (as dos Presidentes Jorge Loretti, Antonio Carlos Amorim, Gama Malcher, Tiago Ribas Filho e Humberto Manes) se dedicaram a tornar real, no Estado do

Rio de Janeiro, a autonomia administrativa e financeira assegurada ao Poder Judiciário no art. 99 da Constituição da República. O Banco Interamericano de Desenvolvimento BID, ao cabo de estudos sobre o Poder Judiciário brasileiro, concluído no segundo semestre deste ano, destacou, como um dos oito pontos positivos do que lhe foi dado examinar, a existência do FETJ no Judiciário fluminense, como instrumento de autonomia financeira.

Ditas leis estaduais não alteram a competência do ordenador de despesas do Poder Judiciário, que é, nos termos do Código de Organização e Divisão Judiciárias deste Estado, exclusivamente, o Presidente do Tribunal de Justiça. Mas instituíram segunda vertente de gestão, subordinada ao ordenador e voltada especificamente para os recursos financeiros que a este cabe administrar. Tal é a competência do FETJ, que se sintetiza, pois, na curadoria das receitas do Poder Judiciário do Rio de Janeiro.

No exercício da função de curador das receitas, a serem geridas pelo Presidente e aplicadas pelos vários níveis executivos da estrutura organizacional do Poder, é que, na qualidade de gerente do FETJ, dei impulso ao presente processo. Após reunir os subsídios das Secretarias de Planejamento e de Administração, bem como os da Auditoria Geral, sugerem-se medidas que, diante das modificações e tendências observadas na economia nacional, tendem a precatar a gestão das receitas e despesas do Poder Judiciário fluminense contra erosões evitáveis, no horizonte previsível. Move-me a máxima, cunhada pela ciência da administração, de que o gestor há de admitir a possibilidade de vir a ser vencido pelos fatos, sempre dinâmicos e ricos de imponderabilidades, mas se deve empenhar para não ser surpreendido por eles.

Acompanhando-se, desde o segundo trimestre de 2002, o noticiário de economia veiculado pela imprensa, bem assim as colunas assinadas por seus principais articulistas especializados, e os dados divulgados por boletins técnicos, tal como o semanal FOCUS, editado pelo Banco Central, extrai-se que, em cada dez opiniões, sete apontam que 2003 será ano de nenhum ou reduzido crescimento econômico (no máximo, repetindo o índice de 2002, que mal terá ultrapassado 1%), e elevação dos índices de inflação (hoje, estimada para superar 20% ao ano). O cenário alternativo otimista seria crescimento econômico discretamente maior e inflação sob controle... O cenário alternativo pessimista seria a estagnação econômica e o descontrole da inflação, de modo a provocar severas desordens e perturbações econômicas, políticas e sociais. Há consenso quanto ao imperativo de empenharem-se todos os esforços para que se evite o recrudescimento do fenômeno inflacionário, que penaliza sobretudo as camadas mais pobres da população.

As previsões levam em conta fatores externos e internos.

Entre os externos, incluem-se: (a) a confirmada retração do comércio internacional (depois de passar duas décadas em permanente crescimento, as trocas comerciais entre as nações diminuíram 1,5% em volume e 4,5% em valor, em 2002, o que indica crise mundial, com desdobramento sobre o equilíbrio da balança de pagamentos de países que, como o Brasil, necessitam de exportar para obter receita em dólares decorrentes de atividade produtiva, daí mostrar-se árdua a conquista de mercados para a colocação de nossos produtos); (b) a notória crise de confiabilidade do mercado financeiro (para a qual contribuiu a quebra de insuspeitadas empresas norte-americanas, que maquiavam balanços para elevar a cotação de suas ações na bolsa), atingindo fortemente as aplicações em países da América Latina, que passaram a ser vistas como de alto risco para o investidor, trazendo como conseqüência, entre outras, o fechamento do crédito de Bancos internacionais para empresas em operação nesses países (cujas respectivas crises políticas internas também concorreram para a depreciação econômica); (c) o possível conflito militar entre os Estados Unidos e o Iraque, o que acarretaria aumento dos preços do petróleo, com efeitos generalizados para a produção de bens e serviços dependentes do combustível e seus derivados, em todo o mundo.

Entre os internos, destacam-se: (a) a transição dos governos federal e estaduais, após as eleições gerais, a criar expectativa sobre as diretrizes que os novos governantes imprimirão, no Executivo e no Legislativo, à política econômica estatal, o que gera incertezas para os agentes da economia no estabelecimento de seus objetivos e metas empresariais, retendo-os de tomar decisões em prol de novos investimentos produtivos e abrindo portas para ataques especulativos; (b) a variação cambial, que elevou a cotação do dólar a nível que, ao encerrar-se o ano, beira quatro reais por dólar (em janeiro de 2002, era de 2,40), concorrendo para que os preços atrelados à moeda norte-americana fizessem o índice de inflação suplantar a meta governamental (em números redondos, de 5% para 10% ao ano); (c) retração do comércio, da indústria e do mercado formal de trabalho, registrando-se níveis elevados de inadimplência e de desemprego (cerca de onze milhões de desempregados), bem como redução do poder de compra dos assalariados; (d) fuga para o mercado informal de trabalho, que atende às necessidades imediatas do desempregado, mas não gera tributos, nem investimentos, que fazem prosperar a circulação de bens e serviços, inclusive de amparo ao trabalhador; (e) crescimento da dívida interna, que chega ao final do exercício equivalendo a 64% do Produto Interno Bruto. Ou seja, país e população endividados, dentro e fora de suas fronteiras.

O quadro não é típico deste ou daquele país. Aparece, com perfil assemelhado, em várias regiões do planeta. Frutos da face perversa da globalização, segundo uns. Explosão de erros históricos acumulados, reverberam outros. Ambos teriam razão. Como também razão teria quem ponderasse sobre os aspectos positivos da realidade brasileira, com base nos quais a retomada do crescimento e o controle da inflação são possíveis, desde que assestadas as decisões certas, na oportunidade adequada. De toda sorte, a diferença estará na capacidade de enfrentar-se o quadro e modificá-lo. O que, do ponto de vista da cultura e da civilização, não parece conter qualquer novidade para a jornada humana. Ideologias, teorias e sistemas em colisão sempre traduziram o esforço do homem para explicar e superar as fragilidades e os destemperos que parecem ser indelevelmente inerentes à sua natureza.

Esse conjunto de fatores externos e internos, ao qual se poderiam agregar inúmeros outros, não importa apenas à macro visão da questão econômica. Projeta, no caso brasileiro, perspectiva de pouco ou nenhum crescimento para 2003, o que equivale a dizer que todos os segmentos das atividades públicas e privadas poderão ser afetados, com intensidade variável, em lapsos igualmente diferenciados de tempo, quanto à disponibilidade de recursos financeiros para a realização de programas e projetos que fomentem produção, emprego, renda e composição dos conflitos de interesses interindividuais e coletivos. Ainda mais se sobreviesse forte desvalorização do poder aquisitivo da moeda, o que cumpre evitar. Ocorre que combater a inflação pode significar impedir, ou retardar, o crescimento econômico, pela via de manterem-se altos os juros, com o fim de conter a demanda. Na dosagem certa dessa correlação, ou no emprego correto de outras medidas coordenadas, é que se encontra o centro do desafio técnico e político, com maior ou menor custo social.

Se, como ao início realçado, cabe ao FETJ arrecadar e fazer render as receitas que lhe são vertidas por autorização legal, é também de seu dever institucional emitir, para a autoridade competente, o Presidente do Tribunal de Justiça, sinais sobre as possíveis repercussões que aqueles fatores e cenários econômicos lançarão sobre tais receitas e a capacidade destas responderem às despesas.

A esses fatores e cenários não estão, nem poderiam estar, alheias as atividades do Poder Judiciário. Bem ao contrário. Sofrem, intensamente, talvez em tempo mais dilatado, todas as conseqüências com que se abatem sobre os demais segmentos das organizações públicas e privadas sediadas no território brasileiro. Para amparar a asserção basta citar que: ...

(b) do total do orçamento de custeio do Poder Judiciário deste Estado em 2002 (R$ 136.661.287,00), **46,28%** correspondem a despesas diretamente afetadas por aqueles fatores externos e internos da economia, sendo que **13,18%** correspondem a despesas com o pagamento de tarifas públicas (água, luz, telefonia interurbana, fixa e móvel, radiocomunicação, gás e vale-transporte), o que ganha extraordinário relevo quando se sabe que o preço dessas tarifas varia de acordo com o IGP-M (índice geral de preços do mercado), por meio do qual a Fundação Getúlio Vargas mede, mensalmente, a evolução dos preços ao atacado em âmbito nacional, daí as tarifas dos serviços públicos acompanharem a subida das taxas inflacionárias; **29,27%** correspondem a despesas com contratos de terceirização de serviços de apoio (limpeza e conservação de prédios, manutenção de equipamentos, entre outros), também sujeitos a reajustes de acordo com o IGP-M, segundo cláusula contratual padronizada; 1,42% correspondem a despesas com contratos de fornecimento de combustíveis e derivados do petróleo, cujos preços dependem de contextos internacionais expostos a abruptas oscilações; 2,30% correspondem a despesas com serviços de manutenção do parque tecnológico existente nos serviços judiciários (sobretudo equipamentos de informática), cujos preços submetem-se à variação do dólar...

Quanto a manter em ordem e em dia a satisfação das demais despesas, é matéria que interessa à competência do FETJ, como curador das receitas, todas legalmente vinculadas ao atendimento daquelas despesas. Veja-se a situação das receitas do FETJ, quanto à fixação de seus respectivos valores de arrecadação:

(a) 70% das receitas do FETJ decorrem de tributos recolhidos pelas partes em litígio (taxa judiciária) ou por serventias extrajudiciais (20% sobre o valor de cada ato notarial praticado); os valores de tributos (impostos ou taxas) são atualizados anualmente, de acordo com o índice de variação da UFIR-RJ (Unidade Fiscal de Referência do Estado do Rio de Janeiro), instituída pelo Decreto nº 27.518/00, cujo art. 2º fixa como base de cálculo da atualização o Índice Nacional de Preços ao Consumidor Amplo Especial (IPCA-E), por meio do qual a Fundação Instituto Brasileiro de Geografia e Estatística (IBGE) mede a variação de preços ao consumidor, nas regiões metropolitanas, sendo este o índice utilizado pelo Banco Central para determinar a meta de inflação anual;

(b) os valores arrecadados pelo FETJ são imediatamente aplicados em títulos com juros prefixados, gerando receita financeira apreciável; tais juros, embora menores, são os que garantem 100% de segurança na aplicação, posto que, qualquer que seja a oscilação do mercado, a instituição obriga-se a garantir os juros previamente contratados, mesmo que os títulos a que se refiram hajam sofrido desvalorização; no entanto, os juros prefixados sofrem em cenário de alta de inflação, posto que por esta sempre serão corroídos.

70 | A REFORMA DO PODER JUDICIÁRIO NO ESTADO DO RIO DE JANEIRO

O ano de 2002 chega ao fim com o IGP-M registrando variação anual acumulada que supera 20%, enquanto que o IPCA registra variação em torno de 10% (desprezam-se as frações, todavia equivalentes a milhões, para facilitar-se o raciocínio não afeito à matemática financeira). Torna-se evidente que as receitas do FETJ estarão sendo atualizadas mediante índice de menor poder de correção monetária (IPCA), enquanto que as despesas que ditas receitas deverão atender estarão sujeitas à inflação (que integra o cálculo do IGP-M), fenômeno que, segundo se prevê, tende a erodir o poder aquisitivo da moeda em maior escala, ao longo de 2003, dado que o IGP-M já é o dobro do IPCA ao final de 2002.

Os dados reunidos pela Secretaria de Planejamento mostram que o expressivo saldo positivo das receitas do FETJ ao cabo de 2002, somado às receitas que ingressarão em 2003, o conjunto atualizado com base no IPCA, será o bastante para que se satisfaça a todo o custeio de 2003. Desde que o pior cenário não prevaleça e se venha a ter espiral inflacionária incontrolável, o que não se espera, nem as declarações de princípios e intenções dos novos mandatários do País fazem crer.

Os dados apresentados pela então Secretaria de Administração evidenciam que, no curso de 2002, houve esforço, quase sempre bem-sucedido, para a repactuação de cláusulas contratuais com prestadores de serviços ao Poder Judiciário, logrando reajustes em níveis inferiores aos medidos pelo IGP-M, o que antecipava, a cada caso concreto, diretriz que, doravante, se deve tornar geral.

Nada obstante, só o fato de vislumbrar-se a correção das receitas do FETJ em torno de 10% (IPCA) e o crescimento monetário das despesas do Poder Judiciário na casa dos 20% (IGP-M), em 2003, por efeito da inflação, indica a necessidade de adotarem-se medidas preventivas imediatas. Sem contar que, em cenário de baixo crescimento econômico e inflação em alta, paralisam-se ou reduzem-se, de um lado, as atividades econômicas que geram receitas para o FETJ, e, de outro lado, aumenta o número dos que procurarão o Judiciário invocando a assistência judiciária gratuita, a que terão direito se comprovarem o estado de hipossuficiência a que alude a Constituição Federal (art. 5º, LXXIV). E tampouco esquecendo-se de que já é substancial a quantidade de serviços por natureza prestados gratuitamente (todos os Juizados Especiais, todas as Varas Criminais, todos os Juizados da Infância e da Juventude, grande parte dos processos em curso nas Varas Cíveis e de Família), de sorte a fazer com que o movimento dos processos não gratuitos tenha de sustentar o movimento dos que devem ser gratuitos, todos operados, entretanto, pelos mesmos recursos organizacionais, humanos, materiais e financeiros.

Da primeira hipótese (redução das atividades econômicas que geram receita para o FETJ) já se percebe sintoma. Veja-se, nos gráficos de fls. 20, que comparam a evolução das duas maiores receitas do FETJ (taxa judiciária e contribuição das serventias extrajudiciais, retrorreferidas), que a receita decorrente da atividade notarial esteve superior à receita oriunda da taxa judiciária nos anos de 2000 e 2001. A partir do último trimestre de 2001 e durante todos os meses de 2002, a receita da taxa judiciária – que traduz conflitos de interesses (recolhe-se quando se ajuíza a demanda) – superou a da atividade notarial – que traduz o movimento da economia estadual (recolhe-se quando se levam ao registro do tabelião atos negociais).

A gestão na Administração Pública é um processo contínuo, irrelevante qual seja o gestor. Importa que se tomem as providências que assegurem a continuidade do processo em termos tecnicamente pertinentes e adequados à satisfação do interesse público, que se renova permanentemente. Assim, conquanto esteja Vossa Excelência a pouco mais de um mês do encerramento de sua profícua gestão, creio de bom alvitre algumas medidas que melhor acautelarão a gestão das receitas e despesas do Judiciário fluminense em 2003, pavimentando, desde logo, os árduos caminhos que nossos respectivos sucessores, na Presidência do Tribunal de Justiça e na gerência do FETJ, estarão a percorrer em situação que, para o Fundo, criado em 1996, quando estabilizada a moeda e controlada a inflação, será nova, qual seja a de cuidar das receitas em ambiente econômico que se prenuncia inflacionário.

Também porque a elaboração do Plano de Ação Governamental do Poder Judiciário para o próximo biênio, que se ultima, decerto que se beneficiará dessas medidas, desde que tomadas a tempo. Ou correrá o risco de impropriedades e imprevisões, se forem retardadas. Cabe, na economia e na administração, a advertência do Prêmio Nobel de Literatura, o português José Saramago: 'Não tenhamos pressa. Mas não percamos tempo'.

Submeto a Vossa Excelência as seguintes medidas:

I – determinar às Secretarias de Planejamento e de Logística (esta desdobrada da antiga Secretaria de Administração por força do Ato Executivo Conjunto nº 59/02) que consolidem, no Plano de Ação Governamental para o biênio 2003-2004, absolutamente todas as necessidades de programas e projetos solicitados pelos órgãos judicantes e administrativos, porém atribuindo a cada qual nível de prioridade (três níveis, no máximo, a serem oportunamente diferenciados pela futura Administração) que possa vir a compatibilizar a respectiva execução com a disponibilidade das receitas; friso o realce que devem merecer as propostas encaminhadas pelo grupo de magistrados que, pela primeira vez nos 250 anos da história do Poder Judiciário deste Estado, foi chamado a participar da elaboração da proposta orçamentária;

II – determinar à Secretaria de Planejamento que arremate, com a urgência correspondente ao cenário de dificuldades que se descortina, o convênio que está a alinhavar com o Programa das Nações Unidas para o Desenvolvimento – PNUD, com o fim, entre outros, de: (a) elevar a aptidão do Relatório de Acompanhamento de Custos (RAC) para exercer controle de prontidão sobre as despesas de custeio das atividades do Poder Judiciário, em cada uma das noventa Comarcas do Estado; (b) conceber e implantar sistema de acompanhamento da execução do Plano de Ação Governamental, visando a maior eficiência no controle das despesas com investimentos;

III – determinar à Secretaria de Planejamento que consolide, em Manual do Gestor, todos os atos normativos e executivos vigentes sobre o funcionamento e a gerência dos órgãos de execução, que servirá de base para a delicada transição entre a estrutura organizacional atual e aquela a ser implementada nos próximos anos, por propostas que decorrerão de convênio firmado entre o Tribunal de Justiça e a Fundação Getulio Vargas;

IV – determinar à Secretaria de Logística que modifique as cláusulas monetárias e financeiras padronizadas dos contratos a serem celebrados pelo Tribunal de Justiça, de modo a substituir o IGP-M como índice de reajuste, adotando-se, em cada contrato, outro que melhor reflita a variação dos preços ao consumidor na região de execução do contrato e de acordo com o objeto deste, entre os quais o IPCA, e especificado em apartado o índice que reajustará a parcela correspondente a mão-de-obra, se o contrato incluí-la na prestação do serviço, vinculando-a tão-somente aos dissídios das respectivas categorias; sublinho que tais modificações devem ser introduzidas a tempo de serem observadas em todas as licitações em curso ou que venham a ser instauradas para a contratação de serviços em 2003;

V – determinar à Secretaria de Logística que aperfeiçoe, nos contratos celebrados pelo Tribunal de Justiça, a cláusula que prevê a antecipação de pagamento ao contratado que igualmente antecipe a execução da obrigação, nos termos do art. 40, XIV, "d", da Lei nº 8.666/93, mediante desconto no preço, sujeito este a correção de acordo com o índice que corresponda à remuneração que o FETJ obteria com a aplicação financeira do valor descontado, durante o tempo equivalente ao da antecipação;

VI – determinar à Secretaria de Logística que adote, preferencialmente, nas licitações para a contratação de compras e serviços de objetos comuns, a modalidade do pregão, instituída pela Lei nº 10.520/02, cuja avaliação, após cinco anos de utilização pelos órgãos e entidades da Administração federal, demonstrou ser capaz de reduzir em 75% o tempo de tramitação dos processos de licitação e em 32% o valor da proposta vencedora, fatores esses – tempo e preço – de singular relevância em contexto de baixo crescimento econômico e inflação em alta; os primeiros pregões realizados pelo Tribunal, ainda em 2002, alcançaram resultados igualmente auspiciosos; de vez que, em obediência à legislação de regência, se preparam com antecedência os procedimentos licitatórios, a diretriz reveste-se de urgência, dado que já estarão em elaboração os editais das licitações que ocorrerão nos primeiros meses de 2003..." (Em 17 de dezembro de 2002 – Des. Jessé Torres, Gerente do FETJ).

Como se vê, alguns dos vaticínios se confirmaram, outros não. A gerência do FETJ cumpriu a sua missão de manter a administração judiciária alerta para a adoção de medidas preventivas e corretivas, que, acolhidas pelo presidente, produziram resultados satisfatórios. As receitas têm crescido com margem estável em relação ao crescimento das despesas. A receita média mensal foi de R$ 12.928.620,00, em 2000; R$ 15.572.510,00, em 2001; R$ 18.860.581,00, em 2002; R$ 21.379.173,00, em 2003; R$ 23.507.850,00, de janeiro a setembro, inclusive, de 2004. A despesa média mensal mostra a seguinte evolução: R$ 7.930.450,00, em 2000; R$ 10.490.537,00, em 2001; R$ 13.654.975,00, em 2002; R$ 15.616.344,00, em 2003; R$ 17.149.923,00, de janeiro a setembro, inclusive, de 2004. Prevê-se que o saldo superavitário, acumulado desde a criação do fundo, legará para 2005 em torno de R$350 milhões, suficientes para atender a todos os programas e projetos já alinhados no PAG do Judiciário para o novo biênio, no qual terá continuidade o convênio com a Fundação Getulio Vargas, custeado pelo FETJ.

4.4 Critérios de aplicação financeira

Nos autos do processo administrativo nº 120.453/02, foram assentados os critérios de aplicação dos recursos do FETJ com o fim de obtenção de receita financeira diária.

Provocou a medida fato ocorrido em fevereiro de 2002, quando o Banco Central expediu a Circular nº 3.086, estabelecendo regras para a "marcação a mercado" dos títulos que compõem as carteiras dos fundos de investimento. "Marcar a mercado" é uma forma de avaliação e registro dos ativos dos fundos privados de investimento. Significa atualizar, diariamente, o valor dos títulos que compõem a carteira de um fundo, de modo a refletir o valor que seria obtido caso o título fosse vendido nesse dia. Adotou-a o Bacen em face das variações no preço dos títulos públicos, que afetavam a margem de segurança das operações, especialmente aquelas que dependem de variação cambial e de lastro em dólar (*hedge*). Fixou em 30 de junho de

2002 a data limite para a implementação da medida em todos os fundos de investimentos existentes no País.

O *DOU* de 6 de março de 2002 publicou a Circular nº 3.096, que prorrogou aquele prazo para 30 de setembro de 2002, mas, aos 29 de maio de 2002, o BACEN e a Comissão de Valores Mobiliários (CVM), esta pela Instrução nº 365, decidiram antecipar a implementação das novas regras para 31 de maio, ou seja, dois dias, entre os quais um feriado. Em 31 de maio de 2002, os fundos de investimento registraram rendimentos negativos.

Compreenda-se o fato e seu entorno. No momento em que se determinou a "marcação a mercado", a maioria dos fundos de investimentos tinha, como principal papel (70%) de suas carteiras, os títulos públicos (emitidos pelo governo federal), que passavam, como volta e meia passam, por diária desvalorização no mercado financeiro, alimentada pelo chamado "risco Brasil", cuja oscilação é de sua essência na medida em que os títulos públicos se desvalorizam. Forma-se círculo vicioso, que somente a "lógica" do mercado financeiro explica: o "risco Brasil" é alto porque nossos títulos perdem valor; nossos títulos perdem valor porque o "risco Brasil" é alto.

Os títulos públicos têm o seu valor vinculado à perspectiva econômica do país (níveis de reservas cambiais, inflação, taxa de crescimento, quadro político etc.). Uma parte desses títulos vencia após as eleições de 2002, despertando especulações sobre como seria conduzida a administração da dívida pública pelo novo governo. A relação tempo-segurança, vital no investimento financeiro, gerava incerteza no investidor, que exigia taxas tanto maiores quanto maior fosse o prazo do investimento, posto que não estava seguro quanto ao que poderia ocorrer depois das eleições. Por isto subia o "risco Brasil", nas agências que se dedicam a influir sobre o prêmio pelo risco do investimento, ou seja, no caso, o preço exigido pelos agentes econômicos para investir no Brasil.

Em síntese: as novas regras de "marcação a mercado" colheram os títulos do governo em baixa, provocando generalizada desvalorização nas cotas da maioria dos fundos de investimentos, incluindo as aplicações de renda fixa, com a ressalva destas não poderem alterar o índice prefixado, dentro do período da aplicação.

A instabilidade é da índole do mercado financeiro, que sujeita a incertezas as aplicações em fundos de investimento. Pode-se ganhar mais, ganhar menos, nada ganhar, eventualmente perder.

E esse não é o único fator a desafiar a necessidade de fixação de diretrizes para as aplicações financeiras de um fundo público, no caso o FETJ. Todas as suas receitas provêm de atividades judiciais ou extrajudiciais, fortemente influenciadas pelo desenvolvimento das atividades econômicas que se realizam no estado do Rio de Janeiro. O movimento de cobrança de emolumentos nos tabelionatos (a participação proporcional do FETJ nesses emolumentos é de cerca de 30% do total das receitas do FETJ) traduz maior ou menor aptidão do mercado para a circulação da riqueza, projetando-se na formalização de negócios jurídicos por instrumento público (compra e venda de imóveis, cessão de crédito, instituição de direitos reais etc.). O movimento das escrivanias judiciais, gerando o recolhimento de taxa judiciária e custas processuais (que, somadas, representam 55% do total das receitas do FETJ), é igualmente afetado pela atividade da economia estadual, certo que, decadente que venha esta a tornar-se, menor será o número de demandas ajuizadas e/ou maior será o número de demandas a que se deverá deferir a gratuidade de Justiça. O que não apenas reduz receita, se não que aumenta despesas.

Verifica-se que tanto o fator político conjuntural, que autorizaria o aumento do valor nominal das custas judiciais, quanto os fatores econômicos, incontroláveis e imprevisíveis em sua dimensão e ritmo, impõem, mais do que recomendam, prudência nas aplicações financeiras do FETJ, que não podem correr o risco de perdas. O seu caráter público, jungido à satisfação de atividade governamental, não tolera os riscos que o capital privado entenda de correr em seus investimentos. Seja diante de episódios como aquele provocado pela alteração das regras dos fundos de investimento – e que se podem multiplicar em variedade e intensidade imprevisíveis, combinando a álea que caracteriza o mercado financeiro com os "fatos do príncipe" decorrentes de políticas governamentais –, seja em face da realidade econômica e social, que é mutante por definição e índole, além de sempre estar exposta a imponderáveis.

O FETJ devia positivar, como positivou, regras definidoras de suas aplicações financeiras no curto prazo, e que instituam, a médio e longo prazos, mecanismos de aferição permanente dos fatores capazes de afetar-lhe o ingresso de receitas.

Se, de um lado, a existência e a expansão do FETJ converteram em realidade a autonomia administrativa e financeira que a CF/88 outorgou ao Poder Judiciário, de outro, o exercício dessa autonomia eleva as responsabilidades dos gestores judiciários, dependentes do FETJ para empreender medidas que garantam a entrega da prestação jurisdicional à população de modo instante, eficiente e em tempo razoável.

Daí os critérios disciplinadores das aplicações financeiras do FETJ: vedam-se aquelas em papéis de renda variável, sujeitos às oscilações de mercado; direciona-se toda a receita diária em aplicações de renda fixa (RDB), com prazos prefixados (mínimo de 30 dias e máximo de 35 dias), de forma que os resgates ocorram em todos os dias úteis de cada mês; o valor diário a ser mantido em conta corrente, disponível para saque pelo FETJ, deve bastar para atender aos cheques emitidos no dia, e obedecida margem não superior a R$ 60.000,00 (sessenta mil reais) para honrar cheques de restituição de custas (eventual e comprovadamente recolhidas a maior pelas partes).

4.5 Metas de arrecadação

São fatores que podem pressionar a relação receita/despesa do Poder Judiciário, no âmbito estadual:

(a) o Executivo estadual intenta socorrer-se nas receitas do FETJ; em duas oportunidades (2002 e 2003), solicitou valores (50 e 70 milhões, respectivamente), restituíveis quando do repasse ao estado, pela União, em até sessenta dias, de *royalties* do petróleo; o Conselho da Magistratura autorizou as operações, acrescidas de juros definidos em cessão de crédito, com garantia do Banco do Brasil (ou seja, o FETJ deixou de aplicar aqueles valores em títulos prefixados do mercado, como faz ordinariamente, e se tornou cessionário dos mencionados *royalties*, que, em ambos os episódios, foram pagos com os juros acertados, superiores aos das aplicações habituais do FETJ);

(b) o superávit confortável das receitas do FETJ, em relação às despesas de capital e custeio do Poder Judiciário, estimula a própria administração judiciária a realizar investimentos sem dúvida necessários, porém em ritmo e intensidade que tendem a desconsiderar projeções de médio prazo;

(c) a mesma avaliação de folga de receitas, bem assim de premência no atendimento a acumulados reclamos dos jurisdicionados por mais serviços, sobretudo os gratuitos (juizados especiais, juizados da infância e juventude, varas de família e criminais, assistência aos hipossuficientes, atendimento volante a comunidades carentes etc.), tende a incentivar os executivos, nos vários níveis da administração judiciária, a planejar projetos superiores à capacidade instalada de suas estruturas gerenciais e operacionais, o que pode conduzir a desperdícios, superposições e descontinuidades que oneram o custeio.

A cada um desses fatores decerto que corresponderão diretrizes, medidas e providências a serem decididas pelas instâncias competentes da ordenação da despesa, seara alheia à competência do FETJ, que se circunscreve à curadoria das receitas, recorde-se. Mas é evidente que a falta de percepção desses fatores ou a sua equivocada condução pode afetar a capacidade de as receitas atenderem às despesas que forem geradas de modo inadequado ou precipitado, impondo-se redobrada atenção dos ordenadores de despesa também em face das exigências da Lei de Responsabilidade Fiscal, notadamente as inscritas em seus artigos 15, 16 e 17.

Não bastasse o cenário interno do estado do Rio de Janeiro, o país vive influências decorrentes de variáveis nacionais e internacionais, em profundidade e abrangência capazes de atingir até mesmo um modesto fundo de receitas vinculadas, como é o FETJ, num mundo globalizado e interdependente.

A variável nacional ora desdobra-se em persistente taxa de desemprego e de emprego informal, da qual surtem conflitos ao abrigo da gratuidade, por falta de renda das partes em litígio; estado precário de segmentos importantes da infra-estrutura (transporte e energia, sobretudo), que emperra a produtividade e obsta a circulação de bens e serviços, também reduzindo renda e tributos; e incerteza ou ausência de marcos regulatórios, que afugenta o investidor suspeitoso da ineficácia de garantias ou da efetividade do governo para validá-las. Quadro que se abate sobre a capacidade de desenvolvimento auto-sustentado e obriga a permanência de política de juros altos, com o fim de manter a inflação sob cerco. A variável internacional é a elevação do preço do barril de petróleo (de US$25 para mais de US$50 dólares), em conseqüência da guerra deflagrada no Iraque. São variáveis reagentes entre si e que produzem efeitos econômicos, culturais, sociais e políticos.

Os analistas, por meio de boletins econômicos ou em pronunciamentos veiculados pelas colunas especializadas da imprensa, vêm realçando, em sua maioria, que, no caso brasileiro, câmbio e petróleo pressionam e pressionarão os preços, sejam aqueles livremente praticados pelo mercado, sejam aqueles sujeitos a políticas governamentais, como os das tarifas de serviços públicos e os dos combustíveis. Difícil, se não impossível, estabelecer-se linha divisória inequívoca entre o desejado controle da inflação e os altos e baixos da capacidade de produção e de investimentos dos agentes econômicos, bem como da oferta de empregos.

Podem vir a ser contaminados os preços das contratações de compras, obras e serviços pela administração judiciária. A guerra no Oriente Médio cria, ao que parece, pelo menos dois problemas para os países cuja economia, como a brasileira, é considerada de risco: preço do petróleo em alta e redução do fluxo de investimentos (recente noticiário informou que o Brasil, que chegou a estar em terceiro lugar nesse *ranking*, caiu para a 17ª posição entre os países que os investidores consideram atraentes para a aplicação de seu capital).

Por um lado, a permanência de risco inflacionário pode desfalcar a oferta de bens e serviços, agravando as despesas. De outro turno, a permanência de alta taxa de juros favorece os fundos de aplicação. Incrível antinomia, porém verdadeira. Se, para as despesas de custeio do Poder Judiciário, altas taxas inflacionárias são desastrosas, altas taxas de juros são positivas para as aplicações financeiras das receitas vertidas ao FETJ, e que representaram, em 2004, ganho médio mensal em torno de R$3 milhões.

Assim ponderando, a gerência do FETJ propôs e o Presidente do Tribunal de Justiça acolheu a constituição, nos autos do processo administrativo nº 13.110/03, de uma Comissão de Metas de Arrecadação, que, integrada por magistrados e servidores, passou a desenvolver estudos sobre receitas alternativas, tais como as decorrentes da multiplicação de permissões remuneradas de uso de espaços em prédios de Foros, instrumento que já existia, timidamente, com vistas à exploração de atividades compatíveis com os serviços judiciários (cantinas, serviços de reprografia, livraria, posto bancário, estacionamentos para automóveis, máquinas de refrigerantes), e a que adviria de maior eficiência na cobrança dos executivos fiscais do estado e dos municípios fluminenses.

Efetivamente, se vem elevando o número de permissões de uso (ver item 4.1, retro) e 21 convênios foram celebrados com prefeituras, almejando a instalação de programa cooperativo para a cobrança das respectivas dívidas ativas, incluindo as custas devidas ao FETJ em cada processo de execução fiscal. Os novos termos de permissão de uso prevêem, ademais, o reembolso de despesas com o consumo de energia, telefone e água pelo permissionário, até então arcadas pelo FETJ. Excelente exemplo da possibilidade do mesmo fato proporcionar, a um só tempo, redução de despesa e elevação de receita.

5. Conclusão

Não será exagero afirmar-se que, quanto à sua capacidade gerencial de melhor atender à demanda da população pela prestação jurisdicional, o Poder Judiciário do Estado do Rio de Janeiro divide-se em antes e depois do Fundo Especial do Tribunal de Justiça.

Em meados do exercício de 2004, a gerência do FETJ fez ver ao Presidente do Tribunal de Justiça que seria oportuna a realização, pelo Tribunal de Contas do Estado, de uma inspeção operacional. Nada obstante a absoluta confiança que a estrutura e os servidores do FETJ inspiram (controles não se movem por desconfiança, mas por busca permanente das melhores práticas), o fato é que nenhuma das três auditorias até então realizadas, internas e externas (o foco das auditorias no serviço público costuma concentrar-se nas despesas, enquanto, em um fundo especial, o foco deve estar posto nas receitas), se havia dedicado a rever os procedimentos de arrecadação manejados pelo Fundo, cujo volume de recursos cresce e não dispõe de modelos de idêntica natureza nos quais espelhar-se. A solicitação foi formulada e a inspeção efetuada, considerando satisfatórios os procedimentos verificados, sem embargo de indicar aperfeiçoamentos técnicos.

O convênio TJERJ/FGV, já aditado para o biênio 2005/2006, inseriu no seu escopo, por efeito de deliberação da Comissão de Gestão Estratégica, a busca da certificação ISO para o FETJ. Os trabalhos de preparação para a certificação, envolventes da elaboração de documento estratégico, rotinas administrativas e indicadores objetivos, aos quais se associará a implementação dos aperfeiçoamentos recomendados pelo Tribunal de Contas, certamente estimularão a gerência do Fundo e seus servidores às melhorias contínuas que constituem o mote essencial da modernidade de gestão que se deve praticar na administração pública, também na judiciária, se se quiser elevá-la ao padrão de eficiência e eficácia que os jurisdicionados podem e devem esperar do Poder Judiciário.

Assim é, e deve ser, porque se tem "firmado a inovadora tese de que o serviço público pode ser prestado indiferentemente, tanto por um ente público quanto privado, mas que 'não pode mudar de destinatário'. Isso significa que o aspecto teleológico da atividade não mudou, não deve mudar, ainda que o cidadão, o indivíduo, seja denominado usuário, cliente ou consumidor... Essa ponderação se faz em face da constatação de que os serviços públicos estão umbilicalmente unidos aos princípios emanados constitucionalmente. Entre esses princípios está o da dignidade humana, que, já se disse entre nós, 'é o princípio fundamental de que todos os demais princípios derivam e que norteia todas as regras'. DUGUIT, no início do século XX, já havia percebido essa questão fundamental ao admitir que os homens têm direitos que devem ter origem social e que 'são inerentes a sua personalidade, de sua eminente dignidade'. Adiante, acrescenta: 'Em todas as formas de grupamentos humanos, há apenas uma realidade, a pessoa humana...'".[2]

Decerto que convivem, na conturbada sociedade contemporânea, necessidades e prioridades agudas, mas nenhuma será maior, em presença do princípio da dignidade da pessoa humana (CF/88, art. 1º, III), do que a de garantir-lhe o acesso à Justiça, a alimentar-lhe a esperança de que, nela, poderá postular, livremente e em igualdade de condições com a parte oposta, a realização do que lhe pareça justo. Que essa esperança seja justificável e acreditável é a incumbência do Judiciário na qualidade de poder do estado e garante da sociedade. Não será poder, nem garante, sem uma gestão técnica e proba, fundada na autonomia administrativa e financeira assegurada na Constituição da República. Esse é o "destinatário que não pode mudar".

Referências bibliográficas

AGUIAR, Afonso Gomes. *Direito Financeiro: a Lei nº 4.320 comentada ao alcance de todos*. 3 ed. Belo Horizonte: Ed. Fórum, 2004.

CASTRO, Flávio Régis Xavier de Moura (coordenação) e outros. *Lei de Responsabilidade Fiscal: abordagens pontuais*. Belo Horizonte: Ed. Del Rey, 2000.

FULGÊNCIO, Paulo César. *Glossário do Tribunal de Contas do Estado do Rio de Janeiro*. TCE, 2003.

JUSTEN, Mônica Spezia. *A Noção de Serviço Público no Direito Europeu*. São Paulo: Ed. Dialética, 2003.

PEREIRA JUNIOR, Jessé Torres. *Da Reforma Administrativa Constitucional*. Rio de Janeiro: Ed. Renovar, 1999.

QUADROS, Cerdônio et al. *Responsabilidade Fiscal: estudos e orientações*. São Paulo: Editora NDJ, 2001.

---

[2] Justen, 2003:230-231.

A qualificação do modelo "linha de frente-retaguarda" e sua adaptabilidade às características da administração judiciária

Newton Meyer Fleury[*]

1. Introdução

Os fundamentos do modelo linha de frente–retaguarda estão relacionados à visão das organizações como sistemas. A abordagem sistêmica baseia-se no princípio de que tudo na vida é inter-relacionado e interdependente. Um sistema, portanto, compõe-se de elementos que são relacionados e dependentes uns dos outros, mas que, quando interagem, formam um conjunto unitário.

Desta forma, por definição, quase todos os fenômenos podem ser analisados ou apresentados sob uma perspectiva sistêmica, da qual os sistemas físicos, biológicos, econômicos e socioculturais constituem exemplos.

A aplicação do conceito de sistemas às organizações ganha maior objetividade a partir da definição de Emery[1]: "sistema é uma entidade composta de partes relacionadas, direcionada para uma atividade dotada de propósito".

Do ponto de vista da análise organizacional, a abordagem sistêmica trouxe imensas vantagens práticas, especialmente quanto à compreensão da

---

[*] Mestre em gestão empresarial e administrador pela Ebape/FGV, mestre em administração pela PUC-Rio, pesquisador do Projeto de Fortalecimento e Modernização da Gestão do Poder Judiciário do Rio de Janeiro.

[1] Emery, 1987.

necessidade de se adotarem processos integrados na gestão e operação das organizações, tanto no âmbito interno quanto nas relações com o ecossistema (ambiente externo) do qual fazem parte.

O modelo linha de frente-retaguarda constitui intrinsecamente uma construção organizacional sistêmica, através de uma relação entre partes associadas a um propósito comum, conforme definido a seguir:

> "A característica que distingue o modelo é a divisão de atividades entre a linha de frente (*front end*), organizada por cliente e/ou geografia, e uma retaguarda (*back end*), organizada por produto e tecnologia".[2]

2. Fatores-chave para o sucesso do modelo

O modelo linha de frente-retaguarda opera amplamente em função do cliente, com a linha de frente totalmente orientada para a satisfação de suas necessidades dentro de padrões preestabelecidos de efetividade, eficácia e eficiência.

Essa concepção de negócio está estreitamente relacionada aos preceitos da gestão pela qualidade, na qual o foco no cliente constitui a prioridade máxima das ações desenvolvidas.

O modelo se presta ainda à maximização dos resultados das unidades de ponta, em empreendimentos geograficamente dispersos, com os processos de apoio agrupados em unidades centralizadas.

O sucesso de implementação do modelo depende estreitamente do alinhamento entre as partes interatuantes, o que pressupõe operação fundada na total integração entre os processos do negócio, ligados às atividades-fim, e aqueles relacionados às atividades-meio.

Para tanto, o empreendimento deve ainda estar fortemente apoiado em informações que tramitam entre as diversas áreas, com base em sistemas de informação e em amplas redes de comunicação de dados, contemplando todo o universo das operações.

---

[2] Galbraith e Lawler III, 1995:11.

Finalmente, a efetividade nas operações da linha de frente também é condicionada pela disponibilidade de uma infra-estrutura logística, destinada a prover os meios materiais indispensáveis à operação, no momento em que se façam necessários.

3. Aplicações do modelo

Segundo Galbraith e Lawler III, a indústria de computação e produtos de consumo embalados pelos fabricantes e vendidos no varejo, como alimentos, cigarros e cosméticos, se constituem em "clientes" típicos desse modelo organizacional.

Dadas as suas características intrínsecas, voltadas a suportar operações descentralizadas e geograficamente dispersas, a estrutura linha de frente–retaguarda teve um grande impulso nos últimos quinze anos, especialmente a partir do crescimento da potencialidade das tecnologias da informação e da comunicação, notadamente com a maturidade da rede Internet.

Os negócios característicos da economia da informação, tais como as empresas voltadas ao comércio eletrônico, também figuram entre os exemplos mais marcantes da adoção do modelo linha de frente–retaguarda. Nessas situações, a linha de frente é constituída pelos *sites* disponibilizados na Internet, ao passo que a retaguarda é representada pela infra-estrutura de aquisição, armazenamento e entrega dos produtos aos clientes.

O modelo referencial de sucesso nesses empreendimentos é a Amazon,[3] caracterizada por uma "linha de frente virtual" geograficamente disseminada em todo o mundo, apoiada por uma retaguarda que consegue entregar uma encomenda em qualquer parte do planeta em tempo extremamente

---

[3] ‹www.amazon.com›

reduzido, a partir de um eficaz sistema de informações, combinado com uma logística de alto desempenho.

No âmbito do setor público, o modelo linha de frente-retaguarda também pode constituir-se em meio valioso para ajudar os governantes no equacionamento de soluções para um tema crucial: a prestação de serviços públicos com qualidade e o que é preciso fazer para assegurá-la.

Há consenso sobre alguns fatores críticos. Entre eles está, por exemplo, a necessidade de estabelecer e manter padrões apropriados na interação entre o servidor público (ou a repartição pública) e o cidadão, ou entre este e um *site* governamental na Internet, o que pressupõe a busca de objetividade, clareza e eficiência nas relações entre as partes envolvidas.

Também se reconhece que o aperfeiçoamento dessas relações depende da racionalização dos processos de atendimento, celeridade na tramitação das demandas dos indivíduos ou das comunidades, adoção de sistemas computacionais adequados e integridade na gestão dos acervos documentais e bases de dados disponíveis.

Em outros termos, a qualidade dos serviços guarda estreita relação tanto no que ocorre na interação direta entre o servidor público e o cidadão (linha de frente), quanto na retaguarda (unidades de apoio), onde os documentos são manipulados, os processos são encaminhados e as informações são produzidas, guardadas e utilizadas para tomar decisões que afetam a vida de cada um dos envolvidos com a administração pública.

4. A adoção do modelo linha de frente-retaguarda no Poder Judiciário do estado do Rio de Janeiro

Há consenso, entre as autoridades mais representativas do Judiciário, de que a condição de legitimidade dos Tribunais de Justiça e demais instâncias deste Poder está diretamente relacionada à eficiência na prestação jurisdicional. Isto têm sido reiteradamente afirmado, sobretudo, pelo Ministro Nelson Jobim, Presidente do Supremo Tribunal Federal, e pelo Ministro Edson Vidigal, Presidente do Superior Tribunal de Justiça.

No âmbito do Poder Judiciário do estado do Rio de Janeiro, tal consciência se tem manifestado há longo tempo, materializada em ações concretas como a modernização da gestão do Fundo Especial do Tribunal de Justiça, reforma, ampliação e descentralização de instalações, capacitação de magistrados e serventuários através de suas duas escolas (a da Magistratura e a da Administração Judiciária), e forte investimento em tecnologia da informação, especialmente para a democratização do acesso da população à Justiça, mediante processos de governo eletrônico.

O esforço sistemático de modernização, desencadeado a partir de 2001 e usando parcerias especializadas como o convênio com a Fundação Getulio Vargas, redundou em formulações relacionadas à Missão e à Visão da Instituição.

Para chegar ao cenário futuro desejado, entretanto, a Administração Superior do TJERJ tem ciência de que não bastam intenções estratégicas ou boa vontade dos magistrados e serventuários para chegar ao estabelecido na Missão e na Visão. Tais disposições são importantes e fundamentais, porém há que se reconhecer que não são suficientes. Isto porque o caminho a ser trilhado na direção da eficácia e da eficiência passa, antes de tudo, pela revisão de processos de trabalho e procedimentos arcaicos, arraigados no seio da Instituição.

Advertida da existência de tal obstáculo no caminho da modernização, e tendo em conta o tamanho do desafio a ser enfrentado, a Administração Superior do Poder Judiciário do Estado do Rio de Janeiro optou pela adoção de uma linha de transformação organizacional fundada no modelo linha de frente-retaguarda, decisão conscientemente adotada como decorrência de um planejamento estratégico, embasado em amplo mapeamento dos principais processos de trabalho da Instituição.

Optou-se por duas vertentes de transformação, desenvolvidas de maneira simultânea:

(a) a retaguarda foi estruturada a partir de um conjunto de Diretorias Gerais, com atribuições voltadas a apoiar as ações da linha de frente do Judiciário, no âmbito da primeira e da segunda instâncias, assim como a gestão da sua Administração Superior;

(b) foi desencadeada ação no sentido da reformulação dos procedimentos de operação e gestão de um primeiro conjunto de unidades finalísticas, a partir da adoção de práticas baseadas nos padrões de excelência recomendados pela Norma ISO 9001:2000.

As unidades de retaguarda instituídas foram as seguintes, com suas respectivas "razões de ser" específicas:

1. Diretoria Geral de Apoio ao Segundo Grau de Jurisdição (DGJUR), de apoio precípuo às secretarias das Câmaras, unidades da segunda instância; a Diretoria empenha-se na busca de novos meios para aumentar a celeridade dos processos, assim como na geração de relatórios e indicadores de apoio à gestão superior;

2. Diretoria Geral de Gestão do Conhecimento (DGCON), que veio atender à necessidade estratégica de articulação e gerenciamento da rede de conhecimentos do Poder Judiciário, nos âmbitos finalístico e administrativo;

3. Diretoria Geral de Tecnologia da Informação (DGTEC), alicerçada na relevância do papel destinado à tecnologia da informação no processo de implementação do modelo linha de frente-retaguarda, e no estreitamento das relações entre os jurisdicionados e o Poder Judiciário por meio dos processos de governo eletrônico;

4. Diretoria Geral de Planejamento, Coordenação e Finanças (DGPCF), que tem como foco principal de atuação garantir, de forma eficiente, o aporte e a aplicação dos recursos financeiros necessários à atividade jurisdicional;

A QUALIFICAÇÃO DO MODELO "LINHA DE FRENTE-RETAGUARDA" | 89

5. Diretoria Geral de Logística (DGLOG), voltada para a gestão e a operação da cadeia de suprimento do Poder Judiciário;
6. Diretoria Geral de Gestão de Pessoas (DGPES), que proporciona as condições adequadas para o gerenciamento do dia-a-dia e da evolução de todos os quadros do Poder Judiciário;
7. Diretoria Geral de Segurança Institucional (DGSEI), cuja missão é a promoção da segurança nos níveis institucional, patrimonial e pessoal;
8. Diretoria Geral de Controle Interno (DGCOI), subordinada ao Conselho da Magistratura, que vem ao encontro das exigências do artigo 74 da Constituição da República, que estabelece diretrizes baseadas no estrito controle da despesa pública.

Além das unidades acima descritas, ainda figuram como componentes da retaguarda no modelo instituído:

1. Assessoria de Desenvolvimento Institucional (Asdin), cujos propósitos fundamentais são a coordenação das ações de implementação do processo de gestão estratégica no Poder Judiciário e a consolidação da normatização das rotinas administrativas ;
2. Comissão de Apoio à Qualidade (Comaq), com a finalidade de acompanhar o desempenho das unidades da primeira instância e gerar indicadores de resultados para a administração superior.

A transformação na linha de frente foi iniciada por meio de quatro projetos-piloto, centrados na reformulação das práticas administrativas e de gestão das seguintes unidades: duas varas cíveis no âmbito da primeira instância (13ª e 18ª), uma câmara cível no âmbito da segunda instância (18ª), e a Escola da Magistratura. Essas unidades estão sendo preparadas para se submeterem a processo de auditoria externa, visando à obtenção da certificação ISO 9001:2000.

O diagrama de contexto a seguir apresentado, relacionado à 13ª Vara Cível, ilustra, esquematicamente, o modelo linha de frente-retaguarda em implementação no Poder Judiciário do Estado do Rio de Janeiro.

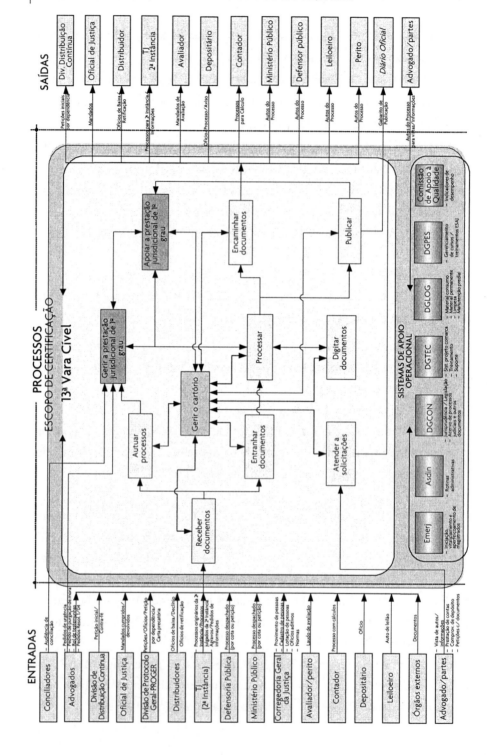

Identificam-se os processos de trabalho que compõem o escopo de funcionamento da unidade e que foram objeto das ações de mudança. O mesmo diagrama demonstra os principais relacionamentos da serventia com o seu ambiente externo. Finalmente, são visualizadas as entidades da retaguarda diretamente envolvidas no apoio à Vara (linha de frente), com suas atribuições específicas: Emerj, Asdin, DGCON, DGTEC, DGLOG, DGPES e Comissão de Apoio à Qualidade (Comaq).

5. Conclusões

O modelo linha de frente-retaguarda constitui solução bastante utilizada para aumentar a eficiência nas relações entre as unidades finalísticas e as de apoio, especialmente em organizações complexas e caracterizadas pela dispersão geográfica de suas unidades operacionais. Na administração pública, a adoção de tais modelos se tem revelado adequada, no sentido de harmonizar as relações entre as unidades de *front end* e *back end*, por meio de processos horizontais de integração.

A experiência em curso no Poder Judiciário do Estado do Rio de Janeiro confirma a hipótese acima formulada. O modelo adotado, já em operação, tem resultado na formalização dos procedimentos administrativos essenciais, mediante documentos normativos (as Rotinas Administrativas – RAD), estruturados em um sistema integrado de gestão (SIGA).

O processo de informatização das unidades da linha de frente – uma das características principais do modelo – encontra-se em avançado estágio de evolução: todas as Comarcas estão integralmente apoiadas em sistemas informatizados, abrangendo cerca de mil serventias, a topologia do sistema abrange 15.000 pontos de rede, e a operação envolve 220 circuitos de comunicação de dados.

Sob a perspectiva da prestação de serviços aos jurisdicionados, são disponibilizadas consultas em várias modalidades, desde os terminais de autoconsulta nas instalações de Foros do Judiciário até a utilização do Portal Corporativo do TJERJ na Internet, que atingiu, em setembro de 2004, a marca de 22 milhões de consultas.

Referências bibliográficas

EMERY, James C. *Management information systems: the critical strategic resource*. New York: Oxford University Press, 1987.

GALBRAITH, Jay R.; LAWLER III, Edward E. *Organizando para competir no futuro*. São Paulo: Makron Books, 1995.

A superação das dificuldades técnicas de harmonização entre os conceitos de processo judicial, processo administrativo e processo de trabalho

Maria Elisa Bastos Macieira[*]

1. Introdução

O modelo "Linha de Frente-Retaguarda", que norteou a concepção da estrutura organizacional do Poder Judiciário, teve como fundamento conceitual a abordagem por processos de trabalho. Esse modelo, por adotar na sua definição o termo "processo", provocou, incialmente, estranheza junto aos magistrados e servidores envolvidos na concepção da nova estrutura organizacional, por ser um termo amplamente utilizado no Poder Judiciário, sempre associado a processos judiciais ou a processos administrativos. Com isso, foi considerado fundamental definir as diferenças conceituais entre processo de trabalho, processo judicial e processo administrativo.

Incialmente, faz-se necessário compreender o que são processos de trabalho. A partir desse entendimento, e do porquê de sua aplicação no desenho da estrutura organizacional, cabe apresentar o que caracteriza os processos judiciais e os processos administrativos.

A busca por melhorias estruturais e permanentes tem levado as organizações a rever a condução de suas atividades em busca de formas mais abrangentes, nas quais essas atividades passam a ser analisadas não em termos de funções, áreas ou produtos/serviços, mas de processos de trabalho.

---

[*] Mestre em gestão empresarial e administradora pela Ebape/FGV, consultora do Projeto de Fortalecimento e Modernização da Gestão do Poder Judiciário do Rio de Janeiro.

O termo processo de trabalho, no contexto da gestão das organizações, possui várias definições, todas análogas e complementares entre si. O conceito adotado para o modelo de estrutura organizacional do Poder Judiciário considera o que as Normas NBR-ISO-9001:2000 definem como processos de trabalho – o conjunto de atividades inter-relacionadas ou interativas que transforma insumos (entradas) em produtos (saídas).

Por que adotar esse conceito na proposta de estrutura organizacional do Poder Judiciário fluminense? Ao se conhecerem os processos de trabalho existentes na organização, é possível o estabelecimento de critérios de análise que permitem verificar o que efetivamente é realizado em todos os níveis hierárquicos da Instituição.

O senso comum conduz a pensar as organizações sempre em termos de estrutura formal, representada pelo organograma clássico. Esse modelo vê as relações estáveis, formais, entre tarefas e unidades de trabalho como o fator mais importante numa organização. Tal visão exclui o comportamento das lideranças, o impacto do ambiente, as relações informais, a distribuição de poder etc. E só capta, assim, uma fração do que realmente acontece nas organizações. Mas é a partir do conhecimento do que realmente se executa em cada célula da organização que se consegue propor o melhor desenho para a estrutura organizacional.

Na análise dos processos de trabalho, considera-se que as organizações, mesmo as pequenas, são sistemas complexos, sendo de pouca relevância prática analisar-se um processo de trabalho isoladamente, ressalvado o caso de haver um objetivo específico. As atividades que ocorrem nas organizações, mesmo as mais simples, compõem-se de uma rede de processos de trabalho interconectados, com ocorrência seqüencial ou concorrente, cada qual influenciando todos os demais e vice-versa.

A abordagem por processos de trabalho se distingue das versões hierarquizadas e verticalizadas da estrutura típica funcional. A estrutura organizacional funcional impõe uma visão fragmentada e estanque das responsabilidades, embora indique as relações de subordinação com clareza. Em contrapartida, a estrutura por processos de trabalho permite uma visão dinâmica da forma pela qual a organização agrega valor ao seu negócio.

Uma estrutura organizacional baseada em processos de trabalho, portanto, é construída em torno do modo de fazer o trabalho, e não em torno de habilitações específicas departamentalizadas. Uma estrutura baseada em processos combina uma orientação para a ação com um certo grau de estrutura formal.

A análise dos processos de trabalho do Poder Judiciário fluminense iniciou-se com a criação da "Árvore de Processos de Trabalho", onde foram identificados os grandes processos de trabalho e os seus respectivos desdobramentos. O quadro pormenoriza os processos de trabalho de primeiro e de segundo níveis.

Árvore de Processos de Trabalho do Poder Judiciário do estado do Rio de Janeiro

PRIMEIRO NÍVEL	SEGUNDO NÍVEL
Julgar Conflitos	Julgar em 1º Grau Julgar em Juizados Especiais e Turmas Recursais Julgar em 2º Grau Julgar no Conselho da Magistratura Julgar no Órgão Especial Examinar a Admissibilidade de Recursos para os Tribunais Superiores Prestar Informações sobre o Andamento de Processos
Gerenciar o Apoio à Atividade Jurisdicional	Acompanhar a Produtividade das Atividades Jurisdicionais Normatizar a Atividade Correcional Fiscalizar Serventias Orientar Serventias Gerenciar Programas Especiais Projetar Alterações na Organização Judiciária Planejar e Executar Medidas que Garantam a Efetividade da Prestação Jurisdicional Normatizar a Atividade de Apoio à Entrega da Prestação Jurisdicional
Gerenciar Interação com Comunidades	Divulgar as Atividades do Poder Judiciário Gerenciar Comunicação Interna Gerenciar Ouvidoria Relacionar-se com Órgãos Públicos/ Entidades da Sociedade Civil
Gerenciar Recursos	Gerenciar Receitas Ordenar Despesas Acompanhar e Avaliar Custos Executar Serviços

Continua

PRIMEIRO NÍVEL	SEGUNDO NÍVEL
Gerenciar Pessoas	Capacitar / Desenvolver / Aperfeiçoar Pessoas Identificar Talentos Recrutar Pessoas Avaliar Desempenho e Potencial Estabelecer e Manter Atualizados Perfis Gerenciar Direitos, Benefícios e Deveres Funcionais Investir Servidores em Cargos Movimentar Pessoas
Planejar e Acompanhar a Gestão	Gerenciar o Plano de Ação Governamental Executar o Controle Interno Gerenciar o Orçamento Estabelecer Políticas Setoriais Normatizar Procedimentos Administrativos
Gerenciar o Saber	Apropriar Conhecimento Disseminar Conhecimentos Externos Disseminar Conhecimentos Internos Compartilhar o Conhecimento Agregar Conhecimento Multidisciplinar Desenvolver a Ideologia do Poder Judiciário

A partir dos desdobramentos dos processos de trabalho iniciou-se a atividade de conhecimento pormenorizado do seu funcionamento. Para o entendimento de cada processo de trabalho foram consideradas as seguintes informações: o que o processo de trabalho necessita receber (informações, serviços, materiais etc.), o que ele produz como resultado (informações, serviços etc.), o que regula o seu funcionamento (leis, normas etc.) e que tipo de recursos utiliza (pessoas, sistemas, equipamentos etc.). Esse trabalho foi realizado em todas as unidades organizacionais do Poder Judiciário e contou com a colaboração efetiva de todos os servidores e magistrados indicados para a atividade.

O resultado do trabalho permitiu algumas reflexões sobre a gestão realizada nas unidades organizacionais, com a identificação das seguintes situações:

□ necessidade de eliminar processos de trabalho que não agregavam valor;
□ necessidade de harmonização das interfaces entre as áreas e entre as atividades;
□ comunicação ineficiente;
□ necessidade de prover autoridade (poder de decisão) para quem age;
□ fluxo de processo de trabalho incompatível com as necessidades dos usuários;

A SUPERAÇÃO DAS DIFICULDADES TÉCNICAS | 97

- tempos de ciclos dos processos de trabalho elevados;
- necessidade de que as pessoas realizassem os processos de trabalho de forma estruturada, padronizada e integrada;
- ocorrência de gargalos de informação (cada vez que a informação se transforma, pode sofrer distorção);
- processos de trabalho realizados em duplicidade.

Apesar de reconhecer que as organizações funcionais são rígidas, a solução de abandonar esse tipo de estrutura é mais complicada do que se pode imaginar. Não se propõe que o processo de trabalho seja a única base para o desenho da estrutura organizacional. Uma estrutura organizacional alinhada com os processos de trabalho é importante para sinalizar quem são os responsáveis pelos grandes processos organizacionais.

A proposta apresentada para o novo modelo de estrutura organizacional do Poder Judiciário do estado do Rio de Janeiro é funcional, baseada em processos de trabalho, elaborada de forma a permitir que se conheçam e se melhorem os processos de trabalho, rumo a promover o melhor desempenho da organização.

Conforme mencionado no início do capítulo, é importante conceituar de forma objetiva as diferenças conceituas entre processo de trabalho, processo judicial e processo administrativo. Para tanto, o Desembargador Jessé Torres concebeu o quadro, a seguir apresentado, que identifica, para cada tipologia processual, parâmatros que possibilitam a comparação, a saber:

- instauração – quem inicia o processo;
- protagonistas principais – atores diretamente envolvidos;
- configuração das relações processuais – forma de associação relacionada ao andamento;
- suporte físico – mídia utilizada;
- impulso – responsável pelo andamento;
- objeto – escopo de análise;
- parâmetros – controles que parametrizam a análise;
- finalidade – foco efetivo da demanda;
- valor agregado – resultado efetivo da demanda;
- tempo de tramitação – tempo disponibilizado para a realização do processo;
- condições para aperfeiçoamento – ações que devem ser adotadas para melhoria do processo.

Processos técnicos no Poder Judiciário
(Autor: Des. Jessé Torres)

Tipologia Processual	Instauração	Protagonistas Principais	Configuração das Relações Processuais	Suporte Físico	Impulso	Objeto	Parâmetros	Finalidade	Valor Agregado	Tempo de Tramitação	Condições p/ Aperfeiçoamento
Processo Judicial	Por iniciativa das partes	Juiz e partes (autor/réu)	(triangular)	Autos do Processo	Pelo juiz, mediante provocação das partes (oficial e indelegável)	Alegada lesão a direitos das partes	Princípios e normas jurídicas específicos, para o caso concreto	Composição de conflito entre litigantes	Paz social	Razoável para cada caso	Rito legal e qualificação do condutor do processo
Processo Administrativo	Por iniciativa da administração, por movimento próprio ou a pedido de terceiros	Administração, servidores ou interessados	(linear)	Autos do Processo	Pela autoridade administrativa competente, segundo o interesse da administração e com possível delegação	Atendimento a uma necessidade de serviço, com a prevalência do interesse público	Princípios e normas jurídicas, aplicáveis à administração pública	Solução de questão funcional ou organizacional	Eficiência/ eficácia (racionalidade)	Eficiência e eficácia (tempo ótimo)	Racionalização, normalização e comprometimento dos envolvidos
Processo de Trabalho	Fluxo permanente	Gestores e unidades da administração	(circular)	Qualquer instrumento/ veículo de informação	Pelo gestor, para cumprimento das expectativas de desempenho das atividades	Manutenção das atividades e serviços (eficiência)	Métodos e indicadores de gestão	Atendimento adequado ao público-cliente (eficácia)	Eficiência/ eficácia (racionalidade)	Eficiência e eficácia (tempo ótimo)	Modernização da gestão

Referências bibliográficas

DAVENPORT, Thomas H. *Reengenharia de processos.* Rio de Janeiro: Campus, 1994.

MARANHÃO, Mauriti; MACIEIRA, Maria Elisa Bastos. *O Processo Nosso de Cada Dia – Modelagem de Processos de Trabalho.* Rio de Janeiro: Qualitymark, 2004.

NADLER, David. *Arquitetura Organizacional: a chave para a mudança empresarial.* Rio de Janeiro: Campus, 1993.

A definição das competências administrativas no Poder Judiciário

André Luiz de Freitas[*]

1. Introdução

A revisão das atribuições e a definição das competências administrativas dos quadros das unidades organizacionais do Tribunal de Justiça do Estado do Rio de Janeiro estão inseridas no contexto do processo de transformação em que a instituição encontra-se engajada. Está em curso a migração do foco na "função recursos humanos", concentrado principalmente nas tarefas processuais características do modelo "Departamento de Pessoal – DP" das administrações tradicionais, para privilegiar o desenvolvimento pessoal e profissional das pessoas, ou seja, uma mudança de eixo de **controle** para **desenvolvimento**. Essa visão considera as pessoas elementos impulsionadores de um novo modelo de organização, orientado para o conhecimento e o desenvolvimento da inteligência corporativa.

Para atender ao novo foco da gestão de recursos humanos, antes de se proceder à revisão das atribuições e competências das pessoas, foi realizada uma revisão da estrutura organizacional, que resultou na elevação da função de recursos humanos ao nível organizacional de Diretoria Geral, reportando-se diretamente ao Presidente da Instituição. A nova estrutura, em paralelo à manutenção das funções processuais tradicionais, teve como objeti-

---

[*] Engenheiro pela Unital-SP, Especialista em Marketing pela ESPM-RJ, consultor do Projeto de Fortalecimento e Modernização da Gestão do Poder Judiciário do Rio de Janeiro.

vo desenvolver atribuições que privilegiassem a gestão por competências voltada para resultados.

A nova Diretoria Geral de Gestão de Pessoas – DGPES passou a coordenar as funções de "educação", "saúde" e "desenvolvimento", exercidas, respectivamente, pela Escola de Administração Judiciária - ESAJ, pelo Departamento de Saúde – DESAU e pelo Departamento de Desenvolvimento de Pessoas – DEDEP. As atividades processuais tradicionais, relativas à função de "controle", não foram esquecidas, continuando a ser desempenhadas pelo Departamento de Administração e Legislação de Pessoal – DEALP.

Nesse novo contexto, a utilização do termo "pessoas", em lugar de "pessoal", na denominação das unidades organizacionais da área, obedece a necessidade conceitual e não a exercício semântico. A figura 1 demonstra como ficou estruturada a unidade organizacional sob o novo enfoque de gestão:

Figura 1
Arquitetura organizacional da Diretoria Geral de Gestão de Pessoas

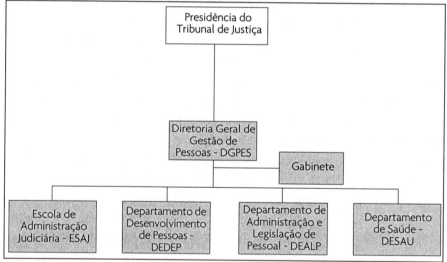

2. O objetivo da definição das competências administrativas

Na esfera jurídica, "competência" significa "qualidade legítima de jurisdição ou autoridade, conferida a um juiz ou a um tribunal, para conhecer e julgar certo feito submetido à sua deliberação dentro de determinada cir-

A DEFINIÇÃO DAS COMPETÊNCIAS ADMINISTRATIVAS NO PODER JUDICIÁRIO | 103

cunscrição judiciária".[1] Na dimensão administrativa, "competência" usualmente recebe o significado de "capacidade demonstrada para aplicar conhecimentos e habilidades" (NBR ISO 9000:2000). É com este sentido que se utiliza a palavra neste artigo.

O trabalho desenvolvido tem como objetivo dotar o Poder Judiciário de instrumento técnico que auxilie as atividades de recrutamento e seleção internos, possibilitando a movimentação e lotação adequadas às atribuições dos diversos cargos, além de dar suporte técnico aos processos de realização de concurso público. A definição das competências, por meio de matriz de competências administrativas de cada cargo de chefia, possibilitará, em futuro próximo, que a distribuição das pessoas ocorra de acordo com as necessidades das atribuições de cada cargo e com o perfil pessoal de cada servidor. Em outras palavras, a matriz de competências possibilitará colocar "**a pessoa certa no lugar certo**", ficando evidente o grande benefício que essa providência trará para a qualidade de vida das pessoas e para a eficácia dos serviços.

Ao se compararem as competências necessárias a cada atividade com as competências individuais pessoais (perfil do cargo com o perfil pessoal), pode-se traçar, com precisão, um **plano de desenvolvimento profissional**. Além disso, as competências individuais alimentarão o **Banco de Talentos do Poder Judiciário** com a finalidade de dar visibilidade aos diversos talentos escondidos pelo cotidiano do trabalho.

Em suma, conhecer as competências requeridas e as evidenciadas significará, para o Poder Judiciário, ter a capacidade de identificar claramente os requisitos de cada cargo e garantir que este seja ocupado pela pessoa mais adequada para exercê-lo. Para o servidor, representará o reconhecimento de seus talentos e esforços, e que todas as suas potencialidades estarão sendo adequadamente aproveitadas.

3. Visão geral do sistema

O sistema em implementação no Poder Judiciário se estrutura em torno de dois focos, unidades organizacionais e pessoas, sendo concretizado por meio de dois instrumentos: a matriz de competências requeridas e a matriz de competências evidenciadas.

---

[1] Dicionário Aurélio Eletrônico - Século XXI – versão 3.0 – 1999

A **matriz de competências requeridas**, relacionadas às unidades organizacionais, é o instrumento onde são definidas as competências necessárias para a gestão de cada unidade organizacional. Mostra a correlação entre cada cargo e o conjunto das competências necessárias para exercê-lo (acadêmicas, profissionais e pessoais). Fornece elementos para a melhor lotação dos cargos e o aproveitamento dos serventuários. A **matriz de competências evidenciadas**, cujo foco são as pessoas, é o instrumento onde são relacionadas as competências individuais (acadêmicas, profissionais e pessoais) de cada serventuário. O registro das competências, requeridas e evidenciadas, é mantido em um sistema de matriz de competências.

O gerenciamento dessas duas matrizes, aliado a um sistema de **avaliação de potencial e de desempenho**, abre inúmeras possibilidades. Uma delas é a elaboração de um **plano de desenvolvimento profissional** mais dirigido. A comparação entre as duas matrizes mostra as "lacunas de competências" (competências requeridas pelo cargo analisado e não possuídas por seu ocupante) que servirão de base para o planejamento e a elaboração das atividades de capacitação e desenvolvimento necessárias à melhoria do desempenho profissional. Ganhar-se-á em efetividade, pois se vai trabalhar a necessidade que cada servidor apresenta para obter os resultados requeridos pelo cargo ocupado, apurando mais o foco das atividades de capacitação e desenvolvimento.

Outra possibilidade é a gestão dos conhecimentos e habilidades dos serventuários por meio da criação do **banco de talentos do Poder Judiciário**. É consenso entre diversos autores que, na maioria das vezes, na busca de alguma informação, consultamos bibliotecas, acessamos a Internet e interpelamos nossos colegas de trabalho procurando conhecimentos que, na verdade, a organização já possui. O problema é que não sabemos onde se encontra. Alguns[2] afirmam que cada um de nós chega a passar o equivalente a duas ou três semanas por ano procurando informações que os outros já têm. O banco de talentos, gerado a partir da matriz de competências evidenciadas e gerenciado pelo sistema de gestão do conhecimento, pode ser o caminho mais curto de acesso a habilidades e conhecimentos pessoais requeridos para atividades específicas.

Fica claro que a definição das competências administrativas é o início de um trabalho de maior extensão e impacto, conforme se demonstra adiante esquematicamente.

---

[2] STEWART, Thomas A. - Capital Intelectual. Rio de Janeiro: Campus, 1998.

A DEFINIÇÃO DAS COMPETÊNCIAS ADMINISTRATIVAS NO PODER JUDICIÁRIO | 105

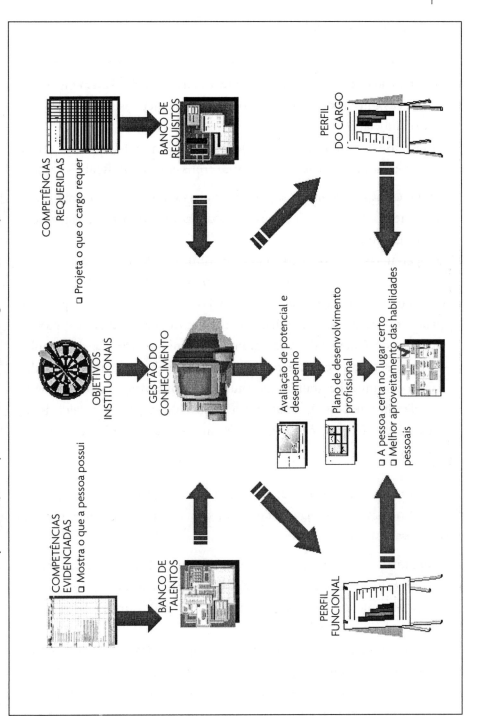

Representação esquemática do sistema de gestão das competências

4. Metodologia adotada

A metodologia utilizada para a definição das competências administrativas foi baseada em técnicas amplamente testadas e aprovadas em organizações públicas e privadas de porte, e voltadas para objetivos semelhantes aos do Poder Judiciário.

Com base na realidade do Poder Judiciário, definiram-se três categorias de competências essenciais – acadêmicas, profissionais e pessoais – a saber:

a) **competências acadêmicas** são os requisitos de formação acadêmica, conhecimento de idiomas e ações de capacitação diversas (treinamentos, cursos e outras);

b) **competências profissionais** são as constituídas pelo tempo de experiência nas diversas áreas profissionais, dentro e fora da área judiciária;

c) **competências pessoais** são as tendências comportamentais requeridas para o exercício de cada atividade ou apresentadas por gestor; para o universo do Poder Judiciário, foram tecnicamente definidas como aplicáveis as seguintes competências pessoais: trabalho em equipe, aprendizagem contínua, flexibilidade, comunicação, organização e planejamento, liderança de pessoas, criatividade e inovação, capacidade de decisão, atuação estratégica, negociação, orientação para resultados e visão sistêmica.

As competências **profissionais e acadêmicas** foram a seguir classificadas em obrigatórias e desejáveis, de acordo com o seu grau de aplicabilidade a cada cargo específico. Assim:

a) **obrigatórias**: relativas aos conhecimentos, capacidades e comportamentos imprescindíveis ao cumprimento das atribuições do cargo (o não preenchimento das competências obrigatórias pode impedir que o servidor ocupe o cargo analisado);

b) **desejáveis**: relativas aos conhecimentos, capacidades e comportamentos importantes, mas não imprescindíveis ao cumprimento das atribuições do cargo (o não preenchimento das competências desejáveis não impede que o servidor ocupe o cargo analisado).

A DEFINIÇÃO DAS COMPETÊNCIAS ADMINISTRATIVAS NO PODER JUDICIÁRIO | 107

As competências **pessoais**, por se tratar de fator de mais difícil mensuração, passaram por metodologia de graduação diferente. Foi aplicado questionário com perguntas de cunho comportamental, visando, através da descrição de atitudes e situações cotidianas, descrever um perfil pessoal aproximado. As respostas a essas perguntas atribuem uma graduação a cada competência pessoal, variando de 0 (**competência não requerida ou não observada**) a 10 (**competência totalmente aplicável e exigida**). Tomou-se o cuidado de não rotular pessoas, mas sim descrever tendências comportamentais que sempre podem ser aperfeiçoadas.

A ausência, total ou parcial, de qualquer competência, caracteriza uma lacuna de competência e gera uma ação de capacitação e desenvolvimento profissional, com o objetivo de atender ao requisito não atendido.

5. O trabalho realizado

Definida a base conceitual, seguiu-se o trabalho de campo. Inicialmente, foi decidido que a definição das competências administrativas, e a conseqüente elaboração das matrizes de competências requeridas, concerniria a todos os cargos e funções de chefia, o que, na prática, correspondeu a quatro níveis organizacionais (diretorias gerais e gabinete da presidência, departamentos e assessorias, divisões e serviços) em universo de aproximadamente 407 unidades organizacionais.

A partir das macro-atribuições de cada unidade organizacional, definidas na Resolução nº 15/2003, do Órgão Especial do Tribunal de Justiça, foi estruturada uma minuta de matriz de competências por diretoria geral, que discrimina os requisitos acadêmicos, profissionais e pessoais aplicáveis a cada unidade organizacional objeto de análise. Em seguida, a minuta de matriz foi apresentada aos gestores responsáveis pelas diversas unidades organizacionais, com o fim de discutir as singularidades de cada cargo, além de colher as suas opiniões a respeito das competências requeridas e do respectivo grau de exigência para que cada cargo cumpra os seus objetivos estratégicos.

Na etapa seguinte, as opiniões dos gestores foram analisadas tecnicamente para verificação de seu grau de aderência às exigências dos cargos,

A REFORMA DO PODER JUDICIÁRIO NO ESTADO DO RIO DE JANEIRO

porque, em atividades desse tipo, é freqüente as pessoas reagirem, inconscientemente, de duas maneiras: ou atribuem rigor excessivo ao cargo analisado (pós-graduação e doutorado obrigatórios para cargos com atribuições menos exigentes, por exemplo), ou minimizam os requisitos (não exigência de conhecimento de idiomas para cargos que têm contato com pessoas que não dominam o português, por exemplo).

Em alguns casos, competências que parecem ser sempre necessárias na verdade não o são. Criatividade e inovação são um bom exemplo: se o cargo analisado tem por atribuição o desempenho de atividades exigentes do cumprimento estrito, sem desvios interpretativos, de determinada legislação, criatividade e inovação não são características tão necessárias. Se o ocupante do cargo for pessoa altamente criativa, talvez pudesse ser melhor aproveitado em outro cargo ou função. Após essa análise crítica, as matrizes de competências requeridas assim obtidas foram validadas com cada gestor, obtendo-se a versão final de cada matriz.

6. Desdobramentos do projeto

O passo seguinte conduzirá à elaboração das matrizes de competências evidenciadas para cada gestor do Poder Judiciário. Essa atividade já se iniciou nas unidades organizacionais em processo de certificação pela norma ISO 9001:2000 (duas Varas Cíveis, uma Câmara Cível e Escola da Magistratura – Emerj). Tendo como base os registros assentados no Sistema Histórico Funcional da Justiça – SHFTJ e no Sistema Histórico Funcional da Corregedoria Geral da Justiça – SHFCG, já foi elaborada a matriz de competências evidenciadas dessas unidades organizacionais. Inicialmente visando à certificação ISO, o trabalho está restrito às competências acadêmicas e profissionais, pois a incorporação das competências pessoais à matriz de competências evidenciadas demanda a utilização de metodologia específica, ainda não implementada, constituindo-se de questionários calcados em técnicas comportamentais que, depois de analisados, revelam tendências atitudinais dos servidores em análise.

O desdobramento natural das atividades rumará ao mapeamento das competências dos servidores que ocupam cargo de chefia, mas o futuro aponta para a necessidade do mapeamento das competências de todos os servidores do Poder Judiciário, com o objetivo de formar o banco de talentos da Instituição. Projeta-se a construção de um grande banco de dados, onde estarão registradas e acessíveis as competências de todos os servidores.

7. Conclusão

A finalidade será gerenciar, como um ativo da organização, o conhecimento acumulado individualmente por todos os servidores, diminuindo o tempo entre o aprendizado e a distribuição do conhecimento, de modo a agregar maior valor à Instituição.

Instituições com as características do Poder Judiciário do Estado do Rio de Janeiro (grande número de funcionários, dispersos geograficamente e detentores de conhecimento individual diversificado) e seus servidores podem beneficiar-se muito com a gestão das competências. É um sistema onde todos ganham.

Referências bibliográficas

BETHLEM, Agrícola. *Estratégia Empresarial:* conceitos, processo e administração estratégica. São Paulo: Ed. Atlas, 1998.

CARR, Davi K.; LITTMAN, Ian D. *Excelência nos Serviços Públicos*. Rio de Janeiro: Ed. Qualitymark, 1992.

DRUCKER, Peter. *Administrando em tempos de grandes mudanças*. São Paulo: Ed. Pioneira Administração e Negócios, 1995.

DUTRA, Joel de Souza. *Competências:* conceitos e instrumentos para a gestão de pessoas na empresa moderna. São Paulo: Atlas, 2004.

FERREIRA, Aurélio Buarque de Holanda. *Dicionário Aurélio Eletrônico* – século XXI – versão 3.0. Rio de Janeiro: Editora Nova Fronteira e Lexikon Informática, 1999.

A REFORMA DO PODER JUDICIÁRIO NO ESTADO DO RIO DE JANEIRO

FLEURY, Afonso; FLEURY, Maria Teresa L. *Estratégias Empresariais e Formação de Competências*. São Paulo: Ed. Atlas, 2004.

KAPRA, Fritjof. *O Ponto de Mutação:* a ciência, a sociedade e a cultura emergente. São Paulo: Ed. Cultrix, 1992.

KATZENBACH, Jon R.; SMITH, Douglas K. *Equipes de Alta Performance – The Discipline of Teams:* conceitos, princípios e técnicas para potencializar o desempenho das equipes. Rio de Janeiro: Ed. Campus, 2002.

MEISTER, Jeanne C. *Chief Learning Officers*. New York: Corporate University Xchange, 2000.

MEISTER, Jeanne C. *Educação Corporativa*. São Paulo: Ed. Makron Books, 1999.

MINTZBERG, Henry. *Criando Organizações Eficazes:* estruturas em cinco configurações. São Paulo: Ed. Atlas, 2003.

ROSSALTO, Maria A. *Gestão do Conhecimento:* a busca da humanização, transparência socialização e valorização do intangível. Rio de Janeiro: Ed. Interciência, 2003.

SENGE, Peter M. *A Quinta Disciplina:* a arte e a prática da organização que aprende. São Paulo: Ed. Best Seller, 1998.

STEWART, Thomas A. *Capital Intelectual:* a nova vantagem competitiva das empresas. Rio de Janeiro: Ed. Campus, 1998.

A utilização de instrumentos organizacionais como meios de fortalecimento das instituições e de racionalização

Mauriti Maranhão[*]

1. Introdução

Neste artigo, o termo "institucionalização" é utilizado no sentido de descrever o estado no qual as organizações políticas, legais, sociais e econômicas de uma sociedade possuem regras estáveis, previsíveis e perenes, assim provendo os necessários controles sociais e, em conseqüência, gerando a confiança das pessoas no seu funcionamento normal.

Uma das proposições mais comumente encontradas entre renomados cientistas que estudam o desenvolvimento das sociedades diz respeito ao fortalecimento das instituições, ou seja, das organizações sociais, econômicas, legais e políticas. Entre eles, Douglass North,[1] vencedor do Nobel de Economia de 1993, ofereceu a seguinte explicação, ao responder por que a renda dos Estados Unidos cresceu 15 vezes mais do que a brasileira, nos últimos cem anos:

"há várias explicações para o fenômeno do distanciamento de renda entre Estados Unidos e Brasil, mas gosto de me concentrar numa delas: as

---

[*] Mestre em engenharia mecânica pela Efei, engenheiro pelo IME e estatístico pela Ence/IBGE, consultor do Projeto de Fortalecimento e Modernização da Gestão do Poder Judiciário do Rio de Janeiro.

[1] Fonte: Revista Veja, Edição 1.830, de 26/11/2003.

chamadas instituições. Nenhum país consegue crescer de forma consistente por um longo período de tempo sem que antes desenvolva de forma sólida suas instituições. Quando uso a palavra instituição, refiro-me a uma legislação clara que garanta os direitos de propriedade e impeça que contratos virem pó da noite para o dia. Refiro-me ainda a um sistema judiciário eficaz, a agências regulatórias firmes e atuantes. Só assim, com instituições firmes, um país pode estar preparado para dar o salto qualitativo, mudar de patamar. Olhe para os Estados Unidos do século XIX. Embora estivessem nos tempos do faroeste, os americanos já possuíam leis sofisticadas que asseguravam a liberdade religiosa, o direito ao habeas-corpus, o direito à propriedade privada e a certeza coletiva de que, se assinassem um contrato, ele seria cumprido. Com isso, os proprietários de terra e os donos das firmas se sentiam estimulados a investir em novas tecnologias e em mão-de-obra. Daí o aumento estratosférico de produtividade americana. No Brasil e no resto da América Latina, a história foi outra."

Nessa mesma linha de pensamento, os economistas formuladores do Plano Real[2] publicaram um estudo de caso no qual confirmam o pensamento de North e foram um pouco além, tecendo comentários sobre as nefastas conseqüências da incerteza jurisdicional[3] no Brasil.

Torna-se tão pertinente quanto necessário refletir sobre a contribuição que o Poder Judiciário fluminense poderia dar para fortalecer as instituições do Estado, e, mais importante, como implementá-las. Como se verá adiante, percebeu-se, como instrumento fortalecedor de instituições, a adoção de normas administrativas, assim estabelecendo bases sólidas para a melhoria da eficiência e da eficácia da retaguarda do Poder Judiciário, indispensável apoio à operação da frente, isto é, a entrega da prestação jurisdicional.

---

[2] ARIDA, Pérsio; BACHA, Edmar Lisboa; Resende, LARA-RESENDE, André. Credit, Interest and Jurisditional Uncertainty: Conjectures on the Case of Brazil. 2004.

[3] Os autores interpretaram "incerteza jurisdicional" como a capacidade das instituições de estabelecerem leis e as fazerem cumprir.

2. Instrumentos organizacionais para o fortalecimento das instituições

Da normatização dos processos de trabalho, com base em modelo organizacional consistente e dinâmico, pode resultar outros benefícios aparentes, poderoso instrumento de redução de custos aos níveis apropriados, considerando que a padronização das atividades, se bem conduzida, promove a eficácia e a eficiência, tanto na área-fim quanto naquelas de apoio. A eficácia produz a satisfação dos usuários, mediante objetivos organizacionais alcançados e eliminação de pendências que acabam por impor custos adicionais à sociedade. A eficiência assegura menor custo na execução das atividades, mantendo ou melhorando o nível de atendimento.

Dessas considerações extraem-se fortes argumentos para instituir a padronização de processos de trabalho no Poder Judiciário. Tratando-se de atividade de natureza criativa, a definição do modelo de documentação precisa somar as experiências existentes.

Argumenta-se que a padronização de atividades reduz o potencial criativo das pessoas. O argumento pode ser falacioso; trabalho repetitivo deve ser padronizado e, sempre que possível, automatizado.[4] As melhores experiências internacionais de gestão pública validam o acerto de padronizar e documentar as práticas de trabalho. Ademais, devem ser deixadas ao homem as atividades criativas que a máquina, em face da impossibilidade de associação cognitiva, não se mostre capaz de executar. A padronização pode tornar os processos de trabalhos melhores, mais eficientes e eficazes, permitindo ao homem desfrutar de maior conforto e tempo para criar e inovar.

---

[4] Segundo Mauriti Maranhão, em O Processo Nosso de Cada Dia, a automatização de processos de trabalho é justificada, entre outras, por questões de natureza social (melhoria da qualidade de vida do trabalhador), tecnológica (a máquina é mais confiável que o homem quanto a falhas) e econômica (o custo dos processos automatizados é mais competitivo que os processos manuais).

A REFORMA DO PODER JUDICIÁRIO NO ESTADO DO RIO DE JANEIRO

Há de ponderar-se, também, sobre a relação custo/benefício de padronizar e documentar os processos de trabalho. A documentação tem valor inestimável para as organizações, caracterizando-se como instrumento gerencial indispensável. Com base na norma NBR ISO 9000:2000 (tradução da norma internacional ISO 9000:2000), podem ser citados, entre outros, os seguintes benefícios potencialmente agregados pela documentação para qualquer tipo de organização, independentemente de natureza, porte ou tipo de negócio:

- permitir a comunicação objetiva da estratégia, dos objetivos e da consistência da ação;
- atingir a conformidade com os requisitos do cliente e a melhoria da qualidade;
- prover o treinamento apropriado;
- assegurar a rastreabilidade e a repetibilidade dos processos;
- prover evidências objetivas dos resultados alcançados; e
- avaliar a eficácia e a contínua adequação do sistema de gestão da qualidade implementado.

Adicionalmente, com base na norma NBR ISO 9001:2000 (tradução da norma internacional ISO 9001:2000), cada organização determina a extensão e o grau de detalhamento ou de aprofundamento da documentação mais apropriada ao seu negócio, bem como os meios a serem utilizados para disseminá-la. Isto depende de diversos fatores, tais como: tipo e tamanho da organização, complexidade e interação dos processos, a complexidade dos produtos, requisitos do cliente, requisitos regulamentares aplicáveis, demonstração da capacidade do pessoal e o grau necessário para demonstrar o atendimento a requisitos do sistema de gestão da qualidade implementado.

A partir dessas considerações, a norma NBR ISO 9001:2000 seleciona três fatores como determinantes para a **abrangência** da documentação a ser adotada pelas organizações:

FATOR CONSIDERADO	EXPLICAÇÃO
Tamanho da organização / tipo de atividades	Em princípio, quanto maior o tamanho da organização, **maior** a abrangência da documentação, porque terá de envolver mais processos ou mais pormenores ou tipos de processos.
Complexidade dos processos e suas interações	Em princípio, quanto mais complexos forem os processos e quanto mais tiverem interfaces, **maior** deverá ser a abrangência da documentação, para contemplar todos os aspectos críticos.
Competência do pessoal	Em princípio, quanto mais competente for o pessoal, **menor** a abrangência da documentação, uma vez que haverá maior maturidade profissional (trabalho mais delegado e menos determinado).

A documentação poderá estar em qualquer forma ou tipo de mídia ou de suporte (papel, magnética, ótica, microfilme etc.). Similarmente, a forma de disponibilidade e de acesso à documentação poderá variar do modo mais básico (papel) às formas de mídia eletrônica que a tecnologia da informação permite (rede de dados, intranet, Internet, portal corporativo etc).

A rigor, não há correlação perfeita entre a tecnologia utilizada e a qualidade ou a eficácia da documentação, mas é fato que a utilização de tecnologias mais modernas induz, naturalmente, à incorporação de melhores padrões de documentação e do respectivo controle.

É consenso internacional – foco do sexto Princípio de Gestão da Qualidade ISO 9000:2000 – que **melhorias contínuas** são vitais para a sustentação de qualquer organização. Sem elas, a organização se degrada progressivamente, até a falência, se nada for feito. A melhoria dos processos contempla várias fases, das quais a última, e indispensável, é a documentação. É a documentação que permite estabilizar o processo, mediante a fixação de critérios objetivos para balizar a forma de fazer, de medir, de prover os registros dos resultados dos processos e, finalmente, de auditá-lo. Um processo sem documentação é um processo frágil e volátil, sujeito a interferências e a desvios, que o vão deformando progressivamente.

As **normas** são o instrumento mais eficiente e eficaz para realizar a documentação necessária e suficiente dos processos de trabalho. Uma norma pode ser definida como a solução escrita de um problema que se repete.

> Norma é a solução escrita de um problema que se repete.

É fato que a documentação dos processos de trabalho traz à organização alguma burocracia (modelo da organização). Todavia, a burocracia, no nível apropriado, é essencial ao funcionamento de qualquer organização. Sem burocracia, não há possibilidade de estruturá-la. O importante é selecionar, dentre as inúmeras possibilidades, o nível de burocracia necessário e suficiente para prover a comunicação dos processos, sem travar ou dificultar a agilidade de operação. Do mesmo modo como há empresas extremamente ágeis e muito bem documentadas, há também empresas emperradas, cuja documentação é muito pobre.

Muitos acreditam que a documentação dos processos é desnecessária e até atrapalha as atividades. É que sem documentação os processos poderiam funcionar satisfatoriamente. É um contra-senso, fartamente demonstrado pela experiência. Os processos não documentados funcionam porque as pessoas que dele participam vão, a cada momento, interferindo e acomodando a inconsistência criada no dia-a-dia para que haja continuidade nas ações, ainda que truncadas. É como se o processo andasse sob espamos, aos soluços. É por esta razão que tais empresas pioram muito quando implementam sistemas informatizados, na tentativa de automatizar os processos, antes de modelá-los. Segundo Mauriti Maranhão,[5] "como os sistemas informatizados não sabem dar jeitinho, os processos não fluem e a organização trava".

Quando essas organizações decidem gerar suas normas e os respectivos registros, fica evidenciada a dificuldade de as pessoas documentarem os seus processos de trabalho. Isto se dá porque não há clareza do que são os processos de cada um. Na hora de esclarecer os detalhes e as interfaces, tudo são dúvidas. Essa grande dificuldade demonstra o desconhecimento que as pessoas têm de seus processos de trabalho, muito embora a percepção seja bem diferente na grande maioria dos casos.

---

[5] O processo nosso de cada dia.

A documentação é o último passo da implementação dos processos de trabalho em uma organização, a consolidação da tecnologia embutida no processo. É razoável afirmar que uma tecnologia estará assegurada quando for consolidada em norma técnica. É possível e desejável gerar normas para organizar a fase inicial de implementação dos processos de trabalho. A norma será a referência escrita para o processo. Enquanto o processo vai sendo ajustado, a norma consolida as mudanças. No início haverá grande volume de mudanças, mas, na medida em que se vá estabilizando o processo, o volume de mudanças se vai reduzindo exponencialmente. Haverá momento em que a norma será considerada oficial e terá de ser **controlada** (o momento certo de "oficializar" a norma dependerá da cultura da organização e de cada situação específica).

> A documentação é o último passo da implementação dos processos de trabalho em uma organização.

3. A experiência do Tribunal de Justiça do Estado do Rio de Janeiro

Desde o início dos trabalhos de modernização da gestão do Tribunal de Justiça do Estado do Rio de Janeiro, percebeu-se a grande ansiedade dos servidores por normas capazes de regulamentar os processos de trabalho, sem impor burocratismo desnecessário. Os processos de trabalho do TJERJ eram, e ainda são em certa medida, regulamentados por resoluções, atos executivos, atos normativos e outros instrumentos, cuja eficácia de aplicação é limitada por pelo menos quatro razões:

a) detalham "o que" fazer, mas, em geral, não pormenorizam o "como fazer";

b) não guardam a flexibilidade de alterações, necessárias e indispensáveis à dinâmica dos processos de trabalho;

c) em geral não envolvem a participação dos executores em sua elaboração, reduzindo o sentimento de propriedade e compromisso, naturalmente adquirido quando se é partícipe da criação;

A REFORMA DO PODER JUDICIÁRIO NO ESTADO DO RIO DE JANEIRO

d) não existia, ressalvado o âmbito do controle interno, o mecanismo de auditoria sistemático das normas, favorecendo a obsolescência das regras estabelecidas.

No TJERJ, como casa de Justiça, a cultura formal, isto é, atos e fatos fortemente mandados e comandados por instrumentos formais (processos, atos, ofícios etc.), já constituía solo fértil à normatização dos processos de trabalho, bastando encontrar o modelo capaz de atrair os servidores e facilitar-lhes as ações.

O processo de modernização na Instituição buscou revelar talentos mediante a estimulação para a elaboração de normas de trabalho administrativo, considerando-se que pessoas que conseguem compreender e tomam a iniciativa de documentar processos de trabalho potencialmente possuem talento diferenciado.

Como desdobramento da participação na elaboração das suas normas de trabalho, muitos servidores perceberam que tinham em mãos a oportunidade de maior envolvimento e participação nas decisões gerenciais da Instituição, na medida em que, pela própria utilização das normas, abria-se a oportunidade para a contribuição de cada um para melhorar e inovar os seus respectivos processos de trabalho.

O Ato Normativo nº 2.950/2002 criou o Sistema Normativo Administrativo, com o fim de estabelecer o modelo de infra-estrutura normativa dos processos de trabalho. As normas foram denominadas Rotinas Administrativas (RAD), sendo a primeira delas, "Organização do Sistema Normativo Administrativo do Poder Judiciário", emitida com o fim de fixar a parametrização do Sistema, bem assim o ciclo de vida das RAD.[6]

O Sistema Normativo Administrativo viabilizará a substituição progressiva do regramento existente para os processos de trabalho (atos executivos, atos normativos, resoluções, portarias) pelas RAD, que cumprem es-

---

[6] Segundo Mauriti Maranhão, em Normas série ISO 9000 – Manual de Implementação, são fases do ciclo de vida de documentos normativos: necessidade, elaboração, análise crítica, aprovação, inclusão no sistema, implementação, aplicação, auditoria, revisão e cancelamento.

A UTILIZAÇÃO DE INSTRUMENTOS ORGANIZACIONAIS | 119

quema de aprovação descentralizado entre unidades organizacionais, de acordo com a abrangência do respectivo processo de trabalho documentado. O Sistema Normativo Administrativo estabeleceu três níveis hierárquicos de RAD:

❑ Documento Estratégico (Institucional ou de Diretorias Gerais), que fixa políticas (direcionadores estratégicos) e estabelece a árvore de processos de trabalho da unidade organizacional considerada, com a identificação das respectivas RAD;

❑ Rotinas Administrativas Gerais, que fixam o regramento do Sistema Normativo Administrativo, atendem à exigência de documentos considerados obrigatórios pela NBR ISO 9001:2000, e solucionam necessidades de padronização institucional; entre estas últimas, cita-se a sistematização de Relatórios de Informações Gerenciais (RIGER), internos ou externos; as RAD gerais têm, em princípio, abrangência tática;

❑ Rotinas Administrativas Operacionais, que documentam e padronizam os processos de trabalho de abrangência circunscrita a certas unidades organizacionais, com abrangência operacional.

4. Conclusões

Superando as mais otimistas expectativas, o Sistema Normativo Administrativo do Poder Judiciário fluminense teve aceitação e crescimento vertiginoso, passando a ser, efetivamente, a referência para os processos de trabalho. À data de emissão desta matéria, contavam-se quase trezentas RAD já implementadas ou em fase de implementação, abrangendo praticamente todas as unidades organizacionais instaladas no Foro Central da Comarca da Capital, também sede do Poder Judiciário fluminense. A interiorização das RAD é a próxima etapa.

Com a preparação para a certificação ISO 9001:2000 de uma Câmara Cível e duas Varas Cíveis, cuja auditoria de certificação ocorrerá até o final deste ano, as RAD desenvolveram experiência pioneira no provimento de soluções para documentar os padrões do trabalho administrativo de órgãos prestadores de jurisdição. A pequena, nada obstante consistente, experiência adquirida permite afiançar os ganhos de eficiência e de eficácia nessas unidades, adicionalmente à salutar cultura de padronizar processos de trabalho afins ou repetitivos.

Por se tratar de sistema novo e inovador, o Sistema Normativo Administrativo necessitará de aprimoramento contínuo, intenso e freqüente. Tal como previsto, o Sistema Normativo Administrativo incorporou os oito princípios da qualidade ISO 9000:2000,[7] entre eles o da "melhoria contínua", já plenamente compreendido pelos servidores do Poder Judiciário na medida em que várias das RAD já passaram por algumas revisões.

A sustentação do Sistema Normativo Administrativo fundamenta-se, principalmente, em programas de auditorias internas, que está sendo implementado progressivamente à inserção de unidades organizacionais no escopo de certificação. Com isso, além das unidades sob processo de certificação, todas as unidades de apoio, isto é, as sete Diretorias Gerais, já passaram por alguma auditoria interna.

A instituição do Sistema Normativo Administrativo representa importante fator de contribuição ao fortalecimento institucional do Poder Judiciário. As RAD, muito provavelmente, constituem, hoje, o mais visível, concreto e útil instrumento, entre os vários que foram implementados, de fortalecimento da gestão do Judiciário fluminense.

Referências bibliográficas

ARIDA, Pérsio; BACHA, Edmar Lisboa; LARA-RESENDE, André. Credit, Interest and Jurisdictional Uncertainty: Conjectures on the Case of Brazil. 2004.
MARANHÃO, Mauriti. ISO série 9000 – Manual de Implementação. Editora Qualitymark, 2002.

---

[7] Os oito princípios da qualidade (foco no cliente; liderança; engajamento de pessoas; abordagem de processos; abordagem sistêmica para a gestão; melhorias contínuas; tomada de decisões factuais e parcerias com fornecedores) são descritos na norma NBR ISO 9000:2000.

_____; MACIEIRA, Maria Elisa Bastos. O Processo Nosso de cada Dia. Editora Qualitymark, 2004.

NORTH, Douglas. Entrevista na Revista Veja, Edição 1830, de 26/11/2003.

NBR ISO 9000:2000, Sistemas de gestão da qualidade – Fundamentos e vocabulário.

NBR ISO 9001:2000, Sistemas de gestão da qualidade – Requisitos.

Indicadores e instrumentos de apoio à produtividade dos magistrados em 1º e 2º graus

Ronaldo Foresti Werneck da Silva[*]

1. Introdução

Na busca da excelência empresarial, a gestão de organizações modernas na era da informação requer o permanente acompanhamento de ambientes cada vez mais competitivos e complexos mediante controle sobre o desempenho organizacional com a clara identificação de seus objetivos e focos estratégicos, das ações implementadas, das metas a atingir e dos processos de trabalho que serão executados e monitorados. O pré-requisito é um processo de mudança na cultura organizacional, nos comportamentos e nos hábitos da gestão. Mudança gradual, porém ininterrupta, transparente e metodologicamente organizada.

O Tribunal de Justiça do Estado do Rio de Janeiro põe em prática essa mudança, planejada desde 1999, quando passou a promover ações de modernização organizacional em direção à verdadeira reforma do Judiciário, cujo início da consolidação data de 2001, com a implementação do Projeto de Modernização e Fortalecimento da Gestão do Poder Judiciário, em convênio de cooperação técnica com a Fundação Getulio Vargas. As primeiras

---

[*] Mestre em gestão empresarial, pós-graduado e graduado em administração pública pela FGV, consultor do Projeto de Fortalecimento e Modernização da Gestão do Poder Judiciário do Rio de Janeiro.

124 | A REFORMA DO PODER JUDICIÁRIO NO ESTADO DO RIO DE JANEIRO

ações concentraram-se no desenvolvimento institucional e na adequação organizacional do Tribunal de Justiça, resultando no completo redesenho de sua estrutura organizacional, de modo a atender aos princípios da eficiência e da autonomia inscritos nos arts. 37 e 99 da CF/88. Adotou-se modelo descentralizado de gestão, com base na filosofia "frente-retaguarda" (ver capítulo específico desta edição), com foco na atividade jurisdicional. O objetivo estratégico da modernização corresponde à capacitação do Judiciário para atender à sua função constitucional e às expectativas da sociedade, mediante aprimoramento contínuo, qualitativo e quantitativo da prestação jurisdicional em 1º e 2º graus.

2. Indicadores de desempenho para apoio à produtividade dos magistrados

Em 1975, a unificação dos estados do Rio de Janeiro e da Guanabara propiciou a instituição de um novo Tribunal de Justiça, mantida a jurisdição dos Tribunais de Alçada. A Lei estadual nº 2.586, de 8/12/97, extinguiu os Tribunais de Alçada, unificando-se a 2ª instância do Tribunal de Justiça, que passou a ser composto por 160 desembargadores, o maior colegiado do gênero no país.

A redemocratização e a valorização dos direitos e garantias fundamentais, advindas da CF de 1988, bem como a edição do Código de Defesa do Consumidor, em 1991, facilitaram e incentivaram o acesso da população à Justiça, criando uma maior demanda pela solução judicial dos conflitos a desafiar a administração judiciária com incremento sistemático do número de processos distribuídos entre as instâncias julgadoras (1º e 2º graus de jurisdição), que passaram a contar com juizados especiais, competentes para o processamento de causas cujo valor não ultrapasse 40 salários mínimos. O porte do desafio exige a adoção de modernas práticas de gestão, com foco na missão do Poder Judiciário – dirimir os conflitos que lhe são submetidos por uma sociedade cada vez mais ciente de seus direitos individuais e coletivos.

A despeito do aumento, progressivo e exponencial, da quantidade de processos autuados e submetidos à apreciação do TJERJ, as ações gerenciais adotadas ao longo dos últimos anos apresentam resultados demonstrativos do engajamento de magistrados e serventuários. Tanto que, em 2003, foram autuados,[1] em 1ª instância, 916.610 processos,[2] tendo sido julgados 712.795, ou seja, 78% do total, indicando aumento dos feitos julgados e dos tombados. Na 2ª instância, houve superação da tendência anterior: em 2003, foram autuados 83.285 processos e julgados 83.498, ou seja, 100,25%.

Processos Autuados x Julgados (1999 a 2003)

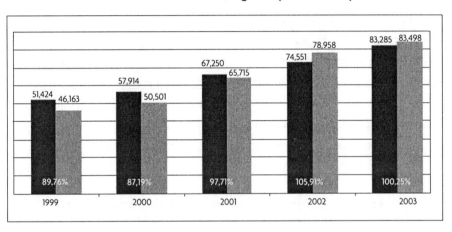

A superação dos 100% reduziu o acervo de feitos acumulados de exercícios anteriores e pendentes de julgamento, efeito direto do grau de compromisso dos desembargadores que compõem o TJERJ. A gestão de desempenho hoje praticada pelo TJERJ permite o acompanhamento direto da produtividade dos órgãos prestacionais, apoiado em indicadores de desempenho gerados, quase totalmente, por sistemas informatizados, consolidados e analisados pela COMAQ (Comissão de Acompanhamento da Qualidade), responsável por essa atividade junto ao 1º grau de jurisdição (incluindo os juizados especiais) e pela DGJUR (Diretoria Geral de Apoio ao 2º Grau de Jurisdição).

---

[1] Autuar é o processo de trabalho de receber, registrar e preparar um processo para ser apreciado pelo Poder Judiciário.

[2] O número não inclui execuções fiscais, precatórios, notificações, interpelações, justificações e protestos, porque nesses procedimentos não há, ainda, conflitos a dirimir.

A geração e a análise de indicadores observam critérios e procedimentos estabelecidos para a elaboração e a formatação de Relatórios de Informações Gerenciais (RIGER), emitidos pelas unidades organizacionais do Tribunal de Justiça sistematicamente e com periodicidade definida, tendo como foco o ciclo de análise e de melhorias contínuas que deve subsidiar a gestão estratégica do TJERJ, e que são colocados à disposição de todas as unidades organizacionais e da sociedade por meio da rede de conhecimento do Poder Judiciário/RJ.

A gestão de desempenho, que hoje possibilita o direcionamento do processo decisório do Poder Judiciário na busca da efetividade das decisões judiciais, é feita por acompanhamento, controle e avaliação das oportunidades de melhoria da prestação jurisdicional, com base na apuração e consolidação de dados e informações como indicadores, gráficos estatísticos e relatórios gerenciais. Os gráficos a seguir ilustram esses indicadores do desempenho e da produtividade das unidades prestacionais e dos magistrados do TJERJ, no 2º grau de jurisdição.

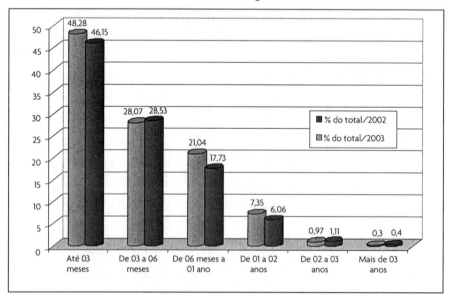

Tempo Decorrido entre a Autuação e o Julgamento dos Processos no Tribunal de Justiça
I - Autuados - Julgados I

Tempo Médio entre a Autuação e o Julgamento dos Processos

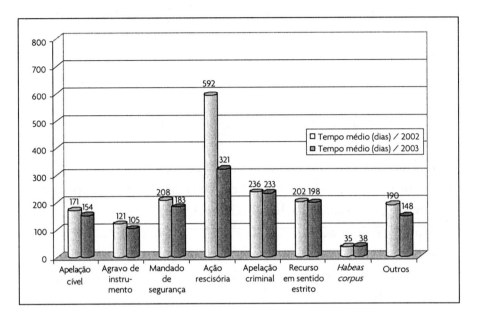

Tempo Médio (dd) Autuação x Julgamento (Órgãos Julgadores Cíveis 2003)

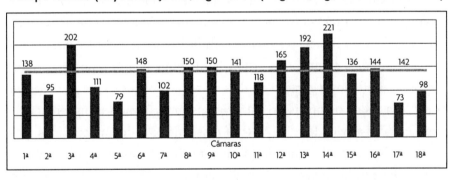

O sistema de avaliação de desempenho e produtividade está apto a gerar informações e estatísticas de uma série de outros dados, como, por exemplo:

- total de processos autuados, distribuídos e julgados, por órgão julgador e por magistrado;
- tempo médio entre autuação e distribuição, cível ou criminal;
- média de processos autuados e julgados por desembargador, cível ou criminal;

- tempo médio entre a autuação e a distribuição dos processos, em 2º grau de jurisdição, por tipo de processo (apelação cível, agravo de instrumento, mandado de segurança, ação rescisória, apelação criminal, recurso em sentido estrito, *habeas-corpus*, outros);
- tempo médio entre autuação e julgamento, no 1º grau de jurisdição, cível e criminal, por unidade, por magistrado e por tipo de processo;
- total de processos tombados, conclusos e publicados no 1º grau de jurisdição, cível e criminal;
- total de diligências remetidas ao órgão julgador, por tipo;
- data de entrega da diligência ao oficial de justiça e tempo médio de cumprimento e devolução da diligência por este;
- quantidade de processos / feitos julgados pós-intervenção do juiz, por juizado;
- quantidade de processos / feitos julgados antes da intervenção do juiz, por juizado;

Comparando-se as informações que se extraem dos indicadores de desempenho, depreende-se que a implementação das ações de modernização da gestão já propicia resultados significativos na produtividade global dos magistrados, em todas as instâncias de julgamento. É possível vincular esses resultados à geração e à disseminação dos indicadores de desempenho em todos os níveis organizacionais, imprimindo transparência na execução das atividades do TJERJ. A disseminação dos indicadores, pela mídia oficial e pelo portal corporativo do TJERJ, enseja controle efetivo da atividade judicial pela sociedade, enquanto se caminha para o encontro do ponto de equilíbrio entre celeridade e qualidade da prestação jurisdicional.

A melhoria da prestação jurisdicional não decorre somente do atendimento à demanda crescente, mas da justeza das decisões para gerar segurança jurídica, apurável de forma objetiva confrontando-se o número de decisões reformadas nas instâncias superiores. O gráfico a seguir mostra a queda constante no número de decisões reformadas.

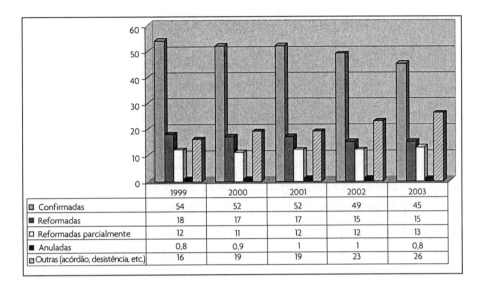

3. Instrumentos de apoio à produtividade do Judiciário

Para fazer frente à demanda pelos serviços judiciais, vários instrumentos vêm sendo colocados à disposição da população e dos magistrados, de modo a facilitar o acesso à prestação jurisdicional, a saber:

3.1 – criação ou transformação de varas especializadas, com o fim de equilibrar a distribuição quantitativa dos processos;

3.2 – divulgação, no portal corporativo, de informações "passo a passo" para o preenchimento de petição inicial endereçada aos Juizados Especiais Cíveis;

3.3 – instalação de núcleos de primeiro atendimento nos Juizados Especiais;

3.4 – uso de conciliadores voluntários para atuar nos Juizados Especiais Cíveis[3];

3.5 – instituição do programa "Produtividade Solidária", de que participam juízes com atuação dirigida aos:

---

[3] O percentual de acordos obtidos nas audiências de conciliação realizadas nos Juizados Especiais Cíveis do Foro Central, em junho/03, alcançou 24,8%, o que significa dizer que das 2.589 audiências conciliatórias realizadas, foram obtidos 642 acordos naquele mês. Relativamente às Varas Cíveis, o percentual de audiências de conciliação com sucesso chegou a 20%.

130 | A REFORMA DO PODER JUDICIÁRIO NO ESTADO DO RIO DE JANEIRO

3.5.1 – Grupos de Auxílio Mútuo (GAM);[4] 3.5.2 – Grupos Emergenciais de Auxílio Programado (GEAP);[5] 3.5.3 – Mutirões Integrados;[6]

3.6 – criação do Projeto "Justiça Cidadã", abrangendo a formação de agentes conciliadores comunitários no Complexo da Maré, com o objetivo de promover atendimento jurídico à comunidade carente local e compor conflitos de interesses na sua origem;

3.7 – implementação do Programa "Justiça Itinerante";[7]

3.8 – implementação do programa de exame gratuito de DNA, com ampliação interiorizada dos locais de coleta de material;

3.9 – realização de dois concursos públicos por ano, em média, para o preenchimento de cargos vagos na magistratura de carreira;

3.10 – formação, treinamento e acompanhamento intensivo, pela Emerj – Escola da Magistratura, dos novos magistrados que ingressam na carreira;

3.11 – formação, treinamento e acompanhamento intensivo, pela Esaj – Escola de Administração Judiciária, dos serventuários, por meio de cursos teóricos e práticos;

3.12 – intensificação da utilização, da atualização e da modernização da tecnologia da informação em todos os níveis operacionais das ati-

---

[4] Seu objetivo é concentrar a prestação jurisdicional em cada uma das varas onde se encontram os magistrados participantes, escalonados mediante sorteio. Cada um dos integrantes do grupo profere sentenças em número a ser estipulado pelo próprio grupo, em feitos que tramitem na vara beneficiada. (NÃO-REMUNERADOS)

[5] Auxílio em caráter emergencial de magistrados com disponibilidade para prestar apoio, sem prejuízo de suas funções judicantes, devido à constatação da existência de um grande número de processos tramitando na Comarca da Capital do Estado do Rio de Janeiro, em especial nas Varas Cíveis, nos Juizados Especiais Cíveis e nas Turmas Recursais. Este grupo recebe remuneração desde que atinja meta estabelecida no ato executivo conjunto de agosto de 2002.

[6] Iniciativa baseada em relatórios fornecidos pela COMAQ que identificam nas varas e juizados as fases do processo onde devem atuar os juízes participantes. Esses instrumentos reduziram 1.357.739 no estoque de processos em andamento na Justiça do estado do Rio de Janeiro, que somava 3.703.279 processos em 2002. Este grupo não é remunerado.

[7] Ônibus equipado com computadores e com juízes, defensores e serventuários.

INDICADORES E INSTRUMENTOS DE APOIO À PRODUTIVIDADE | 131

vidades jurisdicionais e administrativas[8] (o parque tecnológico do Judiciário fluminense compreende, hoje, cerca de 18 mil equipamentos);

3.13 – aquisição e distribuição de novos equipamentos para os servidores e de *laptops* para cada magistrado;

3.14 – desenvolvimento de novos sistemas aplicativos e aperfeiçoamento dos já implementados;

3.15 – disponibilização pela internet, em tempo real, de todas as etapas da prestação jurisdicional;

3.16 – implementação do projeto "Administração Participativa", que consiste na realização de reuniões nas sedes dos Núcleos Regionais de Comarcas, com a participação dos diretores de todas as unidades organizacionais e a presença do Presidente do Tribunal, com vistas a propiciar pronta resposta às carências apontadas por juízes, servidores, advogados, prefeitos, parlamentares e população em geral;

3.17 – ampliação, melhoria e humanização das condições físicas de trabalho e de atendimento à população por parte dos cartórios.[9]

4. Considerações finais

"O que não é medido não é gerenciado". A avaliação do desempenho e da produtividade em implementação no Poder Judiciário está baseada em sistema de gestão e medição de desempenho, formulado a partir de processos de trabalho, identificados, formalizados e derivados de estratégias e metas estabelecidas. Esse mesmo sistema de gestão deve caminhar para a integração das medidas de resultados com os vetores de desempenho, de modo a apurar as várias relações de causa e efeito que se encontram na raiz das não-conformidades identificadas durante a execução dos processos de trabalho

---

[8] Cem por cento dos feitos em trâmite estão informatizados.

[9] Foram realizadas, em 2003, 189 obras de construção e reforma, com recursos próprios ou provenientes de convênios com o Banco do Brasil e Banerj-Itaú, estes a custo zero para o Tribunal de Justiça do estado.

e na consecução das metas. As medições devem indicar os objetivos maiores da estratégia e aferir se as iniciativas de curto prazo produzem os resultados desejados. As medidas de vetores de desempenho são indicadores de tendência, e devem alertar a administração do TJERJ para as ações necessárias ao atendimento de requisitos futuros.

O futuro sistema institucionalizado de medição da gestão global do TJERJ ruma à implementação da filosofia do *scorecard*,[10] pela medição do desempenho organizacional sob quatro perspectivas: financeira, da sociedade ou do cliente, dos processos internos do Judiciário, e sob o aspecto do aprendizado e crescimento. Os indicadores esclarecerão se cada unidade do Poder Judiciário estará operando de acordo com as estratégias, os objetivos e as metas definidos, com foco nos anseios e nas demandas da sociedade, nos processos de trabalho internos estabelecidos, e na inovação. As revisões e atualizações gerenciais não se esgotam em analisar o passado e devem aprender sobre o futuro. Os gestores devem discutir não só como os resultados passados foram alcançados, mas também se permanecem viáveis as expectativas de atendimento das demandas futuras.

Referências bibliográficas

RIO DE JANEIRO (Estado) – Tribunal de Justiça – Resolução 15/2003, publicada em 08 de dezembro de 2003 – Aprova a estrutura organizacional do Poder Judiciário do Estado do Rio de Janeiro.

_____. Tribunais do Rio de Janeiro – 250 Anos – Da Relação, 1752 ao Tribunal de Justiça 2002. Rio de Janeiro: Ventura Cultural, 2002.

_____. Poder Judiciário, Tribunal de Justiça do Estado do Rio de Janeiro, Relatório de Atividades – Ano 2003. Rio de Janeiro: Ventura Cultural, 2004.

---

[10] *Balanced scorecard* é uma ferramenta completa que traduz a visão e a estratégia da empresa, num conjunto coerente e integrado de medidas de desempenho.

Trabalho de Conclusão do Curso Indicadores de Desempenho da Atividade Jurisdicional do Tribunal de Justiça do Estado do Rio de Janeiro, Curso de Pós-graduação em Administração Judiciária, Fundação Getulio Vargas, CAMACHO, Anízio Ferreira.

MBA de Pós-graduação em Administração Judiciária da Fundação Getulio Vargas. Rio de Janeiro, 2004.

KAPLAN, Robert; NORTON, David P., A Estratégia em Ação: *Balanced Scorecard*. Rio de Janeiro: Editora Campus, 1997.

A padronização possível de procedimentos, instalações e materiais

Maria Elisa Bastos Macieira[*]
Mauriti Maranhão[**]

1. Introdução

O questionamento sobre os benefícios e os limites em controles sociais – limites e regras de convívio entre pessoas e organizações – é quase tão antigo quanto a civilização. Neste documento, define-se o esforço de estabelecer controles, limites e regras entre pessoas e organizações pelos termos, entendidos como sinônimos, padronização, normalização.[1]

Historicamente, parece haver correlação entre o grau de desenvolvimento de sociedades e sua respectiva capacidade para estabelecer e fazer valer critérios de padronização, ora bastante discutidos, no âmbito nacional, sob o nome de "marcos regulatórios". Do ponto de vista tecnológico, são bem conhecidos tanto os esforços quanto os benefícios advindos da padronização adotada pelos egípcios na construção das pirâmides. Ao longo da história antiga,[2] fenícios, chineses, gregos, persas, maias e outras so-

---

[*] Mestre em gestão empresarial e administradora pela Ebape/FGV, consultora do Projeto de Fortalecimento e Modernização da Gestão do Poder Judiciário do Rio de Janeiro.

[**] Mestre em engenharia mecânica pela Efei, engenheiro pelo IME e estatístico pela Ence/IBGE, consultor do Projeto de Fortalecimento e Modernização da Gestão do Poder Judiciário do Rio de Janeiro.

[1] Neste contexto as palavras "normatização" e "normalização" são utilizadas como sinônimas.

[2] Juran, J. M., *Quality Control Handbook,* 1988.

ciedades apresentaram soluções de padronização inovadoras, em tese sinalizando razoável proporcionalidade entre o grau de uso do instrumento e o respectivo desenvolvimento experimentado.

Na história moderna e contemporânea, são conhecidos os exemplos de padronização encontrados na Alemanha e nos Estados Unidos, coincidentemente tanto a padronização tecnológica quanto o aparato legal. A Alemanha, pouco tempo após a sua reunificação, instituiu a coletânea de normas técnicas DIN (Deutsches Institut für Normung – Instituto de Normas Técnicas Alemães), até hoje considerada sólida fonte de referência tecnológica para todos os países. Não é sem motivo que várias normas de natureza tecnológica emitidas pela ISO (International Organization for Standardization – Organização Internacional de Normalização Técnica) são baseadas em normas similares DIN.

A forte tendência à padronização vigente na Alemanha parece ter tido origem no seu modelo de educação básica, organizado em torno das indústrias, que atuavam como pólos de organização das comunidades. Nos Estados Unidos, a padronização, também iniciada nas atividades industriais que caracterizaram a consolidação da nação americana (ferrovias, automóveis, agricultura, armamento, bens de consumo e outras), cresceu baseada em outro modelo, no qual inúmeras organizações privadas estabeleceram seus institutos de padronização (SAE, AISI, ASTM etc.),[3] coordenados em nível macro pela ANSI (American National Standards Institute – Associação Americana de Normalização Técnica).

Observando-se as maiores economias contemporâneas, fica evidente a correlação entre poder econômico e os respectivos institutos de normalização técnica, sem os quais não haveria a base tecnológica para o desenvolvimento industrial e econômico, seja estabelecendo normas técnicas, seja apoiando a infra-estrutura laboratorial de medidas e padrões.

---

[3] O processo nosso de cada dia, de Mauriti Maranhão. SAE – Society of Automotive Engineers; AISI – American Iron and Steel Institute; ASTM – American Society for Testing and Materials.

A PADRONIZAÇÃO POSSÍVEL DE PROCEDIMENTOS, INSTALAÇÕES E MATERIAIS | 137

Em termos mundiais, os organismos de normalização técnica (ISO, IEEE, IEC, ICAO, OMC etc.)[4] tornaram-se indispensáveis à vida de relação em sociedades de extrema complexidade. Embora mais subjetiva, a padronização normativa política e social, fixando direitos e deveres, tem sido busca incessante de todos os povos, uma vez que, sem controles sociais, é praticamente impossível a vida em sociedade. E controles sociais requerem leis, que podem ser consideradas formas padronizadoras de direitos e deveres, com o fim de solucionar conflitos em busca da paz social.

O cotejo entre esses dois conjuntos de padrões normativos – tecnológico e político-social – sugere que evoluem em sincronia, um realimentando o outro. Interessante registrar o caso mais recente da China, no qual o ordenamento tecnológico, inicialmente copiado de outros países, se consolida e contribui fortemente para estabelecer parâmetros ao ordenamento político-social, sob pena de, não progredindo o segundo, interromper-se o primeiro.

2. O processo de padronização no Poder Judiciário do estado do Rio de Janeiro

No caso do Poder Judiciário do estado do Rio de Janeiro, nada obstante a existência de aparato legal necessário à fundamentação das decisões dos magistrados, não havia equivalente aparato administrativo. A carência normativa administrativa era em parte provida por instrumentos institucionais (Resolução, Ato Normativo, Ato Executivo, Portaria etc.), não perfeitamente adequados à regulamentação administrativa, condição que, inevitavelmente, acabava por influenciar os resultados da atividade-fim, isto é, a entrega da prestação jurisdicional. Mostrou-se evidente a necessidade de estabelecer modelo de instrumento capaz de dar resposta às necessidades.

Esse modelo foi concebido e implementado sob o nome de Sistema Normativo Administrativo. As tratativas iniciais sobre o problema aca-

---

[4] IEEE – Institute of Electrical and Electronic Engineers; IEC – International Electrotechnical Committee; ICAO – International Civil Aviation Organization; OMC – Organização Mundial do Comércio.

baram por ampliar os objetivos, permitindo a identificação de três grupos de interesse para a padronização de processos de trabalho no Poder Judiciário fluminense: instalações e materiais, rotinas de tarefas administrativas, considerando que as rotinas e os ritos dos processos judiciais são estabelecidos pelo aparato legal e modelos de gestão comuns para atividades afins.

Quanto ao primeiro grupo de interesses – instalações e materiais –, a racionalidade recomenda considerar, como apropriado, um forte grau de padronização, em face da significativa redução de complexidade desnecessária, proporcionada pela padronização. As atividades industriais, em face do grau de perfeição tecnológica, social e econômica alcançado, constituem um bom exemplo de benefícios advindos de forte grau de padronização. Nas atividades de prestação de serviços (caso da entrega da prestação jurisdicional), os esforços de padronização têm sido historicamente mais lentos, mas, com os avanços da tecnologia da informação, se vêm acelerando.

Quanto ao segundo grupo de interesses – rotinas de trabalho administrativo –, a solução adotada fundamentou-se na criação de um Sistema Normativo Administrativo, pormenorizado adiante.

Quanto ao terceiro grupo de interesses, a solução adotada fundamentou-se no estabelecimento de padrões de sistemas de gestão para grupos de atividades comuns, mediante certificação ISO 9001:2001 em órgãos judicantes, a partir de prototipagem em unidades-modelo.

2.1 Padronização de materiais e instalações

Na padronização de instalações e materiais no Poder Judiciário, os esforços de modernização da gestão concentraram-se no fortalecimento de aplicação de normas técnicas, particularmente aquelas emitidas pela ABNT e por grandes empresas. Além dessas, poderão ser aplicadas praticamente todas as normas técnicas de outros países, cujo acesso é consideravelmente facilitado pelos meios informacionais disponíveis. Dispensável acentuar, por óbvio, a elevada margem potencial de redução de custos operacionais como decorrência da padronização de materiais de consumo.

A PADRONIZAÇÃO POSSÍVEL DE PROCEDIMENTOS, INSTALAÇÕES E MATERIAIS | 139

Com relação às instalações, tomou-se como prioridade realizar estudos com o fim de estabelecer padrões de espaço físico, mobiliário e fluxo de trabalho para unidades organizacionais responsáveis pela prestação jurisdicional de primeiro grau (Varas) e de segundo grau (Câmaras).

Os estudos iniciais fixaram-se na padronização de uma Vara Cível e de uma Câmara Cível, de forma a conhecer as necessidades de *layout* (organização de espaço físico e fluxo) e mobiliário (mesas, cadeiras e estanteria para guarda de autos de processos judiciais). Para tanto, foi necessário estabelecer, mediante medidas instrumentais, os parâmetros condicionantes e interligados à operação das serventias (cartórios e secretarias): produção (movimento total de processamento), produtividade (atividades específicas dos servidores), acervo de processos (total de autos de processos arquivados na serventia) e outros.

Foram selecionadas unidades organizacionais que estão sendo preparadas para a certificação ISO 9001:2000, condição que facilita a padronização dos processos de trabalho, provavelmente contribuindo para a obtenção de parâmetros iniciais reais e confiáveis. O objetivo a longo prazo dessa ação é replicar o modelo resultante como padrão para as demais unidades organizacionais congêneres (em números redondos, 500 Varas e 28 Câmaras). Deverão ser definidos modelos padronizados para os diferentes tipos de Varas (Cível, Criminal, de Família, de Fazenda, de Sucessões, de Infância e Juventude, Única) e Câmaras (Cíveis e Criminais), tendo em vista que as atividades são diferentes, gerando peculiaridades que repercutem nas necessidades de espaços e procedimentos. Daí serem prováveis os ajustes de modelo, decorrentes de circunstâncias tais como a impossibilidade de aumentar espaços preexistentes e insuficiência de recursos para construir novas instalações, adequadas a todas as necessidades. O Poder Judiciário fluminense tem empenhado enorme esforço para adequar-se à demanda reprimida, ainda crescente, só possível de efetivar-se a partir da criação do Fundo Especial do Tribunal de Justiça, em 1996.

2.2 Padronização de rotinas administrativas

A instituição do Sistema Normativo Administrativo como instrumento normativo foi proposta em face da forte cultura normativa existente no Poder Judiciário. Paradoxalmente à cultura, era perceptível a carência por normas de trabalho administrativo. A lacuna era preenchida por atos normativos, atos executivos e outros instrumentos que documentam o "que" fazer mas, em geral, não fornecem a pormenorização do "como" fazer. Adicionalmente, a normatização mediante atos padece, intrinsecamente, de dois defeitos graves: em geral os executores não participam de sua elaboração, dificultando o compromisso com a implementação de suas regras; carece da necessária flexibilidade de revisão, atividade indispensável nos sistemas normativos administrativos.

Uma vez evidenciada a necessidade de desenvolver e implementar modelo de instrumento para o estabelecimento de padrões administrativos, as questões iniciais a serem solucionadas passaram a ser qual o modelo ideal, "o que" e "quanto" padronizar, de modo a prover soluções normativas e evitar o burocratismo, aqui entendido como o excesso de normas ou o estabelecimento de normas que, por não agregarem valor, emperram o escoamento natural dos processos de trabalho.

Como referência para a parametrização de normas administrativas a serem expedidas, considerou-se a norma NBR ISO 9001:2000, que recomenda, como critérios para o estabelecimento da abrangência de documentação de sistemas de gestão: tamanho da organização e tipo de atividades, complexidade dos processos de trabalho e competência do pessoal[5].

Por outro lado, uma documentação adequada deve equilibrar os eixos de regulamentação e de autoridade para a tomada de decisão. A descentralização administrativa era um requisito desejado, dessa forma sinalizando para que as normas a serem adotadas tivessem, como princípio, "delegar autoridade para quem age".[6]

---

[5] NBR ISO 9001:2000, requisito 4.2.1, Nota nº 2.

[6] *O processo nosso de cada dia*, Mauriti Maranhão.

A PADRONIZAÇÃO POSSÍVEL DE PROCEDIMENTOS, INSTALAÇÕES E MATERIAIS | 141

Deu-se forma ao Sistema Normativo Administrativo adotando-se como instrumentos procedimentais "Rotinas Administrativas" (RAD), segmentados em três níveis hierárquicos, similarmente à documentação estabelecida pela NBR ISO 9001:

- nível estratégico: "Documento Estratégico do Poder Judiciário", com o fim de documentar as diretrizes estratégicas do Poder Judiciário e de prover visão sistêmica dos processos de trabalho do Poder Judiciário;
- nível tático:
  - "RAD Gerais", com o fim de dar solução a requisitos (obrigatórios) da NBR ISO 9001:2000 (controle de documentos, controle de registros, auditoria interna, produto não-conforme, ação corretiva e ação preventiva), bem como de documentar requisitos institucionais, a exemplo da instituição do próprio Sistema Normativo Administrativo e da emissão de Relatórios Gerenciais (RIGER);
  - RAD sob o nome de "Documentos Estratégicos de Grandes Unidades Organizacionais", com o fim de estabelecer as políticas setoriais e prover visão de conjunto dos processos de trabalho dessas grandes unidades;
- nível operacional: "RAD Operacionais", com o fim de documentar os processos de trabalho de cada unidade organizacional.

O Sistema Normativo Administrativo, autorizado pelo Ato Normativo nº 2.950/2003, estabelece alguns requisitos-chave:

a) substituição progressiva de instrumentos institucionais (atos normativos, atos executivos, portarias etc.), anteriormente emitidos, com o fim de regulamentar processos de trabalho administrativos;

b) sistematização e integração dos processos de trabalho, gerando a necessária previsão de operação sistêmica, bem como assegurando a hierarquização entre as RAD;

c) descentralização da autoridade para emitir RAD;

d) não-obrigatoriedade de publicar as RAD em *Diário Oficial*, mas não vedando a publicação, se necessário ou conveniente;

142 | A REFORMA DO PODER JUDICIÁRIO NO ESTADO DO RIO DE JANEIRO

e) participação dos executores na elaboração das RAD de suas respectivas unidades organizacionais, favorecendo o compromisso na implementação dos processos de trabalho;

f) ampla divulgação das RAD, incluindo acesso para consulta na Intranet;

g) centralização do controle de documentos pertinentes às RAD, bem como sobre a sua publicação na Intranet;

h) flexibilidade para revisar RAD, tendo como móvel o princípio das melhorias contínuas.

É esperado que o atual Sistema Normativo Administrativo, mediante aumento do seu escopo, venha abrigar os demais instrumentos normativos usados no Poder Judiciário fluminense, a exemplo da Consolidação Normativa, emitida pela Corregedoria Geral da Justiça, com o fim de obter-se a necessária convergência de ações normativas administrativas.

Em apêndice, está o "Modelo de RAD: elaboração de relatório de informações gerenciais".

2.3 A preparação de órgãos judicantes para a certificação ISO 9001:2000

Um dos grandes desafios a enfrentar residia na perspectiva de padronização da gestão administrativa de órgãos judicantes, cujos benefícios potenciais decorrentes eram muito significativos, em face de, pela primeira vez no Brasil, aplicar-se a ISO 9001:2000 na atividade-fim do Judiciário. Em contrapartida, as dificuldades para lograr êxito nesse intento avolumavam-se, tendo em vista as tradições conservadoras do Poder Judiciário.

Com essa motivação, paralelamente à instituição do Sistema Normativo Administrativo, o Poder Judiciário fluminense iniciou projeto de certificação ISO 9001:2000, para o qual foram selecionadas a Escola da Magistratura e três órgãos judicantes: 18ª Câmara Cível, 13ª Vara Cível e 18ª Vara Cível. A primeira tem impacto na formação dos magistrados; as demais representa-

A PADRONIZAÇÃO POSSÍVEL DE PROCEDIMENTOS, INSTALAÇÕES E MATERIAIS | 143

vam o início da implementação do esforço de modernização da gestão em órgãos judicantes.

2.3.1 A história e os limites da certificação

Em 2004, a Comissão de Gestão Estratégica do Poder Judiciário estabeleceu como um dos focos estratégicos a serem implementados no ano a preparação da Escola da Magistratura – Emerj, da 18ª Câmara Cível, da 13ª Vara Cível e da 18ª Vara Cível para a Cerficação ISO 9001:2000.[7] Tal iniciativa passou a fazer parte do escopo de trabalho do Convênio firmado com a FGV.

Tal iniciativa foi fundamentada na expectativa dos benefícios esperados com a certificação, entre os quais:

☐ implementação de sistema de gestão dos processos de trabalho, com o fim de assegurar o estabelecimento de políticas e objetivos, dos meios para atingi-los e promover melhorias contínuas;

☐ experimentação de modelo de controle externo do Judiciário, mediante a sistematização de auditorias técnicas independentes nas atividades administrativas, com a evidente preservação do livre convencimento dos magistrados.

Antes de entrar na pormenorização do processo de Certificação ISO 9001:2000, é necessário fazer uma distinção entre atividade de pronunciamento judicial, que é de livre convencimento dos magistrados, e a gestão administrativa realizada nos órgãos prestacionais.

Aquilo que diz respeito ao exame e julgamento dos feitos não é objeto do processo de Certificação ISO 9001:2000. No entanto, as atividades de gerenciamento do Cartório, no Juízo, e da Secretaria da Câmara, na Câmara Cível, foram desenvolvidas segundo os critérios da norma e são passí-

---

[7] Normas NBR ISO 9000:2000 e NBR ISO 9001:2000.

144 | A REFORMA DO PODER JUDICIÁRIO NO ESTADO DO RIO DE JANEIRO

veis de auditorias para validação do modelo de gestão, constituindo o espaço auditável.

2.3.2 As normas ISO e o processo de certificação

A sigla ISO é formada pelas letras iniciais de International Organization for Standardization (Organização Internacional para Normalização Técnica). Esse organismo, com sede em Genebra – Suíça, tem como objetivo fixar normas técnicas de âmbito internacional, para prover instrumentos capazes de limitar eventuais abusos econômicos ou tecnológicos dos países mais desenvolvidos sobre os outros países menos estruturados tecnologicamente. A intenção mais visível das normas é assegurar a paz universal, mediante a prevenção de divergências econômicas ou comerciais insuperáveis.

A proteção (tecnológica, comercial, econômica etc.) aos países menos desenvolvidos é proporcionada por intermédio de uma regra que valha para todos, sob a égide de uma organização internacionalmente aceita, na qual cada país tem direito a um voto na aprovação das normas. A regra que vale para todos é exatamente a série de Normas Técnicas ISO, cuja coletânea abrange vários campos do conhecimento humano (alimentos, tecnologia em geral, *software*, meio ambiente etc.).

Entre as inúmeras normas da coletânea ISO, a série 9000, um conjunto de quatro normas, trata do assunto gestão da qualidade, na sua expressão mais geral e globalizada ou sistêmica. Essas quatro normas são muito importantes, em face do seu conteúdo regulamentador das relações contratuais e comerciais no mundo. Qualidade deixou de ser um diferencial de riqueza dos países e das organizações, tornando-se um pré-requisito para o mercado.

Até a versão 1994, a série de normas ISO 9000 era organizada com base em vinte "requisitos de qualidade sistêmica", isto é, exigências específicas que a organização era obrigada a cumprir para obter conformidade com uma das normas (ISO 9001/2/3). Em dezembro de 2000, após seis anos de intensa negociação internacional, foi publicada a nova versão das normas ISO 9000, reduzidas a apenas quatro normas.

A versão 2000 trouxe várias mudanças conceituais, entre as quais a obrigatoriedade de a organização evoluir da estruturação por requisitos (compatível com a abordagem funcional) para abordagem por processos de trabalho, permitindo que as atividades sejam realizadas considerando o caminho ótimo para a satisfação dos usuários, sem serem atrapalhadas pela hierarquia ou estrutura funcional.

O sistema ISO 9000 previu a existência de certificação de sistemas de gestão, quando uma organização possui interesse em demonstrar para a sociedade ou especificamente para seus usuários que o seu sistema de gestão é conforme com a norma NBR ISO 9001:2000, que estabelece os requisitos (ou exigências) de gestão. A auditoria de certificação é realizada por um órgão independente (órgão de terceira parte), devidamente credenciado no país em que atua.

A aceitação da certificação ISO 9000 no mundo é muito significativa, hoje contando com mais de 500.000 certificados emitidos, dos quais cerca de 10.000 no Brasil. Há em curso um número muito maior de empresas em processo de certificação ou de implementação de sistemas de gestão da qualidade ISO 9000. Inquestionavelmente há uma grande contribuição – de natureza compulsória – para a melhoria da competitividade das organizações, na medida em que, para obter a certificação, as organizações são obrigadas a adotar a abordagem de processos.

2.3.3 A certificação ISO 9001:2000 no Poder Judiciário do estado do Rio de Janeiro

No caso do Poder Judiciário, conforme já mencionado, a Estrutura Organizacional proposta foi elaborada a partir do conhecimento e análise dos processos de trabalho desenvolvidos pela Instituição.

Textualmente, a Norma ISO 9000:2000 (que trata de conceitos e definições) explicita a intenção da Organização Internacional de Normalização Técnica em encorajar a adoção da abordagem por processos, para a gerência de uma organização.

O Poder Judiciário fluminense considerou que a obtenção da certificação ISO 9001:2000 é, inquestionavelmente, uma boa alternativa para a condução da sua gestão, por prever também a vantagem adicional de exigência do fundamento de melhorias contínuas (evidências objetivas de ganhos de desempenho) como balizador gerencial.

A metodologia utilizada pela Equipe de Consultores da FGV, para a preparação das unidades organizacionais para certificação ISO 9001:2000, considerou as seguintes atividades:

- apresentação dos conceitos para a Administração Superior e obtenção de compromisso;
- planejamento do Sistema Integrado de Gestão – SIGA;
- concepção do SIGA;
- palestra inicial ISO 9000 (todos os magistrados e servidores);
- elaboração e implementação do Documento Estratégico;
- capacitação contínua dos servidores;
- elaboração e implementação de Rotinas Administrativas Gerais;
- elaboração e implementação de Rotinas Administrativas Operacionais;
- contratação do Organismo Certificador Credenciado;
- reuniões mensais de acompanhamento (Administração Superior);
- reuniões mensais de alinhamento (todos os servidores);
- reuniões de Análise Crítica do SIGA;
- 1ª Auditoria Interna;
- tratamento das ações corretiva/ação preventiva da 1ª Auditoria Interna da Qualidade (AIQ)
- pré-auditoria
- tratamento das ações corretiva/ação preventiva da pré-auditoria;
- auditoria de Certificação ISO 9001.

Para o modelo de certificação, optou-se por inserir dentro do escopo as unidades de apoio (Diretorias Gerais, Assessoria de Desenvolvimento Institucional e Comissão de Apoio à Qualidade). O modelo assim composto determinou a formação, em curto espaço de tempo, da rede de processos

A PADRONIZAÇÃO POSSÍVEL DE PROCEDIMENTOS, INSTALAÇÕES E MATERIAIS | 147

das linhas de frente (atividade-fim) das unidades organizacionais incluídas no escopo de certificação e da retaguarda (atividade-meio), de natureza institucional, condicionando todas à implementação das respectivas RAD regulamentadoras.

O processo de planejamento da qualidade iniciou-se com a postulação e implementação dos objetivos estratégicos para cada unidade, que serão progressivamente aprimorados e alinhados com os resultados prioritários das unidades organizacionais, bem como com os objetivos estratégicos do Poder Judiciário. Como exemplos de objetivos estratégicos temos:

❑ para a Emerj – aumentar para 63% o percentual de aprovação dos alunos da Emerj no XXXIX Concurso de Ingresso para a Magistratura de Carreira;

❑ para 18ª Câmara Cível – reduzir o tempo de permanência de autos de processos na 2ª Instância;

❑ para a 18ª Vara Cível – reduzir o tempo médio de julgamento;

❑ para a 13ª Vara Cível – reduzir o acervo de processos judiciais.

Na concepção dos sistemas das quatro unidades candidatas à certificação, as diferentes unidades de apoio (Assessoria de Desenvolvimento Institucional, Diretoria de Logística, Diretoria Geral de Tecnologia da Informação, Diretoria Geral de Gestão de Pessoas, Diretoria Geral de Gestão do Conhecimento e Comissão de Apoio à Qualidade) foram integradas aos processos de trabalho, tornando obrigatório que também fossem auditadas. Com esta opção, em que pese ao risco assumido, inicia- se preparação para a integração futura de todo o Poder Judiciário em sistema de gestão único, que seria certificado como etapa final do trabalho, o que constituiria fato único na história da administração pública no Brasil.

3. Conclusões

Os resultados já alcançados decorrentes do esforço de padronização no Poder Judiciário são expressivos; as perspectivas, muito encorajadoras. O processo de padronização de materiais, em bases técnicas, está em curso. O processo de licitação do primeiro modelo de padronização de instalações está praticamente concluído; os órgãos judicantes que obtiverem a recomendação para a certificação ISO 9001:2000 receberão, como prêmio ao esforço, o benefício do novo mobiliário.

Quanto à implementação do Sistema Normativo Administrativo e respectivas RAD, o sucesso já é considerado pleno. Rapidamente a cultura das RAD disseminou-se por várias unidades organizacionais e passou a constituir-se em poderosa ferramenta gerencial. Ao final do mês de setembro de 2004, existiam mais de 300 RAD implementadas ou em fase de implementação, dado que, por si só, mostra os resultados desta ação.

Quanto à certificação, é esperado que, além da Emerj, pelo menos duas das três unidades obtenham a recomendação da Fundação Carlos Alberto Vanzolini, Organismo de Certificação Credenciado, que venceu a licitação. Os resultados de integração entre os órgãos judicantes e as unidades de apoio foram, também, muito positivos, prenunciando a futura desejada integração do Poder Judiciário em Sistema de Gestão Integrado (SIGA) unificado, alinhado à ISO 9001:2000, para o qual se buscará a respectiva certificação de conformidade.

Referências bibliográficas

JURAN, J. M.; GRYNA, Frank M. Juran's Quality Control Handbook, 1988.

MARANHÃO, Mauriti. ISO série 9000 – Manual de Implementação: versão ISO 2000. 6. ed., Rio de Janeiro: Qualitymark, 2001.

_____; MACIEIRA, Maria Elisa Bastos. O Processo Nosso de Cada Dia. Editora Qualitymark, 2004.

NBR ISO 9000:2000, Sistemas de Gestão da Qualidade – Fundamentos e Vocabulário.

NBR ISO 9001:2000, Sistemas de Gestão da Qualidade – Requisitos.

Os ganhos comprovados na redução do tempo de duração do processo judicial

Ronaldo Foresti Werneck da Silva[*]

1. Introdução

A sociedade reclama da demora no andamento das causas, embora se saiba que sua duração está, também, vinculada às inúmeras possibilidades de recursos processuais ao alcance dos litigantes. Além disso, e eventualmente, a estrutura para a prática dos atos processuais e o número reduzido de magistrados a enfrentar o incremento exponencial da demanda podem acarretar uma demora maior na solução dos conflitos.

O Tribunal de Justiça do Estado do Rio de Janeiro (TJERJ) crê na possibilidade de abreviar o tempo de duração do processo judicial por meio da modernização da gestão interna e da racionalização e simplificação de seus procedimentos, reduzindo tanto a insatisfação dos jurisdicionados quanto a permanente preocupação dos magistrados. Tudo sem contrariar as normas processuais e o direito dos litigantes ao devido processo legal, muito embora, sempre cabe ressaltar, o excessivo formalismo processual permita que maus profissionais dele se valham para atender a seus interesses, contrariando o interesse social de uma justiça célere e eficiente.

---

[*] Mestre em gestão empresarial, pós-graduado e graduado em administração pública pela FGV, consultor do Projeto de Fortalecimento e Modernização da Gestão do Poder Judiciário do Rio de Janeiro.

Para cumprir plenamente sua missão organizacional e alcançar a visão estratégica de futuro, a administração do TJERJ parte de duas premissas fundamentais, que vêm orientando a adoção gradual de ações direcionadas à busca da celeridade na prestação jurisdicional: o processo judicial é meio e não fim em si mesmo; impõem-se a reformulação do modelo de gestão e o redesenho das regras formais e tradicionais que disciplinam, administrativamente, os processos de trabalho relacionados à prática dos atos processuais

2. Ganhos comprovados nos processos de trabalho

Independentemente da inadiável necessidade de reformar-se a legislação reitora do processo civil e do processo penal, dependente do Poder Legislativo, o TJERJ vem tomando decisões a partir da nova arquitetura organizacional implementada. Esta, ao promover novos arranjos operacionais nas unidades, tem gerado, de forma direta ou indireta, positivo viés em direção à racionalização e à dinamização dos serviços prestacionais, em consonância com o Projeto de Modernização e Fortalecimento da Gestão do Poder Judiciário do Estado do Rio de Janeiro, desenvolvido com apoio técnico da Fundação Getulio Vargas – FGV. O redesenho da estrutura organizacional buscou compreender alguns fatores-chave para o sucesso do processo de modernização, destacando-se, entre outros, a criação ou formalização de novas unidades e a revisão ou redimensionamento das existentes, a fim de dar suporte adequado ao aumento da demanda pela prestação jurisdicional.

Nesse contexto de mudança, deu-se importância à segunda instância mediante a criação da Diretoria Geral de Apoio ao Segundo Grau de Jurisdição (DGJUR), responsável pelo acompanhamento da produtividade das Câmaras e dos desembargadores que nelas atuam, por meio de controles do sistema informatizado de segunda instância (Sistema JUD) e de indicadores de desempenho gerados a partir desses controles. Não só as secretarias das Câmaras encontram-se sob controle e normalização da DGJUR, mas, também, a Secretaria do Tribunal Pleno e do Órgão Especial (SETOE), o Departamento de Autuação (DEAUT) e a Divisão de Cumprimento de Diligências (DICUD).

OS GANHOS COMPROVADOS NA REDUÇÃO DO TEMPO | 151

Como instrumento de suporte à sua atuação, estão sendo implementadas a homogeneização, a padronização e a formalização dos processos de trabalho internos dessas unidades, por meio de instrumentos formais de gestão institucionalizados pelo Sistema Normativo do Poder Judiciário (SINAJ). Esta normalização permitirá às unidades, em curto espaço de tempo, a simplificação e a otimização de suas atividades, facilitando a supervisão e o controle do desempenho, bem como a adoção de medidas preventivas e corretivas diante de eventuais disfunções operacionais. A atuação integrada das unidades da segunda instância sob uma única coordenação técnica e administrativa tem proporcionado grandes benefícios para a atividade jurisdicional.

No processo de racionalização dos métodos de trabalho, destaca-se a descentralização das atribuições para o fornecimento de certidões fora dos autos e de autenticação de documentos, o que vem acelerando o atendimento aos interessados. Também concorre para esse resultado a padronização dos processos de trabalho, a partir da experiência da Divisão de Certidões e Traslados (DCT) que adotou a informatização incluindo suas rotinas no Sistema JUD, quando antes o processo de trabalho de emissão de certidões era desenvolvido com auxílio de programa de edição de textos. A extinção da DCT, anteriormente única responsável pela atividade, gerou economia na alocação de recursos de toda espécie.

Outra contribuição para a redução do tempo de permanência do processo judicial na segunda instância é a descentralização, para as secretarias das Câmaras, da execução dos procedimentos do processo de trabalho "registrar acórdãos", a partir de projeto piloto em processo de implementação na 18ª Câmara Cível. A medida reduz, em até dez dias úteis – de 12 (média atual) para dois dias, de acordo com os objetivos da qualidade da 18ª Câmara Cível –, o tempo de permanência do processo em segunda instância, o que significará ganho aproximado de 80% no tempo total de processamento. Ademais, a informatização do registro tornará o inteiro teor dos acórdãos disponível na Internet quase simultaneamente à publicação, o que permitirá também significativa redução do fluxo de advogados nos balcões de atendimento das secretarias dos órgãos julgadores. Registre-se ainda a redução substancial de custos com a eliminação de extração de cópias reprográficas dos acórdãos para proceder ao registro, na medida em que o arquivo será enviado digitalmente para a empresa prestadora do serviço de digitalização e organização das decisões.

Em decorrência do desenvolvimento do Projeto de Modernização e Fortalecimento da Gestão do Poder Judiciário encontra-se em fase de estudos, pela DGJUR e pela Administração do TJERJ, um conjunto de outras medidas que, se adotado, possibilitará significativa redução nos tempos de permanência dos processos em segunda instância. Nesse elenco de prospectivas ações de modernização e otimização dos processos de trabalho, sobressaem, entre outras:

a) registro dos acórdãos paralelamente à publicação, permitindo que sua íntegra esteja disponível na rede logo após a prolação e junto com a publicação, reduzindo ainda mais o afluxo de advogados à secretaria para obtenção de cópias de inteiro teor; a medida depende de aprovação pelo Órgão Especial do TJERJ, porquanto altera o art. 96 do Regimento Interno do Tribunal de Justiça do Estado do Rio de Janeiro;

b) baixa automática dos recursos às Varas de origem e remessa dos autos dos processos originários ao arquivo; hoje o DEAUT recebe os processos da Divisão de Processamento de Acórdãos (DIPAR), responsável pelo registro, certifica a não-interposição de recurso e remete o processo à Vara de origem, ou o devolve ao órgão julgador para arquivo, no caso das ações originárias; a proposta é que, após o decurso do prazo, a própria secretaria do órgão julgador certifique a não-interposição de recurso (já registrado o acórdão ou a decisão) e remeta os autos dos processos às Varas de origem através do DEAUT, ou ao Departamento de Gestão de Acervos Arquivísticos; a implementação dessa proposta depende igualmente de autorização do Órgão Especial, em decorrência da necessidade de alteração do art. 96, parágrafo único, do RITJERJ;

c) remessa dos autos de agravos de instrumento ao arquivo diretamente pelas secretarias das câmaras, sendo remetido à Vara de origem apenas ofício comunicando o resultado do julgamento; tal medida diminuirá o volume de trabalho das Varas, que hoje precisam juntar os agravos ao processo que lhes deu origem e depois separá-los para remessa ao arquivo; além disso, poupará o espaço físico ocupado pelo arquivo corrente nas Varas, posto que, dado o acúmulo de serviço, é normal que os agravos não sejam remetidos em separado ao arquivo;

d) alteração da sistemática de processamento das petições de Recursos Extraordinários (STF) e especiais (STJ); atualmente, as petições de RE e REsp são recebidas pelo DEAUT e enviadas à 3ª Vice-Presidência, onde aguardam a chegada dos respectivos processos, e só então são entranhadas; propõe-se o envio das petições às secretarias das Câmaras, onde seriam juntadas aos autos dos processos – que lá permanecem – e remetidas imediatamente à 3ª Vice-Presidência, para apreciação de sua admissibilidade; daí adviria economia de tempo, pois se evitaria que a petição aguarde "a chegada do processo", indo "ao encontro" deste; a adoção da medida não implica aprovação do Órgão Especial, bastando a edição de rotina administrativa detalhando o novo procedimento;

e) uso intensivo da hipótese de julgamento monocrático previsto no art. 557 do Código de Processo Civil, com a redação introduzida pela Lei nº 9.756/98; tal dispositivo permite ao relator proferir decisões monocráticas nas situações em que o recurso for manifestamente *inadmissível* (intempestivo, deserto, sem legitimidade, sem interesse), *improcedente* (sem razão no mérito), *prejudicado* (sem objeto) ou em confronto com súmula ou jurisprudência predominante do próprio tribunal, do Supremo Tribunal Federal ou do Superior Tribunal de Justiça; o §1º prevê ainda a possibilidade de prover-se de imediato o recurso se a decisão recorrida for contrária à sumula ou jurisprudência; da decisão monocrática cabe agravo, em cinco dias, ao colegiado da Câmara, que o julgará em mesa, sem necessidade de pedido de dia para julgamento e de colocação em pauta; provido o agravo, passa-se ao julgamento do recurso pelo colegiado a que foi dirigido o recurso;[1] há previsão da

---

[1] Como bem destaca o Prof. Barbosa Moreira, desembargador aposentado do TJERJ, a regra foi criada com "o evidente propósito de minorar a carga de trabalho dos órgãos colegiados, abreviando-lhes a pauta".

plicação de multa, quando o agravo for meramente protelatório, manifestamente infundado ou improcedente, a ser paga pelo agravante ao agravado, com valor a ser estabelecido entre 1% a 10% do valor da causa corrigido.[2]

3. Vislumbrando outras medidas para redução do tempo

O Projeto de Modernização do TJERJ aponta não só para as soluções já adotadas e as em estudo, como para outras que ainda não foram objeto de discussão. Na verdade, os aspectos enumerados são apenas registros de oportunidades de melhoria visualizadas para a obtenção das tão desejadas racionalidade, celeridade e qualidade da prestação jurisdicional. São verificações práticas a serem submetidas a uma discussão mais ampla, que, por sua importância, merecem desde logo destaque:

a) agregação do processo de trabalho de distribuição, hoje a cargo das Vice-Presidências, ao processo de autuação a cargo do DEAUT, pela íntima ligação entre ambos e possibilidades sinérgicas; sua integração como um processo de trabalho único, possível por intermédio dos recursos da informática, corta etapas no tempo de permanência dos processos em segunda instância, permitindo que os recursos, agravos e ações originárias sejam mais rapidamente entregues ao órgão julgador de destino, retirando das Vice-Presidências atividades meramente burocráticas e procedimentais; outra vantagem daí advinda é a redução de erros em ambas as etapas, pois a informatização integrada propiciará o controle necessário sobre a execução dessas atividades;

b) unificação do setor de autuação da 3ª Vice-Presidência com o Departamento de Autuação (DEAUT da DGJUR), dada a identidade entre os processos de trabalho que justifica a integração;

---

[2] O desembargador Carlos Eduardo Fonseca Passos, da 18ª Câmara Cível do TJERJ, realizou pesquisa demonstrando que, nos processos em que funcionava como relator, apenas 52% das decisões monocráticas por ele proferidas receberam agravo.

OS GANHOS COMPROVADOS NA REDUÇÃO DO TEMPO | 155

c) conversão de câmaras criminais em cíveis, dada a desproporção do volume de ações distribuídas, ou criação de mais câmaras cíveis, em decorrência do aumento exponencial da demanda; [3]

d) conversão de câmaras cíveis e criminais em câmaras especializadas em razão da matéria, propiciando não só julgamento mais célere, mas, em médio prazo, acarretando prospectiva redução no número de recursos e oferecendo aos juízes de primeira instância paradigmas institucionalizados no âmbito do próprio tribunal;[4]

e) simplificação dos procedimentos atuais dos juizados especiais cíveis e criminais, especialmente por meio da informatização dos procedimentos, procurando torná-los ainda menos burocráticos a partir de uma nova interpretação da Lei nº 9.099/96; os procedimentos atualmente em voga aproximam-se cada vez mais do formalismo do processo tradicional e com os mesmos vícios operacionais;[5]

---

[3] Em 2002, foram 59.660 recursos e 14.879 originários autuados. Até 31 de julho de 2003, já haviam sido autuados 30.490 recursos e 7.287 originários. Destes, 27.463 recursos e 2.963 originários eram de natureza cível, contra 3.033 recursos e 4.324 originários de natureza criminal. Nos processos julgados, os números se repetem. Em 2002, 65.772 recursos e 12.555 originários julgados, sendo 58.274 recursos e 4.907 originários de natureza cível, contra 7.498 recursos e 7.648 originários de natureza criminal.

[4] Uma crítica que se pode vislumbrar seja levantada contra o modelo de câmaras especializadas é que estas feririam o princípio do juiz natural. Derrotar tal crítica é tarefa fácil e amplamente motivada. Primeiro, pela existência das varas especializadas em primeira instância, que não são consideradas ofensa ao mesmo princípio. Segundo, pelo cuidado de criar câmaras especializadas em número igual ou superior a duas para cada matéria. Em matérias nas quais o volume de trabalho não torne isso possível, a opção deve ser pela manutenção da competência comum. Terceiro, o mesmo sistema já é adotado por outros tribunais pesquisados em nosso trabalho de *benchmarking*, destacando-se o Tribunal de Justiça do Estado do Rio Grande do Sul.

[5] Criado pelo Ministro da Desburocratização Hélio Beltrão, em 1984, pela Lei Ordinária nº 7.244 que legalizou a prática extralegal dos magistrados gaúchos a partir do Conselho de Conciliação e Arbitramento. À época o novo sistema, chamado inicialmente de "justiça dos pobres", apresentava resultados em tempo real para as causas de valor até 20 salários mínimos, além de dispensar o pagamento de custas e contratação de advogados. A Constituição de 1988, depois da Lei Ordinária, nº 7.244/84, obrigou os Estados a criarem Juizados Especiais. A nova Lei nº 9.099/95 ampliou os beneficiários do sistema quando aumentou o valor das causas de competência dos juizes de 20 para 40 salários, sem, contudo, atentar para a necessária modificação no ambiente. As estatísticas mostravam que as reclamações, na grande maioria, tinham valores inferiores a dez vezes o salário mínimo, em percentual de 80,58% enquanto as causas compreendidas entre 30 e 40 salários representavam apenas 3,47%.

A REFORMA DO PODER JUDICIÁRIO NO ESTADO DO RIO DE JANEIRO

f) adoção, imediata e paulatina, da prática de atos processuais por meio de recursos modernos da tecnologia da informação, caminhando, inicialmente, para a implementação de sessão eletrônica de julgamento, o que requer, apenas, algumas poucas adaptações nos atuais sistemas informatizados para adequá-los administrativa e jurisdicionalmente;

g) adoção de sistema de atos processuais por meio digital, com a possibilidade de interposição de petições e recursos, com segurança garantida por certificação digital, baseada no disposto na MP 2200-2, que confere validade aos documentos produzidos de acordo com os critérios da Infra-Estrutura de Chaves Pública – ICP-Brasil; tal medida elimina funções arcaicas, como carimbar documentos, e reduz a necessidade de espaços físicos caros para guarda da quantidade cada vez maior de processos e tramitação de documentos judiciais em papel;

h) fim do recesso forense de julho na segunda instância, evitando a sobrecarga das unidades de plantão e o acúmulo de processos, posto que, estando a primeira instância em atividade, não há redução do volume de serviço.

4. Considerações finais

A expectativa que a sociedade tem do Poder Judiciário e este de seus magistrados é muito grande. E o processualismo excessivo vem transformando-se em problemática maior do que as próprias lides submetidas a julgamento.

Os magistrados não estão à margem da sociedade. Ao contrário, nela e com ela vivem e têm que conviver. Ao exercerem função pública fundamental, comprometem-se socialmente de forma mais direta.

Depreende-se a responsabilidade que se reserva aos Tribunais de Justiça no recrutamento de juízes e na sua preparação para o exercício das funções judiciárias. O magistrado deve estar ciente e ser consciente de que "o fundamental no desenvolvimento do direito não está no ato de legislar nem na jurisprudência ou na aplicação do direito, mas na própria sociedade".[6] O magistrado, seja ele de primeiro ou de segundo graus de jurisdição, não pode estar insensível aos fatos administrativos que o cercam no exercício da função jurisdicional e no cumprimento de sua missão.

O magistrado deve ser proativo diante das possibilidades de inovação para obter ganhos nos tempos de processamento, pois tudo é passível de modificação. A consciência de que há um movimento de idéias e de reformas, a disponibilidade para aquisição de novos conhecimentos, a aceitação da possibilidade de novos paradigmas, o comprometimento com as novas experiências, mesmo que em caráter de prototipação, podem racionalizar em muito a judicatura e torná-la mais célere, propiciando aos magistrados a revisão dos conceitos ou pré-conceitos.

Referências bibliográficas

ERLICH, Eugen. Fundamentos da Sociologia do Direito. *Cadernos da UNB*, Editora da UNB, 1989.

MOREIRA, José Carlos. Comentários ao Código de Processo Civil, Lei nº 5.869. Rio de Janeiro, Editora Forense, jan. 1973, vol. V: arts. 476 a 565, 1999.

Projeto de Modernização e Fortalecimento da Gestão do Poder Judiciário. FGV, 2003.

---

[6] ERLICH, Eugen, "Fundamentos da Sociologia do Direito", *Cadernos da UNB*, Editora da UNB.

O papel da Emerj na formação e aperfeiçoamento de magistrados

Sergio Cavalieri Filho[*]

1. Introdução

A máquina já substituiu o homem em inúmeras atividades, aumentando infinitamente as possibilidades de produção. Em certas atividades, entretanto, o homem continua insubstituível. Apregoa-se, por exemplo, que no mundo negocial a decisão mais importante de uma grande empresa é selecionar os seus dirigentes do primeiro escalão. No setor público é também voz corrente que não existe grande nação que tenha sido construída sem dispor de grandes quadros.

Nada de diferente ocorre em relação ao Judiciário. Tem-se dito que a justiça vale o que valem os juízes, pois na magistratura, mais que em outras instituições, o problema do pessoal condiciona os demais. Cabe aqui relembrar o que disse Montesquieu: "Quando vou a um país não indago se ali há leis boas, mas se as executam, porque leis boas há em toda parte". Vale dizer, mais importante do que ter leis boas é ter bons julgadores, sem o que a ordem jurídica, por melhor que seja, ficará comprometida e a justiça sacrificada.

---

[*] Desembargador, diretor-geral da Escola da Magistratura do Estado do Rio de Janeiro, Presidente da 2ª Câmara Cível do Tribunal de Justiça do Estado do Rio de Janeiro.

A ordem jurídica brasileira, mormente a partir da Constituição de 1988, seguida do Código do Consumidor e do Novo Código Civil, outorga extensos poderes ao juiz mas também lhe impõe grave responsabilidade. Cabe-lhe não apenas aplicar a lei ao caso concreto, como tradicionalmente se fazia, mas sim formular a lei do caso concreto, dentro da moldura legislativa traçada pelos princípios e cláusulas gerais. Essa questão se torna ainda mais complexa no Rio de Janeiro por se tratar de um estado peculiar do ponto de vista socioeconômico.

Com efeito, o Rio de Janeiro continua sendo um centro comercial, financeiro e consumidor, onde estão sediadas as maiores empresas de petróleo, de siderurgia e de comunicação escrita e falada, grandes instituições financeiras, companhias seguradoras, indústria automobilística e naval. Mantém, ainda, uma natural vocação para o turismo, em virtude de suas extraordinárias belezas naturais (o Rio de Janeiro continua lindo), o que faz com que a sua economia encontre forte alicerce na prestação de serviços.

Não obstante tudo isso, o crime organizado impera em certas localidades, a violência urbana atinge patamares injustificáveis, a favelização cresce a cada dia sem nenhum controle, crianças e adolescentes infratores vivem no abandono, os direitos dos consumidores não são respeitados, praias, baías e lagoas são poluídas, a mata atlântica está ameaçada. Em um Estado com tais características, conflitos surgem e se avolumam justamente nas áreas de maior atuação socioeconômica que, cercadas por uma grande faixa da população de baixa renda, geram verdadeiros bolsões de pobreza e violência.

Forçoso reconhecer que a complexidade das demandas judiciais oriundas destes contrates exige a formação de um juiz mais qualificado para julgá-los. Além de excelente preparo jurídico, terá que ter também visão social e sólida postura ética, que o capacitem a equacionar problemas e encontrar soluções harmoniosas com a lei e as exigências sociais, de modo a ver a árvore sem perder a visão da floresta.

Onde encontrar esse magistrado? Eis a questão. E não apenas um, mas dezenas deles todos os anos. A toda evidência, as Escolas de Direito não os preparam, tampouco o exercício da advocacia por alguns anos, muito me-

O PAPEL DA EMERJ NA FORMAÇÃO E APERFEIÇOAMENTO DE MAGISTRADOS | 161

nos a aprovação no concurso para juiz. Este apenas avalia os conhecimentos jurídicos do candidato, mas não consegue aferir-lhe o pendor, a vocação, o interesse, a capacidade específica para judicar.

2. O papel da Emerj na formação e aperfeiçoamento de magistrados

É nesse contexto que se insere a missão da Emerj e das Escolas da Magistratura em geral. O seu papel é da maior relevância porque é o Órgão do Tribunal de Justiça destinado a preparar e aperfeiçoar magistrados, julgadores com o perfil exigido por um novo tempo sociojurídico, sem o que o Judiciário continuará jurássico, atrasado no tempo e no espaço.

Consciente da sua missão, a Emerj vem contribuindo desde a sua fundação para a boa formação e aperfeiçoamento da magistratura fluminense. O seu Curso de Preparação à Carreira da Magistratura, ministrado em cinco semestres (dois anos e meio), além de realizar profunda revisão das principais áreas do Direito, privilegia o raciocínio jurídico mediante efetiva integração da teoria e da prática.

A metodologia de estudo desenvolvida pela Emerj tem por suporte cadernos de exercícios contendo casos concretos para cada tema, extraídos da jurisprudência mais atualizada, cuja solução deve ser buscada pelo aluno em seus estudos e pesquisas. No decorrer das aulas os casos são abordados pelos professores, com a oportunidade de debates.

Durante o curso, os alunos da Emerj podem fazer estágio nos diversos órgãos julgadores (varas cíveis, criminais, de família, juizados especiais, câmaras cíveis e criminais do Tribunal de Justiça), examinando processos, fazendo minutas de despachos, decisões, sentenças, participando de audiências, sempre orientados por um magistrado. Dessa maneira a Emerj tem alcançado o seu objetivo principal: formar magistrados conscientes da finalidade do Direito como instrumento de transformação social e construção da cidadania.

Aos novos juízes, tão logo nomeados, a Emerj ministra um Curso de Iniciação de quatro meses, com palestras, debates e seminários pela manhã, ministrados por magistrados e professores experientes sobre os mais variados aspectos práticos da função judicante, inclusive ética, liderança e gestão. À tarde os novos magistrados exercem a judicatura como juízes auxiliares em varas cíveis, criminais, de família e juizados especiais, um mês em cada lugar, sempre orientados pelos juízes titulares das respectivas varas. Desse modo os novos juízes conseguem obter boa experiência antes de ir exercer a judicatura nas comarcas do interior.

Prossegue a atuação da Emerj no Curso de Vitaliciamento, durante os vinte meses seguintes. Além de acompanhados e orientados por um Conselho de Vitaliciamento, os juízes vitaliciandos assistem na Emerj pelo menos um seminário por mês, de oito horas, sobre temas variados (jurídicos, econômicos, sociais e administrativos), escolhidos por uma comissão de magistrados.

Por último, a Emerj ministra cursos de aperfeiçoamento aos magistrados em atendimento a uma resolução do Órgão Especial do Tribunal de Justiça, que o instituiu como requisito à promoção ou remoção por merecimento. A crescente expansão da atividade humana, a par de sua constante sofisticação, muito exige do juiz, a cuja decisão nenhuma parcela do complexo social é subtraída. É imperioso, portanto, que o juiz se especialize, se adestre e se prepare. O aperfeiçoamento ressalta a posição da ciência jurídica moderna pela ampliação dos poderes jurisdicionais, pois a insaciável diversificação do fazer humano e seus requintes tornam inaprisionável por regras fixas e rígidas a atuação jurisdicional necessária à devida composição do litígio.

Dessa forma a Emerj vem efetivamente participando da formação e aperfeiçoamento dos magistrados fluminenses, desde a preparação para o concurso até chegarem a desembargador.

3. Conclusão

Depois destas considerações até o leigo é capaz de perceber que a Emerj não teria condições de fazer o que vem realizando sem uma estrutura organizacional modelar, para o que muito contribuiu a Fundação Getulio Vargas com o projeto de fortalecimento e modernização da gestão do Poder Judiciário. Durante meses redimensionou, implantou e acompanhou os nossos processos de trabalho, de modo a permitir à Emerj postular a certificação ISO 9001.

Se o Judiciário se tornou essencial à convivência social, se o seu papel será cada vez mais importante neste século XXI, somente com juízes à altura dessa missão teremos o Judiciário que a sociedade espera e exige. Logo, sobretudo quando os novos juízes são cada vez mais jovens no mundo do *civil law*, quando os sistemas jurídicos passam por profundas mudanças legislativas e uma nova mentalidade se reclama, torna-se imprescindível investir na preparação, seleção e aprimoramento dos magistrados, criando-se boas escolas nos moldes das admiráveis e válidas experiências que o mundo civilizado vem presenciando.

Escola de Administração Judiciária: experiência do Poder Judiciário do estado do Rio de Janeiro

Leila Maria Carrilo Cavalcante Ribeiro Mariano[*]

1. Introdução

A Emenda Constitucional 19/98 trouxe, para o âmbito da Administração Pública e na sua relação com servidores públicos e agentes políticos, alterações consideráveis.

Começou por explicitar no caput do art. 37 da Carta Magna, entre os princípios a que está jungida a administração pública, direta e indireta de qualquer dos Poderes da União, estado e Distrito Federal, o da eficiência.

Assim, no que concerne ao Poder Judiciário, os magistrados e servidores devem pautar sua conduta funcional calcados nos princípios da legalidade, impessoalidade, moralidade, e também no da eficiência, aí se entendendo a capacidade de se obter os resultados esperados, no interesse público, com qualidade, no tempo desejável e com menor custo operacional.

No sentido de elevar o nível de participação e envolvimento dos servidores com as metas administrativas, estabeleceu, no §1º do art. 41, em seu inciso III, a possibilidade de perda do cargo público pelo servidor estável, mediante procedimento de avaliação periódica de desempenho, na forma

---

[*] Desembargadora do Tribunal de Justiça do Estado do Rio de Janeiro e presidente do Conselho Consultivo da Escola de Administração Judiciária do Tribunal de Justiça do Estado do Rio de Janeiro.

da lei complementar, assegurada ampla defesa, prevendo ainda, a respeito da aquisição da estabilidade, que ela só seria obtida após três anos de efetivo exercício, pelos servidores nomeados para cargo de provimento efetivo em virtude de concurso público, após avaliação especial de desempenho por comissão instituída para essa finalidade.

Como se pode defluir, o servidor público e os agentes políticos precisam estar comprometidos com os valores éticos insculpidos na principiologia referida, direcionando sua atividade para o bem comum, agindo com imparcialidade, neutralidade e transparência, tendo em mira a eficácia da administração, evitando a burocracia e buscando a qualidade.

Para a implementação do novo modelo do serviço público, comprometido com os resultados e voltado para a satisfação do cidadão, seu principal usuário, além de outras medidas, deu a referida Emenda nova redação ao §2º do art. 39 da Constituição da República, ao determinar que *a União, os Estados e o Distrito Federal manterão escolas de governo para a formação e o aperfeiçoamento dos servidores públicos, constituindo-se a participação nos cursos um dos requisitos para a promoção na carreira, facultada, para isso, a celebração de convênios ou contratos entre os entes federados.*

A inovação cria um pré-requisito para as promoções, não distinguindo se por antiguidade ou merecimento, nada obstando sua exigência também, quanto às progressões funcionais. Na era do conhecimento, o servidor público não pode ficar alheio, não só àquilo que pertine à sua atividade específica, mas também às novas técnicas gerenciais, às experiências de sucesso em áreas similares, impondo-se situar no contexto social e político em que atua, de molde a que corresponda às expectativas da instituição e dos cidadãos.

2. Educação corporativa: metas e filosofia educacional da Escola de Administração Judiciária

Almejando atingir os ideais de modernização administrativa a que se propôs, tendo por meta sua missão institucional, a Administração Superior do Tribunal de Justiça do Estado do Rio de Janeiro elegeu como filosofia estabelecer seu foco prioritário nas pessoas. Assim, há cerca de oito anos vem buscando disseminar o conceito de gestão compartilhada, através da conscientização e capacitação dos magistrados e servidores de seu importante e indelegável papel de administradores.

Em razão disto, as duas Escolas, da Magistratura e de Administração Judiciária, vêm sendo desenvolvidas para servir como celeiro da transformação cultural, indispensável ao sucesso de projeto de fortalecimento e modernização de gestão tão complexo como o que está sendo implementado no Judiciário deste estado.

Será relatada aqui a experiência vivida na Escola de Administração Judiciária, com atuação nas áreas do Tribunal de Justiça e da Corregedoria Geral da Justiça, destinada a capacitar seus servidores, hoje em número superior a 13.500, e colaboradores, entre estes os conciliadores dos Juizados Especiais, cerca de 2.600, os conciliadores informais, que atuam nas Varas Cíveis e de Família, em número de 936, e colaboradores da Infância e Juventude, num total aproximado de 407, bem como 380 universitários que atuam como estagiários.

Uma primeira providência foi a de adequar a estrutura funcional da Esaj às crescentes exigências institucionais por capacitação, possibilitando, assim, o cumprimento de sua missão: *contribuir para a prestação jurisdicional ágil e efetiva através de ações de educação corporativa*. Estabeleceu-se, então, como áreas prioritárias a de ensino e pesquisa e a de capacitação, a fim de renovar conhecimentos no campo da gestão pública e propiciar aos servidores o saber necessário, através de meios mais eficazes de ensino.

Outra medida necessária foi a identificação de servidores para desempenhar as novas funções exigidas pela expansão das atividades da Escola. Deste modo, procedeu-se a uma seleção interna, onde foram recrutados servidores, não só com formação em Direito, mas também nas áreas de Psicologia, Pedagogia e Administração. Foram recebidos e analisados 132 currículos e selecionados 20, de acordo com a formação, experiência profissional e perfil desejado, sendo estes servidores submetidos a entrevista, avaliando-se aspectos comportamentais. Assim, cada um dos que trabalham na Esaj lá chegou por seus próprios méritos, estando ciente e consciente de seu papel como agente de mudança.

3. Capacitação obrigatória como exigência de desenvolvimento funcional

Em cumprimento à regra do art. 10, §2º da Lei Estadual 3.893/02, o Conselho da Magistratura aprovou a Resolução 12/03, tornando a atividade de capacitação obrigatória e fixando a carga horária mínima anual de 30 horas, a ser cumprida por cada servidor, como pressuposto indispensável a promoções e progressões funcionais que venham a se realizar a partir de 2005. Isto incrementou consideravelmente a procura dos cursos da Escola, aumentando de forma significativa o número de turmas oferecidas, tornando insuficiente o espaço físico, necessitando-se ampliar o número de salas de aula e reforçar os convênios feitos com universidades, fundações públicas e entidades de ensino, bem como e, principalmente, ampliar o quadro de magistrados e servidores instrutores.

Estes últimos, através de projeto implementado em 1996 e que vem sendo aperfeiçoado, possibilitam a realização de atividades de ensino nas 93 Comarcas deste estado com excelente qualidade e baixo custo. Para dele participar são selecionados magistrados e servidores, em atividade ou aposentados, pelos seus currículos acadêmicos e experiência, sendo-lhes fornecida capacitação didática. Recebem pró-labore, por hora/aula, na forma de regulamentação do Conselho da Magistratura, comprometendo-se a seguir a programação estabelecida, a avaliar as turmas e a serem por elas avaliados.

Além do ensino presencial, a Esaj tem ampliado novas formas didáticas de acesso ao conhecimento através do ensino a distância, encontrando-se em andamento projeto piloto a respeito, o que esperamos consolidar no próximo biênio.

4. Curso de iniciação funcional para novos servidores

Desde 2000 todo servidor que entra em exercício no Tribunal de Justiça ou na Corregedoria Geral da Justiça fica vinculado à Esaj, participando, em horário integral, de um programa de integração funcional, onde são minis-

ESCOLA DE ADMINISTRAÇÃO JUDICIÁRIA | 169

tradas palestras acerca do Poder Judiciário no contexto dos demais poderes da União e do estado, sua competência constitucional, noções de Administração Pública, Servidores Públicos, seu regime, direitos, deveres e responsabilidades, a Administração do Judiciário Estadual, Taxas e Custas Judiciais e noções de processamento integrado. Neste programa inicial é oferecido o curso comportamental Ética e Excelência no Atendimento, ministrado por psicólogos e, ainda, de acordo com sua futura lotação, cursos na área específica, como o de Processamento dos feitos judiciais.

Na medida em que a Corregedoria Geral da Justiça, a partir de 2002, tornou obrigatório para os Cartórios Judiciais que o processamento se dê de forma integrada, deixando-se de ter o servidor "**dono do processo**", outra grande atividade da Esaj foi consolidar este sistema, formando um corpo de instrutores, através de metodologias pertinentes, de modo a capacitar todos os servidores processantes, procedendo a avaliações contínuas do novo processo de trabalho, as quais foram levadas à Corregedoria para análise e, conforme o caso, adoção das propostas.

Só no exercício de 2004, até outubro foram 1.421 os concluintes, pertencentes aos cargos de Técnico Judiciário, Oficial de Justiça, Assistente Social e Psicólogos, havendo 300 futuros técnicos judiciários com turma programada.

5. A formação do escrivão como gestor, responsável pela eficiência do cartório, sua imagem interna e externa, e pelo desenvolvimento funcional de seu pessoal

Significativo foi o tratamento que se passou a dar ao Escrivão e ao Técnico Judiciário III a partir da Lei 3.893/03. Ali aqueles cargos estão colocados no ápice da carreira, justamente por sua importância no que se refere à gestão cartorária. Naquele texto legal logrou-se inserir a exigência de aprovação em Curso de Qualificação Gerencial, obrigatório não só àqueles que viessem a ser promovidos como também para os que já ocupavam os referidos cargos, sendo fixado prazo para tanto, sob pena de perda da gratificação específica. Em obediência àquelas regras foram realizadas, em 2004, 22 turmas, capacitando-se um total de 611 servidores, sendo aprovados cerca de 96%, dos quais 270 já escrivães e técnicos III e 341 candidatos ao cargo, sendo, destes, 283 promovidos. A inovação, de início muito criticada, passou a ser, na medida em que os servidores sentiam a importância das novas técnicas de gestão que lhes estavam sendo transmitidas, aceita e mesmo solicitada a sua continuidade e aprofundamento.

O escrivão que se quer não é aquele mero juntador de papéis, mas alguém que efetivamente seja responsável por gerenciar e acompanhar a realização das atividades operacionais do cartório, quer as de índole administrativas, quer as relativas à prestação jurisdicional. Alguém que garanta a implementação e a execução da estratégia estabelecida pelo Juiz mediante o acompanhamento dos indicadores de desempenho estabelecidos, que possa administrar pessoas e materiais e que exerça, de forma adequada, as atividades que lhe são delegadas, assegurando o estabelecimento, implementação e manutenção dos mais eficientes processos de trabalho.

Paralelamente vem se atuando, em colaboração com a administração do Tribunal e da Corregedoria Geral da Justiça, na realização de debates, encontros entre tão importante parcela de servidores, buscando-se levantar a problemática, integrá-los, torná-los parceiros na realização das metas institucionais, sendo de ser ressaltada a participação efetiva daqueles que, em razão de maior experiência, estão atuando diretamente com a Comissão de Gestão e Modernização na verificação das RAD (Rotinas Administrativas) relativas às atividades cartorárias. Alguns, por estarem próximos e tomar conhecimento das modificações já implementadas, com sucesso, nas duas Varas Cíveis indicadas para a certificação, estão, por conta própria, alterando antigas práticas, a demonstrar sua inserção fática no processo de reforma.

6. A capacitacão dos demais servidores da área-fim

No ideal de universalização da capacitação funcional, todos os segmentos do cartório merecem a atenção da Esaj. Logo, são também considerados obrigatórios, complementares ao de capacitação inicial, os diversos cursos

ESCOLA DE ADMINISTRAÇÃO JUDICIÁRIA | 171

de processamento, nas áreas de competência da Justiça comum e dos Juizados Especiais, através dos quais se busca reforçar as regras processuais, incentivar o impulso oficial ao processo, a utilização dos modelos informatizados e a obrigatoriedade de alimentação do banco de dados, de modo que as consultas eletrônicas alcancem a rapidez e certeza desejáveis, além de se repassar noções essenciais de economia de materiais e uso adequado de equipamentos. Estes cursos podem ser realizados na forma clássica, em sala de aula ou no local de trabalho, sempre que solicitado pelo Juiz. Esta modalidade de capacitação, restrita ao máximo de 20 horas/mês, é utilizada sempre que o cartório recebe maior quantidade de servidores sem experiência, por serem novos ou transferidos de outras áreas, ou quando o escrivão não consegue implementar sozinho sistema gerencial adequado. Servidores instrutores, com capacidade reconhecida, são destacados para, juntamente com aqueles, proceder a reorganização cartorária, transmitindo conhecimentos e informações acerca do processo de trabalho implementado e fazendo por um período o seu monitoramento, comunicando-se permanentemente com o Juiz.

Com a transferência para o Poder Judiciário do estado do Rio de Janeiro das receitas advindas das custas processuais, o escrivão e os servidores processantes passaram a atuar como agentes arrecadadores e fiscais. Nesta linha, outra preocupação da Esaj foi dotar todos os servidores da área-fim de conhecimentos acerca do Fundo Especial do Tribunal de Justiça, das leis, normas regulamentares e suas interpretações, possibilitando-lhes o exercício rigoroso e seguro de seu papel arrecadador e fiscal dos recolhimentos da taxa judiciária e custas judiciais, receitas consideráveis, que permitem, no que se refere aos bens e serviços, o custeio das despesas de manutenção e aparelhamento, além dos investimentos. Criou-se assim uma nova competência, hoje sendo identificados instrutores especialistas nesta área, não só na Capital, mas também em todo o interior do estado, os quais, além de ministrarem aulas, fazem atendimentos, tirando dúvidas a respeito da matéria.

Além disto, se faz imprescindível a capacitação de todos aqueles servidores nos sistemas informatizados destinados ao acompanhamento de processos e à obtenção dos relatórios gerenciais que possibilitem à Administração cientificar-se de dados quanto à produtividade cartorária e dos magistrados, orientando medidas de alteração da organização judiciária e administrativas. Para se ter uma idéia da dimensão deste atendimento deve se ter em conta que o Judiciário do Rio de Janeiro encontra-se 100% informatizado, possuindo 8.783 computadores instalados nos diversos órgãos julgadores de 1º e 2º graus de jurisdição.

Não menos importante nos pareceu discutir, avaliar e otimizar o atendimento de advogados e público pelos diversos cartórios e secretarias. Desenvolveu-se para tanto um Programa destinado a atingir a integralidade dos servidores lotados na Capital e no interior, tendo as melhorias no relacionamento sido detectadas em pesquisa interna. O atendimento ao público ainda é um ponto nevrálgico, na medida em que, se, por um lado, a imagem que se leva do Judiciário é aquela que é passada ao público externo no balcão das serventias, por outro, internamente este tipo de função é tido como altamente desgastante e desagradável, sendo atribuído aos menos capazes ou mesmo como forma de castigo. Daí, a imperiosidade de se estender a todos os servidores o curso de Ética e Excelência no Atendimento com o objetivo de melhorar o relacionamento interpessoal e fornecer ao público um atendimento eficiente e de qualidade. Este curso foi reestruturado recentemente, alterando-se seu conteúdo programático e material didático. Seu corpo docente é integrado por servidores da Casa com formação em Psicologia e experiência didática, selecionados e qualificados pela Escola para tal mister.

7. A Esaj colaborando com as unidades que buscam a certificação ISO

Todas as áreas de capacitação mencionadas têm importância maior, na medida em que o Poder Judiciário deste estado fixou, como meta estratégica, a obtenção da Certificação ISO por seus órgãos julgadores, entendendo que esta seria a maneira ideal de se realizar, segundo regras de caráter internacional, a padronização dos processos de trabalho utilizados no processamento judicial, possibilitando um controle externo permanente, a ser realizado de forma objetiva e técnica.

ESCOLA DE ADMINISTRAÇÃO JUDICIÁRIA | 173

Sem abandonar a filosofia do sistema integrado de processamento, mas sim aperfeiçoando-o, estabelecendo rotinas para cada uma das atividades desenvolvidas, as Varas e Secretarias apontadas pela Comissão Estratégica do Poder Judiciário como pioneiras para a implementação do Programa de Qualidade terão analisado e escolhido as melhores práticas administrativas, de apoio à atividade jurisdicional do Juiz, de andamento processual, de informação ao público etc. Assim, tão logo ocorra a certificação, com a aprovação dos processos de trabalho identificados como essenciais para a realização da missão institucional de cada um daqueles órgãos julgadores, segundo suas diversas competências, terá a Esaj papel multiplicador do sistema integrado de gestão assim estabelecido, necessitando adaptar seus programas e manuais e capacitar seus instrutores para poder cumpri-lo, buscando transmitir e reforçar os valores éticos e a responsabilidade social em cada qual.

A certificação ISO vai exigir que a capacitação esteja plenamente sintonizada com o desenvolvimento das competências necessárias para o exercício funcional com foco na melhoria permanente da qualidade dos serviços prestados. Assim, identificadas as lacunas de competência pelos gestores das diversas unidades em relação aos seus servidores e direcionadas à Esaj, as atividades oferecidas terão por objetivo desenvolver tais competências, contribuindo para o desenvolvimento profissional dos servidores e o alcance dos objetivos institucionais.

8. A capacitação e desenvolvimento dos servidores da área-meio

Para que a área-fim seja eficiente e eficaz, é necessário preparar a retaguarda, assim entendida aquela estrutura orgânica que desenvolve as atividades-meio. Com tal propósito a Esaj, em parceria com a Escola Brasileira de Administração Pública da FGV, organizou e implementou um MBA, com carga horária de 360 horas-aula, estruturado em cinco áreas temáticas: **Desafios do Poder Judiciário no Brasil, A Gerência no Mundo Contemporâneo, Direção e Liderança, Estratégias Inovadoras e Metodologia Científica,** englobando 17 disciplinas, destinado aos Diretores, Assessores e

Assistentes administrativos, com o escopo de possibilitar aos participantes uma visão estratégica da moderna gestão pública.

A primeira turma foi composta por 38 alunos. No decorrer do curso foram discutidos os especiais aspectos do Judiciário brasileiro na atualidade, apropriando, criticando e consolidando conhecimentos dos próprios servidores, antes esparsos e informais, para aproximá-los das técnicas gerenciais e dar cunho científico ao tratamento da Administração Judiciária.

Ao final da pós-graduação, cada aluno elaborou monografia sobre tema pertinente à sua área de atuação, as quais, depois de avaliadas pelo corpo docente da FGV, foram apresentadas aos demais servidores em exposições organizadas pela Esaj.

Àquela primeira turma seguiu-se uma segunda, com 39 participantes, cujo término deverá ocorrer no final deste ano. Está em análise a realização de uma terceira turma, sendo grande o interesse dos servidores das mais diversas áreas em participar do MBA. Certo é que a reforma administrativa em curso ficou facilitada com a preparação dos gestores que, em sua grande maioria, estão bastante envolvidos nessa desafiante missão de tornar o Judiciário fluminense reconhecido por seu padrão de atuação.

Sabe-se que o espectro da certificação envolve a clientela externa, assim entendidos todos aqueles que, no diagrama de contexto, têm relações com a unidade a ser certificada. Sua capacitação específica foi objeto do convênio estabelecido com a FGV, secundada por ações educacionais da Esaj, através de atividades externas. Foram cursos específicos para os técnicos da Diretoria Geral da Tecnologia e Informação e da Assessoria de Desenvolvimento Institucional, como por exemplo os de formação de Auditor Interno, Auditor Líder e Indicador de Desempenho.

Como salientado em outro capítulo, grande foi a contribuição dos cursos ministrados pelos consultores conveniados destinados a capacitar e motivar os servidores na gestão dos processos de trabalho, na análise dos custos e resultados, no desenvolvimento de lideranças, na busca da qualidade e em conhecimentos indispensáveis à obtenção da certificação pela norma ISO 9001:2000. Hoje o comportamento dos servidores que participaram daqueles cursos, representado por sua capacidade de elaborar e desenvolver projetos, pela apuração de seu senso crítico, por elevado espírito de colaboração, pelo desejo de inovar e de participar, se faz sentir na postura e na própria linguagem por eles utilizada, influenciando de forma positiva o clima organizacional. O "Programa Arrancada", realizado por orientação daquela consultoria, nas áreas de Logística e de Gestão de Pessoas, como alavanca da identificação, implantação e desenvolvimento das melhores práticas de gestão, demonstra tudo isto e que os demais servidores já estão contaminados por tantas e tão promissoras novidades.

A repercussão do movimento de reforma tem sido acompanhada pela programação da Esaj, como se verá.

9. Capacitação e desenvolvimento dos secretários e assessores de magistrados

A necessidade de ampliar os conhecimentos dos servidores na área de Direito, principalmente os Secretários de Juízes e Assessores de Desembargadores, para que desempenhem suas atividades com melhor eficiência, levou a Esaj a programar cursos, ministrados por Magistrados, nas mais diversas especialidades: Direito Constitucional, Civil, do Consumidor, Processual Civil, Penal, Processual Penal, Comercial, Administrativo, Direito da Infância e Juventude, os quais são muito procurados e bem avaliados.

Deve-se acentuar que o Documento Estratégico da 13ª Vara Cível da Comarca da Capital, a primeira a buscar a certificação no Judiciário fluminense, apontou, entre outros valores, a necessidade de os servidores possuírem conhecimento jurídico atualizado, pelo que se considera importante a manutenção e ampliação desta vertente de capacitação.

Por outro lado, dada a complexidade do atuar administrativo, envolvendo orçamento da ordem de R$ 1.049.738.000,00 destinado a pessoal e R$ 227.865.000,00 para despesas de consumo e investimento, diversas Diretorias Gerais carecem de uma assessoria jurídica, cujos ocupantes também necessitam ter atualizados seus conhecimentos acadêmicos. Esta é uma das metas para a próxima gestão.

10. Problemática atual quanto à execução da programação de ensino. Visão futura

Logicamente, o propósito de se levar às salas de aula mais de 15.000 pessoas anualmente, fazendo uma escola de governo funcionar com resultados satisfatórios, encontra vários obstáculos.

Todos sabemos da multiplicidade de processos e petições que chegam diariamente a cada órgão julgador e que exigem uma providência especial, um tratamento individual, assim como sabemos da deficiência do número de funcionários e da grande dificuldade com que se depara cada um dos Juízes no seu mister de entregar Justiça. Neste contexto, falar-se no afastamento de qualquer dos servidores para o cumprimento de atividade educacional não era bem recebido.

Conquanto aos magistrados também seja exigido o cumprimento de determinado número de horas de capacitação para que possam concorrer às promoções, nem todos possuem sensibilidade para liberar seus servidores, permitindo que freqüentem os cursos, indispensáveis ou aconselháveis para sua formação e desenvolvimento.

Da mesma forma, os escrivães e diretores reagiam e não permitiam a freqüência de seus subordinados aos cursos da Esaj.

O quadro está mudando, na medida em que alguns dos cursos são obrigatórios e mesmo essenciais para o desenvolvimento funcional. Trabalhando em parceria com a Corregedoria Geral da Justiça, a Esaj elabora programação de cursos e a CGJ procede à convocação, via Diário Oficial, dos servidores. Durante os períodos pertinentes, a freqüência funcional é dada pela Esaj. Por outro lado, a Escola está procurando dar oportunidades, em horários alternativos, para que todos cumpram as indispensáveis 30 horas anuais de capacitação.

Ainda assim há situações que precisam ser enfrentadas, tais como a evasão, a falta de assiduidade e a impontualidade. É preciso conscientizar cada um dos servidores de que, conquanto para eles os diversos cursos sejam gratuitos, a instituição investe consideravelmente em sua formação.

Em números relativos a 2003, temos 23.354 participações em atividades educacionais, com a realização de 1.444 turmas de diversos cursos. No primeiro semestre deste exercício verificou-se 15.594 participações.

ESCOLA DE ADMINISTRAÇÃO JUDICIÁRIA | 177

Dentro do espírito de fortalecimento da Escola a que me referi no inicio deste texto, é de se anotar que o orçamento nos dois últimos exercícios, no que se refere àquela unidade, teve o seguinte comportamento: em 2004, R$ 2.960.000,00, e em 2003, R$ 2.900.562,00. Para o exercício futuro, se aprovada a proposta orçamentária, teremos um incremento para R$ 3.550.000,00, exclusivamente no que trata a contratação de serviços, porquanto os gastos com servidores ou magistrados instrutores são pagos pela rubrica de pessoal, diretamente pelo Tesouro.

Permanece como algo a ser conquistado: o comprometimento integral do servidor com a sua formação funcional, considerando não só o aspecto individual, mas também o da instituição.

Se a turma é menor, o valor da hora/aula é maior, daí por que sua falta ou abandono custa dinheiro que é suportado por verbas públicas. Da mesma forma o atraso, a impontualidade habitual não configuram comportamento ético, na medida em que há gasto público, além de significar prejuízo para o próprio aluno que, dificilmente terá oportunidade igual, e de ser prejudicial aos demais colegas, ante a interrupção, e ao professor que se sente altamente desmotivado.

Evidentemente não se pode pensar em mudança de cultura no Judiciário se esta não começar pela sala de aula.

Estamos iniciando um Projeto de Desenvolvimento Funcional. A partir da verificação das competências desejadas para cada um dos cargos efetivos e em comissão ou funções e do mapeamento de cada servidor, para se apurar as competências existentes quanto ao aspecto acadêmico, técnico e as habilidades, se poderá chegar às lacunas cujo suprimento irá informar a programação da escola, bem como o caminho a seguir por cada um deles no rumo do seu sucesso funcional, o que representará, por via de conseqüência, seu sucesso pessoal e o atingimento dos objetivos da instituição.

A partir de então, o interlocutor da escola será o gestor, cabendo a este motivar seus servidores a cumprir o plano educacional que foi individualmente previsto para cada qual. Estamos, ao mesmo tempo que ansiosos, confiantes que conseguiremos, graças ao preparo e empenho de nossos servidores, ultrapassar mais este desafio.

11. Participação em atividades externas

Procura-se viabilizar a participação dos servidores em simpósios, encontros, seminários, pagando-lhes a inscrição, diária para custear sua estada e na maior parte das vezes, passagem, mormente se vão representar algum órgão ou unidade e se apresentam trabalho. Ainda se precisa estabelecer regramento objetivo mais rígido para disciplinar tal faculdade, de molde que se ofereçam oportunidades iguais a todos. Isto ainda não se conseguiu pela diversidade de variáveis.

Alguns servidores, lotados em áreas específicas, cujo conhecimento não foi objeto ainda de apropriação, tratamento e sistematização pela instituição, têm, parcialmente custeada a pós-graduação que almejam cumprir, logicamente se ficar caracterizado o interesse do serviço.

12. Participação em projetos sociais

O Tribunal de Justiça do Estado do Rio de Janeiro, em harmonia com a revisão de suas estratégias de gestão, buscando maior alinhamento com as realidades sociais e econômicas que se perfilham hodiernamente no país, tem investido de modo significativo em projetos de cunho eminentemente social.

Em caráter exemplificativo, há os projetos voltados para inserção social de menores através de convênios celebrados com algumas entidades públicas, bem como organizações sociais, através dos quais menores, previamente treinados, são alocados em algumas áreas do Tribunal de Justiça, onde, mediante orientação e supervisão adequadas, prestam serviços de natureza administrativa, recebendo, em contrapartida, bolsa-auxílio, auxílio-transporte, e auxílio-alimentação. Nesse sentido, podemos citar o convênio mantido com o CAMP MANGUEIRA, Organização Não-Governamental que coordena o Programa Patrulheirismo.

Há que se ressaltar os benefícios, a médio e longo prazo, resultantes de iniciativas como estas, em que o Tribunal de Justiça, comprometido com o princípio da responsabilidade social, propicia oportunidades de primeiro emprego a jovens carentes, contribuindo dessa forma para sua formação profissional e integração social, o que, sem dúvida, redunda, em derradeira análise, em maior paz social.

Dignas de nota, ainda, as ações afirmativas do Tribunal consubstanciadas em ações destinadas a aproximar a sociedade do Judiciário, podendo-se citar, entre outras, o projeto Justiça Cidadã, em que líderes comunitários participam de atividades de capacitação destinadas a transmitir-lhes noções de direito e cidadania, preparando-os para atuar como conciliadores sociais em suas respectivas comunidades, no esforço de dirimir conflitos latentes em nível local, prevenindo que estes venham eventualmente a aportar no Judiciário.

Pode-se mencionar, também, cursos abertos patrocinados pela Escola de Administração Judiciária, voltados para a sociedade, promovendo uma maior aproximação dos cidadãos com o Judiciário, abrindo-lhes espaço para conhecerem mais de perto e de modo mais transparente esta casa da Justiça.

13. Estágios para universitários

A carência funcional e a preocupação em se proporcionar ao jovem universitário um campo propício para aplicar seus conhecimentos teóricos, adquirindo habilidades que só a prática permite, levou-nos a criar, no exercício de 2001, um Projeto destinado a selecionar estudantes da área de direito, a partir do 5º período, com CR igual ou superior a 7, interessados em atuar, pelo período de quatro horas diárias, junto aos Cartórios e Gabinetes de Juízes. A iniciativa foi muito bem recebida e hoje o Programa abrange cerca de 380 universitários, tendo sido estendido para as áreas de serviço social, psicologia, pedagogia, estatística, história, arquivologia, jornalismo e desenho industrial, no apoio às atividades administrativas e judiciais de 1º grau de jurisdição, na capital, foros regionais e do Grande Rio, estando sendo implementada pontualmente no interior.

O crescimento do objeto do Programa fez com que fosse sua administração levada para um serviço próprio no Departamento de Desenvolvimento de Pessoas, órgão da Diretoria Geral de Gestão de Pessoas, da qual a

Escola de Administração, como vimos, é uma das unidades. Neste exercício de 2004 tivemos um orçamento de R$ 1.491.000,00, sendo projeto ampliar-se o número de bolsas para o ano vindouro.

14. Conclusões: a Esaj no prédio do conhecimento

Como se vê, a Escola de Administração Judiciária está estruturada e dando frutos, sendo uma realidade a preocupação da cúpula com a capacitação funcional, bem como a dos servidores em obtê-la, aprimorando-se sempre. Claro que temos ainda exceções e resistências, porém bem menores do que em anos anteriores, a demonstrar que o único caminho para a mudança é através do conhecimento.

Para que ficasse positivada esta meta administrativa, a Comissão de Gestão Estratégica, em sua última reunião, resolveu que a Esaj ocuparia o espaço necessário no prédio da rua D. Manuel, construção histórica, do início do século, que já abrigou o próprio Tribunal de Justiça e o extinto Tribunal de Alçada Criminal. Estão sendo envidadas ações no sentido da restauração arquitetônica e adaptação daquele imóvel, que abrigará, além da Esaj, a Diretoria Geral da Gestão do Conhecimento, com a Revista do Tribunal de Justiça e o Museu do Judiciário. Sem dúvida será um passo importante no fortalecimento das áreas do conhecimento que, antenadas com a modernidade, melhor poderão contribuir para que a missão institucional seja alcançada.

O que se pressente, com alegria, é que com o novo espaço, em ambiente tão propício como aquele que lhe foi destinado, a Esaj terá mais e mais que se esforçar para o bom desempenho que dela é esperado.

A atuação da Escola da Magistratura do Estado do Rio de Janeiro (Emerj) e da Escola de Administração Judiciária (Esaj)

André Luiz de Freitas[*]

> *Para que o treinamento seja eficaz, ele precisa manter uma presença confiável e consistente. Os funcionários devem poder contar com algo sistemático e não com um esforço de resgate, convocado para solucionar um problema do momento. Em outras palavras, o treinamento deve ser um processo contínuo e não um evento que ocorre apenas uma vez.*
> Andrew S. Grove, *chairman* e CEO, Intel Corporation[1]

1. Introdução

Muito embora o pensamento acima reflita a opinião de uma empresa privada de alta tecnologia, retrata muito bem o espírito das duas Escolas (Emerj e Esaj): tratar a educação (e não apenas treinamento) como um processo contínuo e não como um esforço para "preencher" certas lacunas de conhecimento. Tais lacunas de conhecimento sempre existirão, mas é fundamental que as ações de educação não sejam levadas a efeito apenas quando aparecem.

A Educação Corporativa moderna compreende os objetivos educacionais como um desdobramento natural da estratégia do negócio: a organização estabelece seus objetivos estratégicos, define os seus objetivos táticos e fixa os seus objetivos operacionais. Deve então construir um conjunto de objetivos educacionais que propiciará o ferramental intelectual e experiencial

---

[*] Engenheiro pela Unital/SP, especialista em marketing pela ESPM/RJ, Consultor do Projeto de Fortalecimento e Modernização da Gestão do Poder Judiciário do Rio de Janeiro.

[1] MEISTER, Jeanne C. – Educação Corportativa, 1999, pág. 1.

necessário para atingi-los. Os objetivos educacionais orientarão a elaboração das atividades de capacitação e desenvolvimento. A idéia é "oferecer aprendizagem para dar sustentação aos Objetivos Empresariais"[2]. A figura 1 adiante mostra uma visão esquemática deste processo de integração entre a estratégia corporativa e objetivos educacionais.

Figura 1
Integração entre estratégia corporativa e objetivos educacionais

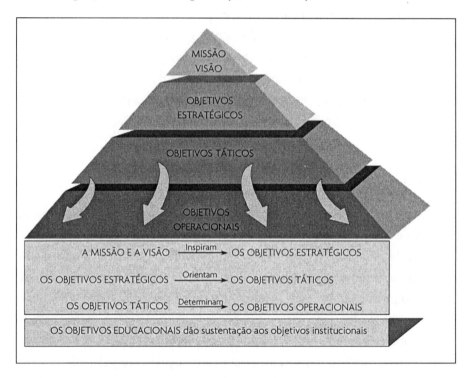

2. A Escola da Magistratura do Estado do Rio de Janeiro (Emerj)

A Emerj foi criada por Lei estadual, em 1988, regulamentada em 1989, dentro da estrutura do Tribunal de Justiça do Estado do Rio de Janeiro (TJERJ). A Lei estadual nº 1.624 de 12 de março de 1990, criou o Fundo

---

[2] MEISTER, Jeanne C. – Educação Corporativa, São Paulo: Makron Books, 1999.

Especial da Emerj, cujas contas são anualmente prestadas por seu Diretor-Geral ao Tribunal de Contas.

O projeto de fortalecimento e modernização da gestão do Poder Judiciário modelou a estrutura organizacional da Emerj de forma que os processos de trabalho percorram transversalmente a estrutura hierárquica sem ser obstruídos por ela. Na dimensão estratégica, a Emerj conta com a Diretoria Geral, que recebe orientações estratégicas do Conselho Consultivo, e com os seguintes órgãos de assessoria: Centro de Estudos e Pesquisa, Comissão Acadêmica, Comissão de Iniciação e Aperfeiçoamento de Magistrados, Assessoria de Gestão Estratégica e Gabinete da Diretoria Geral. As ações táticas e operacionais são gerenciadas pela Secretaria Geral de Ensino, que tem como unidades organizacionais subordinadas o Departamento de Ensino, o Departamento de Aperfeiçoamento de Magistrados e o Departamento Administrativo.

A Emerj tem dois focos de trabalho: preparar profissionais de direito para a magistratura e aperfeiçoar magistrados, ou seja, atua antes e depois do ingresso do profissional de direito à carreira da magistratura. Para os profissionais de direito que desejam ingressar na magistratura, a Emerj oferece o Curso de Preparação à Carreira da Magistratura, com duração de dois anos e meio, ou cinco períodos, e aberto ao público.

Uma vez que o profissional de direito seja aprovado no concurso, torna-se juiz e começa o processo de vitaliciamento, dentro do processo de aperfeiçoamento de magistrados, composto de duas fases, com formação específica obrigatória: o curso de iniciação, que tem a duração de quatro meses, com aulas diárias sobre temas jurídicos, ética, liderança, administração cartorária, informática e outros; o estágio de vitaliciamento, com duração de vinte meses e aulas mensais.

Aprovado nos dois regimentos, o profissional de direito torna-se juiz vitalício. A seguir, é oferecido ao magistrado o curso de aperfeiçoamento, com 220 horas-aula, de comparecimento facultativo, que conta pontos para as promoções na carreira. Significa que, antes que um juiz seja colocado frente a frente com as contendas que chegam ao Judiciário diariamente, passa por extenso processo de capacitação e aperfeiçoamento.

A REFORMA DO PODER JUDICIÁRIO NO ESTADO DO RIO DE JANEIRO

Mas a Emerj não atua apenas no ensino técnico. Sua Divisão Cultural promove regularmente eventos culturais, tais como exibição de filmes, peças de teatro, debates, painéis e outros.

Hoje, a Emerj tem grande parte de seu esforço dirigida ao projeto de certificação dos seus processos de trabalho pela norma técnica internacional NBR ISO 9001:2000, como parte do Sistema Normativo Administrativo em implementação no Poder Judiciário do Estado do Rio de Janeiro. A Emerj será a primeira escola da magistratura brasileira a postular tal certificação.

3. A Escola de Administração Judiciária (Esaj)

Enquanto o público-alvo da Emerj é o magistrado, o da Esaj é constituído pelos serventuários da Justiça estadual, colaboradores que atuam no interesse da Justiça (conciliadores dos Juizados Especiais e comissários da Infância e Juventude), estagiários e empregados de empresas terceirizadas. A Esaj atua na capacitação da retaguarda, através de ações de educação continuada, para que a prestação jurisdicional seja ágil e efetiva.

Dada a amplitude do seu público-alvo e da área geográfica coberta por suas atividades, é natural que seus números sejam superlativos: nos três últimos anos, a Esaj contabilizou quase 49.000 participações em atividades educacionais, com um acréscimo de 156% no ano de 2003, quando comparado a 2002. Só no último ano (2003), foram registradas 25.708 horas de atividades de capacitação e desenvolvimento. É um crescimento exponencial. Essa enorme quantidade de atividades educacionais não diminui a sua qualidade: no ano passado, das 1.444 atividades de treinamento, 61% foram avaliadas com o conceito "Excelente" e 39%, "Bom".

O projeto de fortalecimento e modernização da gestão do Poder Judiciário posicionou a Esaj na recém-estruturada Diretoria Geral de Gestão de Pessoas (DGPES). Sua estrutura é composta pelas Divisões de Suporte Didático, Capacitação e Desenvolvimento, Ensino e Pesquisa. Esse novo posicionamento organizacional, juntamente com a criação do Departamento de Desenvolvimento de Pessoas (DEDEP), faz parte da estratégia de deslocar o eixo de atuação da função "recursos humanos", de foco no "**controle**", para foco no "**desenvolvimento**"das pessoas.

As suas atividades acadêmicas cobrem ampla gama de temas e assuntos. Vão desde programas de capacitação especializados em técnicas e ferramentas, a cursos de pós-graduação em convênio com entidades externas, passando por treinamentos específicos inerentes às atividades do Poder Judiciário (Gestão do Processamento Integrado, por exemplo), desenvolvimento de competências dos docentes e formação de instrutores, cursos na área de Direito (Direito do Consumidor, Direito Empresarial e outros), qualificação gerencial, além de palestras discorrendo sobre diversos temas pertinentes à atuação do servidor público.

Em convênio com a Fundação Getulio Vargas, foi recentemente concluída a primeira turma de Pós-Graduação em Administração Judiciária tendo, como público-alvo, os ocupantes de cargos de direção e assessoramento. Uma segunda turma está em andamento e o programa tem como objetivo dar aos participantes uma visão estratégica da gestão pública, capacitando-os a desenvolver ações gerenciais com eficácia, tanto no aspecto técnico-profissional, quanto no ético-comportamental.

A Esaj também desempenha papel importante na recepção de novos serventuários que ingressam nos quadros do TJERJ, ao gerenciar o Programa de Integração Funcional, composto de treinamentos, palestras nas áreas administrativa e jurídica, curso comportamental de habilidades no relacionamento com o público e outros, aplicados em todo o estado. Em 2003, 918 novos serventuários passaram pelo programa.

A Esaj oferece cursos voltados ao público externo. O objetivo é permitir maior conhecimento do Poder Judiciário no que diz respeito à sua organização, estrutura e funcionamento. Os usuários da Justiça e advogados em geral também podem tirar proveito desses cursos, onde são abordados aspectos técnicos a respeito de cálculos judiciais e custas processuais. Os cursos são totalmente custeados pelas matrículas e mensalidades.

A Esaj mantém convênios e contatos com universidades e entidades de ensino e pesquisa, tais como FGV, Fesp, UFRJ, PUC-Rio, Senac/RJ, Unesa, UVA, com a finalidade de oferecer ao seu público-alvo o que há de mais avançado nos temas tratados. Alguns desses convênios proporcionam descontos aos serventuários do TJERJ. A Esaj também tem forte participação em projetos sociais, tais como "Justiça pelos Jovens", "Agentes Conciliadores Comunitários", "Informática – Programa Social", "Programa Escola de Pais" e "Programa Sou Voluntário".

Apontando para o futuro, a Escola está a desenvolver um projeto de treinamento a distância, utilizando a Internet e a Intranet (*e-learning*), objetivando, com essa tecnologia de ensino, possibilitar maior disseminação do conhecimento pela ampliação da abrangência geográfica e do universo de discentes atendidos.

O esforço de certificar pela ISO 9000 duas Varas, uma Câmara e a Emerj, também chegou à Esaj. Foi elaborada a Rotina Administrativa (RAD) de Capacitação e Desenvolvimento, na qual a Esaj tem papel crucial no Sistema de Gestão das Competências, em implementação. Em conjunto com o DEDEP, a Esaj analisará as lacunas de competências (competências requeridas pelo cargo analisado e não possuídas por seu ocupante) e elaborará um Plano de Desenvolvimento Profissional, com o objetivo de atender as necessidades de capacitação e desenvolvimento.

4. Conclusão

As práticas educacionais adotadas em ambas as Escolas (Emerj e Esaj), no âmbito do Poder Judiciário do estado do Rio de Janeiro, constituem demonstração efetiva da orientação em curso na Instituição, conforme ressaltado em artigo anterior, no sentido de promover um processo contínuo de desenvolvimento da inteligência judiciária, em suas três dimensões fundamentais: pessoas (magistrados, serventuários e demais colaboradores), processos e técnicas administrativas.

Referências bibliográficas

GRUPO DE MODERNIZAÇÃO E GESTÃO DA EMERJ. *Documento Estratégico da Emerj*. Rio de Janeiro: Poder Judiciário do Estado do Rio de Janeiro, 2004.

LUIZ, Paulo Roberto F.; WERNECK, Maria Ângela S. G. C. *Relatório Gerencial Esaj 2003*. Rio de Janeiro: Esaj, 2003.

MEISTER, Jeanne C. *Educação Corporativa* – a gestão do capital intelectual através das universidades corporativas. São Paulo: Ed. Makron Books, 1999.

RELATÓRIO 2003 EMERJ – *Informativo TJ/RJ e Emerj, ano 2 – no. 13*. Rio de Janeiro: Poder Judiciário do Estado do Rio de Janeiro, 2004.

A contribuição dos cursos ministrados pelo convênio TJERJ/FGV no Projeto de Modernização da Gestão do Poder Judiciário do Estado do Rio de Janeiro

André Luiz de Freitas[*]

1. Introdução

Quando os executivos falam em organização, focalizam com freqüência as estruturas e os processos formais que criam para conseguir atingir os objetivos estratégicos. Nadler[1] propõe que, ao estudarmos as estruturas complexas, comecemos a pensar menos nos aspectos objetivos da estrutura organizacional – o que está nos retângulos e nas linhas que os ligam – e mais num conceito de maior amplitude, chamado de *Arquitetura Organizacional*. Entende-se por arquitetura uma visão mais abrangente dos elementos organizacionais onde são incluídos os sistemas sociais e de trabalho. A arquitetura inclui a estrutura formal (estrutura organizacional), as práticas e processos de trabalho, a organização informal, o estilo de operação e os processos de seleção, socialização e desenvolvimento pessoal.

Se o projeto de fortalecimento e modernização da gestão do Poder Judiciário do estado do Rio de Janeiro ficasse restrito aos aspectos objetivos da estrutura organizacional (tarefas e relações hierárquicas) estaria fadado ao fracasso. Um projeto dessa monta demanda transformações administrati-

---

[*] Engenheiro pela Unital/SP, especialista em marketing pela ESPM/RJ, consultor do Projeto de Fortalecimento e Modernização da Gestão do Poder Judiciário do Rio de Janeiro.

[1] Nadler, David. *Arquitetura Organizacional*, Rio de Janeiro: Campus, 1994.

vas, comportamentais e culturais na Instituição envolvida. No caso do projeto em curso no Poder Judiciário, provavelmente o maior movimento esteja acontecendo na dimensão cultural. O fato de ele ser pouco perceptível de forma aparente não diminui o seu impacto, nem o torna menos importante.

O Tribunal de Justiça do Estado do Rio de Janeiro é uma instituição centenária (mais de 250 anos contados os primórdios da instalação da Corte portuguesa no Rio de Janeiro), com hábitos, costumes e paradigmas muito claros e firmes (e não poderia deixar de ser assim em uma instituição que **julga** as pessoas). Os processos de trabalho e as reações pessoais aos estímulos do ambiente tendem a ser padronizados (mas não necessariamente formalizados) e com pouca flexibilidade. Introduzir novas técnicas administrativas nesse ambiente passa a ser um grande desafio.

2. Os programas de capacitação desenvolvidos pela FGV no contexto do projeto

Como apoio a esse processo de mudança, a FGV organizou um conjunto de programas de desenvolvimento gerencial, com a finalidade de proporcionar oportunidades para que as equipes das diversas unidades organizacionais do Poder Judiciário pudessem conhecer e experimentar na prática os conceitos e ferramentas necessários à implementação de modelo organizacional integrado, idealizado para o Poder Judiciário. Eles foram divididos em quatro ciclos de treinamentos, com objetivos e públicos-alvo diferentes.

O primeiro ciclo, denominado Programa de Capacitação, foi aberto a todos os serventuários interessados, com um número de vagas limitado por Diretoria Geral – proporcional ao seu efetivo, abrangendo um universo de 417 pessoas. Teve como finalidade proporcionar aos participantes informações e ferramentas para capacitá-los a atuar como agentes de mudança no projeto de modernização da gestão do Poder Judiciário, além de promover a integração entre as pessoas das diferentes unidades organizacionais, a partir de convivência, troca de informações e experiências.

O Programa de Capacitação foi composto de um módulo de 4 horas-aula e seis módulos de 6 horas-aula, ministradas para dez turmas, perfazendo

A CONTRIBUIÇÃO DOS CURSOS MINISTRADOS PELO CONVÊNIO TJERJ/FGV

um total de 400 horas-aula. Os instrutores, selecionados entre profissionais do mercado com o objetivo de fornecer aos participantes múltiplas visões da gestão organizacional (pública e privada), receberam orientação de nivelamento metodológico e conceitual.

Cada turma iniciou o programa com um módulo de "Dinâmica de Grupo" destinado a promover a integração entre os participantes. Seguiram-se os módulos de "Qualidade no Atendimento", "Gestão por Processos de Trabalho", "Gestão de Custos e Resultados", "Principais Ferramentas da Qualidade", "Chefia Liderança e Trabalho em Equipe" e, por último, "Criatividade, Inovação e Empreendedorismo no Serviço Público". Esses temas não foram escolhidos ao acaso. Resultaram de estudo da "personalidade organizacional" e das necessidades técnicas que o projeto exigiu.

Cada módulo, com exceção do "Dinâmica de Grupo", teve ao final uma avaliação cognitiva para verificação do aprendizado, composta de questões de múltipla escolha, focando as informações essenciais transmitidas durante as apresentações, cuja apreensão foi considerada essencial ao assunto tratado. A FGV emitiu um certificado de conclusão para os participantes que atenderam aos requisitos de pontualidade, assiduidade e aproveitamento.

O segundo ciclo foi composto de onze módulos de 6 horas-aula cada, estruturados de acordo com os requisitos de implementação de cada unidade organizacional e ministrados pelos consultores da FGV, pontualmente, conforme o seu estágio de implementação. Houve a necessidade, em alguns casos, de uma ou duas sessões extras de 4 horas-aula, a título reforço. O público-alvo foram os serventuários envolvidos nos Grupos de Modernização e Gestão – GMG responsáveis pela implementação da nova estrutura organizacional.

A finalidade dessa segunda série foi a transferência de tecnologia ao instrumentalizar os participantes com o ferramental prático para a mudança organizacional projetada. Os temas abordados foram: "Ferramentas da Qualidade", "5S", "Indicadores de Desempenho", "Modelagem de Processos de Trabalho", "Elaboração de Rotinas Administrativas", "Metodologia dos Grupos de Modernização e Gestão – GMG", "Modelagem e Administração de Projetos", "Definição dos Direcionadores Estratégicos", "Trabalho em Equipe", "Modelagem de Banco de Dados" e "Liderança Situacional".

Outro ciclo de programas foi destinado aos serventuários lotados nas unidades organizacionais em processo de certificação pela norma NBR ISO 9001:2000. Foram módulos com uma carga horária variando de 6 a 16 horas-aula, cobrindo os seguintes temas: "Básico em ISO 9000", "Desenvolvimento do Documento Estratégico", "MS Project Básico", "Formação de Auditores Internos – ISO 9000" e "ISO 9001:2000". O objetivo neste caso foi o de preparar tecnicamente as pessoas para o processo de implementação das Rotinas Administrativas componentes do Sistema Normativo Administrativo do Poder Judiciário e para o processo de auditoria de certificação. Os programas foram ministrados pelos consultores da FGV e por um instrutor externo, especialista em auditorias ISO 9000.

Finalmente, o quarto ciclo de capacitação foi destinado especificamente à Diretoria Geral de Tecnologia da Informação – DGTEC, para a qual foram ministrados módulos básicos e avançados de "Java Script", e um programa avançado de capacitação no desenvolvimento de programas na linguagem Java, em função das características mais visuais e interativas dessa linguagem de programação.

3. Conclusão

O resultado dos programas de capacitação podem ser observados no cotidiano do Poder Judiciário. A utilização freqüente de termos como "eficiência e eficácia", "árvore de processos", "indicadores de desempenho" e outros mostra que os conteúdos foram absorvidos e começam a ser aplicados.

Hoje, a maioria dos serventuários entende claramente a diferença entre um "processo de trabalho" e um "processo administrativo ou judicial", e aplica no seu cotidiano técnicas e ferramentas aprendidas nos programas de capacitação desenvolvidos.

Referências bibliográficas

MOSCOVICI, Fela. *Desenvolvimento Interpessoal:* treinamento em grupo. Rio de Janeiro: Livros Técnicos e Científicos Editora, 1975.

NADLER, David. *Arquitetura Organizacional.* Rio de Janeiro: Ed. Campus, 1994.

QUINTELLA, Heitor M. *Manual de Psicologia Organizacional:* Análise transacional para a reengenharia. São Paulo: Ed. Makron Books do Brasil, 1994.

Apêndices

Exposição de motivos da resolução que aprovou a nova estrutura organizacional do Poder Judiciário do estado do Rio de Janeiro em 2003

A presente Exposição de Motivos subsidiou o projeto que se converteu na Resolução nº 15, de 08/12/2003, por meio do qual o Órgão Especial do Tribunal de Justiça aprovou a Estrutura Organizacional do Poder Judiciário do estado do Rio de Janeiro.

Exposição de Motivos

Nas quatro últimas décadas, a sociedade brasileira vem passando por uma série de transformações em várias dimensões: no campo social, na política, na economia e na gestão das organizações.

Na esfera do setor público, a nova realidade sociopolítica – em que são questionados os objetivos, a estrutura e a própria razão de existir do Estado – impõe transformações nos métodos de gestão dos órgãos públicos e no relacionamento dos seus responsáveis com os cidadãos, que são os clientes dos serviços prestados e que, em última instância, constituem a razão de ser da administração pública.

A mudança de comportamento da administração pública também é uma demanda direta da sociedade, que está cada vez mais a exigir uma nova ética baseada em uma nova forma de administrar, com responsabilidade e transparência. Para a satisfação de suas necessidades, a população deseja um Estado mais eficiente e dotado de maior eficácia.

A REFORMA DO PODER JUDICIÁRIO NO ESTADO DO RIO DE JANEIRO

Assim, a busca da excelência na gestão dos recursos e no atendimento ao cidadão constitui o paradigma da administração pública contemporânea, que deve nortear os objetivos de atuação e os projetos de mudança das instituições governamentais, de uma forma geral.

Nesse sentido, os organismos governamentais estão procurando adotar os mesmos instrumentos de modernização e dinamização utilizados pelo setor privado, resultando em estruturas com menos níveis hierárquicos, mais ágeis e flexíveis.

Por outro lado, o uso das tecnologias de informação e comunicação, associadas à internet, tem possibilitado a ampla disseminação de serviços e contatos com o cidadão por meio do que se convencionou denominar governo eletrônico.

Tais iniciativas, não importando sua origem ou instrumentos utilizados, têm sido norteadas para a obtenção de três ganhos fundamentais, associados ao que se convencionou denominar governança do Estado: coordenação e integração da gestão das atividades internas, ampliação dos serviços prestados ao cidadão e fortalecimento das suas relações com o governo, a partir da adoção de políticas voltadas ao tratamento dos cidadãos como parceiros da gestão pública.

A Emenda Constitucional nº 19, de 04 de junho de 1998, constituiu um marco no estabelecimento de princípios voltados para a sua transformação, de um lado procurando o fortalecimento da administração pública direta e, de outro, buscando a descentralização das atividades não-exclusivas do Estado, por meio de instituições como as agências executivas autônomas e as organizações sociais.

No intuito de buscar o equilíbrio das contas públicas, mediante uma gestão fiscal responsável, foi editada, em 04/05/2000, a Lei Complementar nº 101, conhecida como Lei de Responsabilidade Fiscal, que impôs a observância de princípios essenciais à boa administração, como a preocupação com o controle dos gastos e do endividamento dos órgãos públicos.

O Judiciário, como um dos Poderes do Estado, enfrenta o desafio de acompanhar a tendência prevalecente no setor público, no sentido de maior racionalidade e eficiência nas suas ações, preocupação com a gestão fiscal responsável, o melhor atendimento e a maior transparência em suas relações com o cidadão.

A consciência da obrigação de prestar a jurisdição com eficiência, eficácia e efetividade, que permeia toda a Administração Superior do Poder Judiciário do estado do Rio de Janeiro, não é uma resposta a uma situação conjuntural ou a imposições políticas exógenas.

A década de 1990, estimulada pela Constituição de 1988, testemunhou intensa reflexão sobre a necessidade do fortalecimento e da modernização da gestão do Poder Judiciário estadual, voltada à produção de respostas às demandas básicas da sociedade por justiça: maior acesso da população ao Judiciário, prestação de serviços em tempo razoável, efetividade no julgamento e na aplicação das decisões.

Consolidaram-se algumas convicções na Administração do Poder Judiciário fluminense:

(a) a modernização não constitui um momento excepcional na vida das entidades, sejam elas públicas ou privadas, devendo estabelecer-se como um processo de melhoria contínua e sistemática;

(b) a adesão ativa e consciente à reforma das Instituições de todos aqueles que fazem parte do seu cotidiano constitui precondição essencial para o alcance efetivo dos resultados almejados;

(c) as diretrizes quanto ao objeto e ao sentido da modernização devem partir da observação dos anseios da sociedade, procedimento que deve embasar a nova cultura do serviço público;

(d) a modernização deve sustentar-se em vontade política forte e permanente, e, portanto, deve constituir-se em processo institucionalizado, que não pertence a um determinado segmento da Administração;

(e) a Administração deve embasar-se em ações especializadas, apoiadas em agentes detentores de experiência na aplicação de soluções similares em outras Instituições.

Ao final dos anos 1990, início do novo século, o Poder Judiciário do estado do Rio de Janeiro, em iniciativa inovadora e de liderança nos processos de transformação nas práticas de gestão na Administração Pública, deu início a ações objetivas no sentido da modernidade de sua gestão, de que são exemplos:

(a) modernização da gestão do Fundo Especial do Tribunal de Justiça, criado em 1996 e ampliado em 1999, de modo a tornar-se instrumento de suporte financeiro capaz de suprir as necessidades básicas de investimento e de custeio de todas as iniciativas de modernização do Judiciário estadual;

(b) utilização de tecnologia da informação para a democratização do acesso da população à justiça;

(c) utilização de sistemas de informação para a implementação de controles e divulgação de seus resultados;

(d) reforma, ampliação e descentralização de instalações, visando à melhoria e à dinamização da prestação jurisdicional;

(e) investimento na capacitação de quadros técnicos e gerenciais, mediante expansiva atuação de suas duas Escolas – a da Magistratura e a da Administração Judiciária.

Toda a reflexão sobre a conveniência de promover-se a modernização do Poder Judiciário, acompanhada da constatação da efetividade das ações pioneiras empreendidas, levou ao consenso de que o processo de modernização deveria ser ampliado, embasado em métodos e técnicas de organização e gestão consagrados, e apoiado por Instituição especializada em projetos no ramo.

Em 2001, no âmbito do Convênio com a Fundação Getulio Vargas, foi desenvolvido o projeto específico de fortalecimento e modernização da estrutura e dos processos de trabalho do Poder Judiciário, que teve início com a análise e o redesenho organizacional da então existente Secretaria de Administração. Essa primeira fase, que fluiu entre julho e outubro de 2002, resultou no desmembramento daquela Secretaria, com a criação de duas unidades organizacionais, as Secretarias de Gestão de Pessoas e de Logística. Em paralelo, foi criada a Comissão de Modernização e Gestão do Poder Judiciário, com a incumbência de apoiar a implementação das ações recomendadas pela equipe de consultores da Fundação Getulio Vargas.

EXPOSIÇÃO DE MOTIVOS DA RESOLUÇÃO QUE APROVOU A NOVA ESTRUTURA | 201

Em 2003, foi desencadeada a segunda fase do projeto, que se desenrolou entre os meses de fevereiro e setembro do corrente ano, tendo como focos:

(a) o início da implementação das Secretarias de Gestão de Pessoas e de Logística;

(b) o redesenho de toda a estrutura organizacional do Poder Judiciário.

O trabalho desenvolvido por essa equipe, nessa fase, incluiu visitas a outros Tribunais de Justiça estaduais, entrevistas com entidades externas indicadas pela Comissão de Modernização e Gestão como representativas no estado do Rio de Janeiro, bem como levantamento de dados e mapeamento de processos de trabalho no contexto das unidades organizacionais do Poder Judiciário fluminense.

Foram visitados os Tribunais de Justiça dos estados do Rio Grande do Sul, de Santa Catarina, de São Paulo, de Minas Gerais e da Bahia, tendo como finalidades principais o conhecimento da estrutura organizacional, a observação de ações de modernização implementadas ou em curso, e o estágio quanto à utilização da informática como apoio à prestação jurisdicional e à gestão interna.

Foram ouvidas as seguintes entidades externas: Ministério da Justiça; Tribunal de Contas do Estado do Rio de Janeiro; Assembléia Legislativa do Estado do Rio de Janeiro; Secretarias de Estado de Planejamento, Controle e Gestão, de Finanças, e de Administração; Polícia Militar do Estado do Rio de Janeiro; Polícia Civil do Estado do Rio de Janeiro; Conselho Tutelar do Centro; DEGASE; OAB/RJ; AMAERJ; SINTERJ; Associação dos Oficiais de Justiça; UERJ; e Escritórios de Advocacia.

No âmbito interno, foram realizadas sessões de reflexão estratégica junto à Comissão de Modernização e Gestão e às principais unidades organizacionais, das quais decorreu a formulação das suas respectivas missões e visões de futuro.

A Missão e a Visão de Futuro do Poder Judiciário como um todo ficaram assim formuladas:

(a) Missão: resolver os conflitos de interesses que lhe sejam levados pela população, garantindo as liberdades, assegurando os direitos e promovendo a paz social;

(b) Visão de Futuro: entregar a prestação jurisdicional em tempo adequado à natureza dos conflitos propostos, obtendo o reconhecimento da sociedade sobre a contribuição do Judiciário para o exercício democrático da cidadania e o desenvolvimento harmonioso de todos os segmentos sociais.

Foram levantadas e analisadas as atividades das principais unidades organizacionais do Poder Judiciário, especialmente o Conselho da Magistratura, a Vice-Presidência, a Corregedoria Geral, o Gabinete da Presidência, a Secretaria Geral, a Coordenadoria Militar, as Comissões e a Secretaria de Planejamento, Coordenação e Finanças.

Foram iniciadas as atividades de apoio à implementação das Secretarias de Gestão de Pessoas e de Logística, as quais já apresentam resultados concretos quanto à normatização de processos de trabalho, com a elaboração e publicação, no *Diário Oficial* do estado de 20/08/2003, das respectivas rotinas administrativas, elaboradas segundo padrão técnico uniformizado.

A metodologia aplicada para a consecução dos trabalhos tem resultado em mudanças na cultura da organização, das quais devem ser ressaltados o estímulo ao trabalho em equipe, o desenvolvimento do senso de iniciativa para a solução de problemas, o questionamento saudável sobre a forma de executar as atividades, e a expectativa de melhorias na qualificação profissional.

Ao cabo das atividades da segunda fase do projeto de fortalecimento e modernização do Poder Judiciário fluminense, foi proposto pela equipe de consultores um novo modelo organizacional, norteado pelas seguintes premissas:

(a) conformidade à base constitucional e legal em que se assenta o Poder Judiciário;

(b) respeito à independência do ofício jurisdicional;

(c) proposições de mudanças apoiadas no conhecimento dos processos de trabalho executados em cada unidade organizacional observada;

(d) validação prévia dos processos de trabalho observados e, em um segundo momento, das proposições da nova estrutura junto aos responsáveis pelas unidades organizacionais.

O Modelo Organizacional Integrado Idealizado pretende projetar um Poder Judiciário orientado para o futuro e busca eliminar as inadequações funcionais observadas na fase de mapeamento dos processos de trabalho junto às unidades organizacionais, de forma a superar gradativamente disfunções ou sobreposições existentes.

Também foi considerada, na proposição do Modelo, a crescente demanda pela prestação da jurisidição, o que acarreta inquestionável crescimento do volume de trabalho, como também a evolução requerida para os métodos de trabalho, a partir dos quais deverá ser efetivamente desencadeado o processo de modernização, com a revisão, gradual e sucessiva, dos paradigmas tidos como superados.

A nova estrutura organizacional busca assim atender a alguns fatores-chave para o sucesso do processo de fortalecimento e modernização da gestão do Poder Judiciário, a saber:

(a) fortalecimento da retaguarda da Instituição e de suas atividades-meio, como pré-requisito para atingir-se o cenário de futuro desejado para a sua linha de frente, esta diretamente relacionada à prestação jurisdicional;

(b) horizontalização e normalização da estrutura organizacional, com a diminuição dos seus níveis hierárquicos e a uniformização quanto à nomenclatura das unidades organizacionais e aos valores dos cargos comissionados;

(c) criação de novas unidades e revisão ou redimensionamento das existentes, no sentido de dar suporte adequado ao aumento da demanda pela prestação jurisdicional.

Os critérios apresentados a seguir nortearam a construção da proposta e foram aplicados em todos os níveis de desdobramento da Estrutura Organizacional:

(a) redefinição do desenho da Estrutura Organizacional, com base nos princípios da filosofia de "linha de frente-retaguarda";

(b) alteração e padronização das nomenclaturas das unidades organizacionais, de forma que suas respectivas denominações reflitam o conjunto das suas atividades críticas ou respectivas missões;

(c) colocação, sob a mesma subordinação, de unidades organizacionais e processos de trabalho afins, de forma a aproximá-los de um modelo de gestão mais sinérgico e centrado em resultados;

(d) formalização de unidades organizacionais até então não contempladas na Estrutura Organizacional em vigor;

(e) criação de unidades organizacionais que permitam a melhoria da gestão, a absorção do crescimento vegetativo no volume das atividades e a consecução da missão estabelecida;

(f) redimensionamento das unidades organizacionais, de forma a fazer frente ao conjunto das necessidades projetadas do Poder Judiciário.

No modelo organizacional proposto, a estrutura organizacional principal é constituída das unidades organizacionais que compõem o nível relacionado à Administração Superior do Poder Judiciário, incluindo as sete unidades organizacionais executoras de linha, cada uma das quais constituindo uma Diretoria Geral.

Constituem características da estrutura organizacional principal:

(a) apresentação, de forma clara e objetiva, de todas as unidades organizacionais da Administração Superior que gerencia o Poder Judiciário, bem como a sua vinculação hierárquica;

(b) agrupamento das Comissões Específicas Permanentes e Temporárias em um único elemento, porém com o seu desdobramento devidamente representado em organograma específico;

(c) adoção da nomenclatura Diretoria Geral para as unidades organizacionais de linha, tendo como referência o fato de que aos respectivos Diretores cabe atuação de gestores executivos das atividades sob suas responsabilidades, diversamente da atuação de agentes políticos que caracteriza os Ministérios e Secretarias de Estado, no âmbito do Poder

EXPOSIÇÃO DE MOTIVOS DA RESOLUÇÃO QUE APROVOU A NOVA ESTRUTURA | 205

Executivo (CF/88, art. 84, II), daí a impropriedade de serem chamados aqueles gestores executivos do Judiciário de Secretários.

A proposta de estrutura organizacional interna para o **Conselho da Magistratura** inclui a formalização da Secretaria do Conselho da Magistratura e a criação de uma unidade organizacional denominada Diretoria Geral de Controle Interno do Poder Judiciário.

No âmbito da Secretaria do Conselho da Magistratura, são mantidas as atribuições atuais, porém estabelecendo estrutura interna, conforme ao fluxo do seu processo de trabalho. Ao contrário do que ocorre com as Secretarias das Vice-Presidências, a Secretaria do Conselho da Magistratura mantém sob seu controle o protocolo e a autuação dos processos judiciais de sua competência, bem como o registro de sua jurisprudência. Tal medida justifica-se pela atribuição que o art. 39 do CODJERJ remete ao Conselho da Magistratura, que é a de julgar as representações contra magistrados e auxiliares da Justiça, seja por representação, seja em processo disciplinar, na forma do art. 38.[1] Assim, parte dos processos deve correr em segredo ou sigilo, conforme exija a natureza da matéria ou do cargo, desde a autuação até o registro da decisão final (art. 37, §2º).

A criação da **Diretoria Geral de Controle Interno do Poder Judiciário** vem ao encontro das exigências da Lei Complementar nº 101, de 04/05/2000 – conhecida como Lei de Responsabilidade Fiscal –, que estabelece normas para um novo padrão de governar, baseado em gestão que reconhece absoluta prioridade para o controle da despesa pública.

Nessa linha, os mecanismos de controle implementados visam a prevenir e a garantir a aplicação regular dos recursos públicos, zelando pela responsabilidade da gestão e constituindo-se em importante instrumento de visibilidade e legitimidade das ações administrativas.

---

[1] A divisão dos processos por classes no art. 17 do Regimento Interno do Conselho da Magistratura mostra claramente a matéria tratada e a necessidade de sigilo em algumas classes de processos administrativos ali listadas, em especial os da Classe B. Outros tipos de processos têm na publicidade requisito, como as licenças de Magistrados, cuja publicidade deriva do próprio princípio da publicidade que rege os atos da Administração Pública.

A proposta de subordinação da Diretoria Geral de Controle Interno do Poder Judiciário ao Conselho da Magistratura atende também ao determinado no art. 30, incisos XXXVI e XXXVII, do Código de Organização e Divisão Judiciárias do Estado do Rio de Janeiro (CODJERJ). Caber-lhe-á, como órgão de fiscalização e controle interno administrativo, a missão de assessorar o Conselho da Magistratura, avaliando a gestão contábil, orçamentária, financeira, patrimonial e operacional do Poder Judiciário, o que se compadece com o sistema consagrado no art. 74 e seus parágrafos da Constituição da República.

Como resultado da análise dos processos de trabalho da **Corregedoria Geral da Justiça** e da definição dos direcionadores estratégicos por parte da Comissão designada pelo Corregedor-Geral, foi elaborada a proposta de sua respectiva estrutura organizacional.

As principais transformações na estrutura organizacional da Corregedoria Geral da Justiça são:

(a) criação de Ouvidoria, com o objetivo de estabelecer canal oficial com os usuários internos e externos da primeira instância e da Secretaria Geral da Corregedoria, para esclarecimentos de dúvidas, registro de manifestações, reclamações, solicitações e sugestões;

(b) criação de Assessoria de Normatização, com a incumbência de elaborar documentos normativos administrativos relacionados às rotinas de atividades judiciais de primeiro grau e extrajudiciais;

(c) revisão da constituição das unidades organizacionais subordinadas ao Departamento de Pessoal, a partir da análise dos processos de trabalho realizados;

(d) revisão da constituição das unidades organizacionais subordinadas ao Departamento de Distribuições, a partir da análise dos processos de trabalho realizados;

(e) criação do Serviço de Administração do Plantão Judiciário, a fim de se formalizar o apoio, que atualmente é realizado pelo Departamento de Distribuições, no que respeita à infra-estrutura de funcionamento do plantão judiciário 24 horas;

EXPOSIÇÃO DE MOTIVOS DA RESOLUÇÃO QUE APROVOU A NOVA ESTRUTURA | 207

(f) revisão da constituição das unidades organizacionais subordinadas ao Departamento de Suporte Operacional, a partir da análise dos processos de trabalho realizados;

(g) criação da Divisão de Informações, com a finalidade de centralizar os serviços de informação prestados aos usuários internos e externos, por meio de atendimento telefônico e correio eletrônico, relativo a esclarecimento de dúvidas sobre os serviços prestados pela primeira instância e sobre procedimentos de trabalho realizados nas serventias judiciais de primeiro grau e extrajudiciais;

(h) criação do Departamento de Monitoramento, com as Divisões de Monitoramento Judicial e Monitoramento Extrajudicial, com a finalidade de centralizar a consulta e a disponibilização de informações estatísticas da produção dos serviços judiciais de primeiro grau e extrajudiciais;

(i) criação do Departamento de Apoio à Arrecadação, com as Divisões de Custas e de Selos; a Divisão de Custas prestará informações sobre a tabela de custas e emolumentos, bem como proporá sua atualização e melhoria; a Divisão de Selos responderá pela distribuição dos selos de fiscalização cartorária;

(j) criação do Departamento de Inspeção e Apoio Cartorário, com as Divisões de Apoio Cartorário Judicial e de Apoio Cartorário Extrajudicial, cuja finalidade será formalizar o atual Grupo de Inspeção Cartorária;

(k) criação do Departamento de Fiscalização Extrajudicial, com as Divisões de Inspeção da Arrecadação e de Inspeção e Apoio, com o escopo de formalizar o atual Grupo Especial de Fiscalização;

(l) formalização da estrutura organizacional da coordenação dos Núcleos Regionais.

O agrupamento das diversas **Comissões** que fazem parte do Poder Judiciário, em um único elemento na Estrutura Organizacional da Administração Superior, teve como finalidade proporcionar uma apresentação unificada dessas unidades organizacionais no primeiro nível de desdobramento do Organograma.

208 | A REFORMA DO PODER JUDICIÁRIO NO ESTADO DO RIO DE JANEIRO

É proposta a criação de duas novas Comissões, de forma a prover o Poder Judiciário de núcleos voltados à formulação de suas políticas e diretrizes de gestão:

(a) **Comissão de Gestão Estratégica**, com o fim de estabelecer as políticas, os objetivos e as metas de gestão, de forma a promover o desenvolvimento harmonioso de todas as unidades organizacionais do Poder Judiciário;

(b) **Comissão de Informatização**, com o fim de estabelecer os objetivos e as metas relacionados às políticas de informatização definidas pela Comissão de Gestão Estratégica, de forma a que a atuação da Diretoria Geral de Tecnologia da Informação seja balizada por critérios uniformes e emanados de uma única fonte decisória.

A proposta apresentada também contempla a reorganização das atividades que hoje são realizadas nas diversas Assessorias do Gabinete da Presidência em unidades organizacionais estruturadas, de acordo com suas atribuições e processos de trabalho.

As transformações propostas pretendem incrementar a função diplomática do **Gabinete da Presidência**, ou seja, servir de elo entre as diversas unidades organizacionais do Poder Judiciário, órgãos e entidades externas.

Como resultado da análise dos processos de trabalho da **Escola da Magistratura – Emerj** e da definição dos direcionadores estratégicos por parte da Comissão designada pelo seu Diretor Geral, foi elaborada a proposta de sua respectiva estrutura organizacional, na qual se destacam:

(a) criação da Comissão Acadêmica;

(b) criação da Comissão de Iniciação e Aperfeiçoamento de Magistrados;

(c) criação da Assessoria de Gestão Estratégica;

(d) criação do Departamento de Ensino, com as Divisões Acadêmica, de Apoio ao Ensino, de Biblioteca e Cultural;

(e) criação do Departamento de Aperfeiçoamento de Magistrados, com as Divisões de Iniciação e Vitaliciamento e de Aperfeiçoamento;

(f) criação do Departamento Administrativo, com as Divisões Administrativa, Financeira, de Apoio Logístico, de Publicações e de Material.

A proposta de criação da **Assessoria de Desenvolvimento Institucional** considera a necessidade de prover o Poder Judiciário de instrumentos que permitam sua maior aproximação da sociedade, auscultando-lhe as necessidades, avaliando-as e desenvolvendo as ações internas que permitam obter o alinhamento possível e desejável entre as suas necessidades e os processos de trabalho do Poder Judiciário.

Uma vez estabelecido o alinhamento entre as necessidades da sociedade e os processos de trabalho do Poder Judiciário, é fundamental a existência de ações, em caráter sistemático, que promovam melhorias contínuas desses processos de trabalho, aumentando progressivamente o grau de satisfação dos usuários em relação à qualidade do atendimento prestacional.

A estrutura organizacional proposta para a Assessoria de Desenvolvimento Institucional pretende prover o Poder Judiciário de sustentação para as três funções de obtenção de eficiência e de eficácia, resumidas nos parágrafos anteriores. São elas:

(a) a gestão geral das ações gerais (de planejamento, de acompanhamento e de controles) necessárias à sinergia dos esforços empenhados e recursos financeiros aplicados;

(b) o esforço para desenvolver ações de prevenção às falhas nos processos de trabalho administrativos e provê-los de mecanismos de melhorias contínuas;

(c) a implementação de um sistema de gestão para consolidar o conhecimento e orientar, objetivamente, a execução dos processos de trabalho.

A criação da **Diretoria Geral de Apoio ao Segundo Grau de Jurisdição** tem importância estratégica no projeto de modernização da gestão do Poder Judiciário do estado do Rio de Janeiro, na medida em que o objetivo de sua reestruturação tem foco precípuo na missão institucional e persegue a efetividade da prestação jurisdicional à população.

A busca pela celeridade do processo não pode ficar restrita à primeira instância, mas deve ser ainda maior na segunda instância, pois é ela a responsável pela decisão de Recursos e Processos Originários.

As alterações propostas para a atual Subsecretaria Judiciária, com o seu redesenho para uma Diretoria Geral de Apoio ao Segundo Grau de Jurisdição, têm como finalidade a caracterização das unidades a ela subordinadas, a clarificação e formalização das suas atribuições, de forma a articular os seus processos de gestão, via para obter-se celeridade.

A Diretoria Geral de Apoio ao Segundo Grau de Jurisdição será composta das seguintes unidades organizacionais:

❑ Departamento de Distribuição – tem como finalidade controlar, preparar e encaminhar o expediente da segunda instância do TJERJ;

❑ Divisão de Protocolo – tem como finalidade controlar entrada e saída do expediente judicial em segunda instância;

❑ Divisão de Autuação Cível – tem como finalidade transformar expedientes judiciais cíveis em processos de segunda instância, procedendo à sua autuação e verificação do recolhimento das custas;

❑ Divisão de Autuação Criminal – tem como finalidade transformar expedientes judiciais criminais em processos de segunda instância, procedendo à sua autuação e verificação do recolhimento das custas;

❑ Divisão de Apoio Operacional – tem como finalidade o apoio às atividades judiciárias através das atividades de mensageria e fotocópia de expedientes judiciais;

❑ Secretaria do Tribunal Pleno e Órgão Especial – tem como finalidade o processamento dos feitos cíveis em curso na Secretaria do Conselho da Magistratura, incluindo todas as atividades inerentes ao processamento e seu controle;

❑ Serviço de Processamento Cível – tem como finalidade o processamento dos feitos cíveis em curso no Órgão Especial, incluindo todas as atividades inerentes ao recebimento de expedientes, à publicação e à remessa de expedientes e certidões;

❑ Serviço de Processamento Criminal – tem como finalidade o processamento dos feitos criminais em curso no Órgão Especial, incluindo todas as atividades inerentes ao recebimento de expedientes, à publicação e à remessa de expedientes e certidões;

EXPOSIÇÃO DE MOTIVOS DA RESOLUÇÃO QUE APROVOU A NOVA ESTRUTURA | 211

- Serviço de Processamento Administrativo – tem como finalidade o processamento dos feitos administrativos em curso no Tribunal Pleno e no Órgão Especial, incluindo todas as atividades inerentes ao processamento e recebimento de expedientes, à publicação e à remessa de expedientes e certidões;
- Serviço de Processamentos Especiais – tem como finalidade o processamento dos feitos sigilosos de qualquer natureza em curso no Órgão Especial, incluindo todas as atividades inerentes ao recebimento de expedientes, à publicação e à remessa de expedientes e certidões;
- Secretaria da Seção Criminal – tem como finalidade o processamento dos feitos em curso na Seção, incluindo todas as atividades inerentes ao recebimento de expedientes, à publicação e à remessa de expedientes e certidões;
- Secretarias de Câmaras Cíveis ou Criminais – tem como finalidade o processamento dos feitos em curso nas Câmaras Cíveis e Criminais, incluindo todas as atividades inerentes ao recebimento de expedientes, à publicação e à remessa de expedientes e certidões;
- Divisão de Cumprimento de Diligências – tem como finalidade fazer cumprir determinações dos Desembargadores no que se refere à expedição de alvarás, mandados e ofícios.

A criação da **Diretoria Geral de Gestão do Conhecimento** atende a manifestações identificadas, considerando o gerenciamento do saber como uma das principais atividades a serem contempladas no projeto de fortalecimento e modernização do Poder Judiciário. Foi salientada a importância de conferir-se relevância ao gerenciamento das relações com as comunidades internas e com as entidades pertencentes à sociedade, o que hoje ocorre de forma não-estruturada, assistemática e, em certos aspectos, eventual.

A Diretoria Geral de Gestão do Conhecimento, concentrando atividades até aqui dispersas por diversas unidades organizacionais do Poder Judiciário e desencadeando outras embrionárias ou ainda inexistentes, buscará propiciar ao Poder Judiciário uma sintonia maior com o futuro, contribuindo para o uso mais efetivo da informação e do conhecimento na execução dos processos de trabalho das diversas unidades organizacionais.

A reunião das diversas unidades e atribuições afins, bem como a criação de novas unidades na Diretoria Geral de Gestão do Conhecimento, apresenta, ainda, a vantagem da articulação interdisciplinar das diversas formas de conhecimento técnico, seja jurídico ou administrativo, independentemente de sua origem, meio ou forma de utilização, ou de destinação ao ambiente, interno ou externo. O conhecimento produzido pelo Poder Judiciário circulará e será acessível a ambos os públicos, interno e externo, realimentando continuamente a interação entre a Sociedade e o Judiciário.

A criação da **Diretoria Geral de Tecnologia da Informação** está alicerçada na relevância do papel desempenhado pela tecnologia da informação no processo de transformação e modernização do Poder Judiciário. Em conformidade com esse papel, a missão estabelecida é a de propiciar às unidades organizacionais do Poder Judiciário os recursos tecnológicos, os sistemas de informação e os serviços necessários à informatização de seus processos de gestão e operação.

Consoante com tal importância, a atual Superintendência de Organização e Informática foi alçada ao nível de Diretoria Geral, diretamente subordinada à Presidência do TJERJ, com o mesmo nível de responsabilidade das demais Diretorias Gerais que compõem a infra-estrutura de retaguarda, para assegurar suporte à operação e gestão da linha de frente do Poder Judiciário.

A **Diretoria Geral de Planejamento, Coordenação e Finanças** é resultante da reformulação das unidades organizacionais e atribuições da atual Secretaria de Planejamento, Coordenação e Finanças. Como resultado das análises efetuadas, a reestruturação definiu o foco de atuação da Diretoria Geral em consonância com a missão de garantir, de forma eficiente, os recursos financeiros necessários à atividade jurisdicional.

Nesse sentido, foram retiradas da esfera de competência da Diretoria as funções de:

(a) desenvolvimento de produtos e serviços relacionados à tecnologia da informação, que passam a ser atribuição de uma unidade organizacional específica, a Diretoria Geral de Tecnologia da Informação;

(b) prestação e tomada de contas, que passam à responsabilidade da Diretoria Geral de Controle Interno do Poder Judiciário.

EXPOSIÇÃO DE MOTIVOS DA RESOLUÇÃO QUE APROVOU A NOVA ESTRUTURA | 213

Em contrapartida, foram agregadas novas atribuições à Diretoria Geral, especialmente quanto à supervisão e ao controle da execução dos atos referentes ao processamento da folha de pagamento dos magistrados, servidores e ocupantes de cargos em comissão, no âmbito de todas as unidades organizacionais do Poder Judiciário.

A estrutura organizacional proposta para a **Diretoria Geral de Logística** abrange, de forma integrada e harmônica, os processos de trabalho da cadeia de suprimento do Poder Judiciário, distribuindo-os entre os departamentos da Diretoria Geral em busca do equilíbrio de funções e respectivas missões críticas, com as seguintes descrições:

❑ Assessoria Técnica e Jurídica – prover assessoria técnica e jurídica aos processos internos da Diretoria, particularmente nas etapas dos certames licitatórios anteriores à respectiva contratação;

❑ Órgãos Julgadores de Licitação – conferir a aprovação de atos convocatórios e relatar impugnações a eles opostas, conduzir os certames licitatórios e julgar documentos e propostas neles apresentados; os processos de trabalho dos Órgãos Julgadores de Licitação são executados pela Comissão Permanente de Licitação e pelos Pregoeiros;

❑ Departamento de Contratos e Atos Negociais – dar consecução objetiva ao início da cadeia de suprimento – processamento e atendimento das necessidades e preparação das contratações –, bem como ao seu final, isto é, o controle de execução dos contratos e atos negociais;

❑ Departamento de Licitações e Formalização de Ajustes – a elaboração de atos convocatórios e a formalização de ajustes, incluindo contratos, atos negociais e convênios;

❑ Departamento de Infra-estrutura Operacional – gerir e executar, quando pertinente, os processos de arquivo e documentação de natureza administrativa, de fiscalização dos serviços de infra-estrutura do Foro Central (correspondências, mensageria, telefonia, recepção, serviço de concessionárias, utilidades etc.) e de apoio de logística aos Foros Regionais e do Interior;

❑ Departamento de Engenharia – gerir os processos de planejamento de engenharia e a fiscalização da execução de contratos decorrentes, bem como a execução seletiva de serviços de engenharia, incluindo novas edificações, ampliação e reformas de edificações e de sistemas;

- Departamento de Patrimônio e Material – gerir e executar os processos de recebimento, armazenamento e distribuição de materiais processados no Poder Judiciário, controle e fiscalização de materiais permanentes, produção de artes gráficas, produção e recuperação de mobiliários;
- Departamento de Transportes – gerir e executar os processos relacionados ao atendimento das necessidades de transportes do Poder Judiciário.

A **Diretoria Geral de Gestão de Pessoas** é desdobramento e complementação da atual Secretaria de Gestão de Pessoas. A estrutura organizacional proposta tem por finalidade proporcionar condições para que os processos de trabalho possam vir a ser gerenciados de forma mais sinérgica e centrados em resultados, na medida em que coloca sob a mesma subordinação unidades e processos de trabalho afins.

A incorporação à área de gestão de pessoas de atividades, de processos de trabalho e de unidades organizacionais, que hoje não estão sob sua gestão, mas que são da mesma natureza, visa a ampliar e reforçar o seu escopo de atuação.

A Diretoria Geral de Gestão de Pessoas será composta das seguintes unidades organizacionais:

- Escola de Administração da Justiça – tem como finalidade a condução do processo de pesquisa, o planejamento e a execução do processo de formação e aperfeiçoamento dos servidores do Tribunal de Justiça, por meio da coordenação dos programas de desenvolvimento de competências essenciais; atua em apoio e sintonia com a Diretoria Geral de Gestão do Conhecimento na definição, coordenação da formulação e estímulo ao desenvolvimento das bases de conhecimento da instituição;
- Departamento de Desenvolvimento de Pessoas – tem como finalidade a identificação do potencial dos quadros do Tribunal de Justiça e o desenvolvimento de programas para sua alavancagem, assim como a obtenção, a avaliação, o desenvolvimento e a integração do seu quadro de pessoal; no âmbito de sua atuação, mantém estreita integração com a

EXPOSIÇÃO DE MOTIVOS DA RESOLUÇÃO QUE APROVOU A NOVA ESTRUTURA | 215

Escola de Administração da Justiça no que tange ao desenvolvimento das competências essenciais dos servidores;

❑ Departamento de Administração e Legislação de Pessoal – tem como finalidade a análise dos processos administrativos, o cadastro e a prestação de informações sobre direitos e deveres de magistrados e servidores;

❑ Departamento de Saúde – tem como finalidade promover o bem-estar biopsicossocial do pessoal do Tribunal de Justiça, buscando a sua adaptação harmônica ao ambiente de trabalho.

A **Diretoria Geral de Segurança Institucional** traduz as notoriamente necessárias ampliação e consolidação das funções da existente Coordenadoria Militar. Alçada à categoria de órgão executivo, tem por finalidade a promoção da segurança nos níveis institucional, patrimonial e pessoal.

A implementação do modelo organizacional integrado idealizado, desde que aprovado pelo Órgão Especial, deverá observar algumas ações iniciais básicas, de forma a viabilizar-se nos planos político e operacional:

(a) implementação da Comissão de Gestão Estratégica, que deverá ter como uma das principais funções a definição de prioridades, o planejamento e o acompanhamento da implementação da nova Estrutura Organizacional;

(b) elaboração, para cada unidade organizacional contemplada na nova Estrutura Organizacional, de um planejamento para a sua respectiva implementação, utilizando a metodologia de Grupos e Subgrupos de Modernização e Gestão, aplicada na atual fase do Projeto, em consonância com as prioridades estabelecidas pela Comissão de Gestão Estratégica;

(c) divulgação interna, em cada unidade organizacional, do seu respectivo plano de implementação;

(d) modelagem, para cada uma das unidades organizacionais, dos processos de trabalho das unidades organizacionais, obedecendo a critério previamente estabelecido;

(e) revisão das atribuições das unidades organizacionais a partir da modelagem dos processos de trabalho;

A REFORMA DO PODER JUDICIÁRIO NO ESTADO DO RIO DE JANEIRO

(f) ajuste e detalhamento das matrizes de competências apresentadas pela Consultoria da FGV, a partir de análise apurada das atribuições estabelecidas para cada unidade organizacional;

(g) realização da lotação de pessoal nas unidades organizacionais mediante critério estabelecido de recrutamento e seleção, definido pela Diretoria Geral de Gestão de Pessoas em conjunto com a Comissão de Gestão Estratégica;

(h) revisão da estrutura de delegação de atribuições em vigor, para apoiar as novas atribuições das unidades organizacionais;

(i) provisão de infra-estrutura de instalações e equipe para a constituição de cada uma das unidades organizacionais da nova Estrutura Organizacional.

Considerando que a proposta da Estrutura Organizacional apresentada para o modelo organizacional integrado idealizado implica alterações de variada profundidade na situação existente, faz-se necessário estabelecer uma Agenda de Mudanças para a implementação da proposta. Tal Agenda, desdobrada em um horizonte de dois anos, complementa e dará continuidade às ações propostas ou executadas em fases anteriores.

A Agenda de Mudanças desdobra-se em três dimensões:

(a) foco no usuário e no cidadão;

(b) valorização das pessoas, considerada um dos fatores críticos para viabilizar a mudança;

(c) gestão da informação e do conhecimento, como instrumento essencial para a transformação institucional.

Para cada uma das dimensões são estabelecidas ações estratégicas, com o fim de viabilizar o processo de modernização do Poder Judiciário. A condução da Agenda de Mudanças deve ser realizada pela Comissão de Gestão Estratégica do Poder Judiciário.

O foco no usuário e no cidadão pressupõe que o processo de transformação institucional, para ser eficaz, contemple o Poder Judiciário como um todo. Por outro lado, o desempenho dos processos deve estar

EXPOSIÇÃO DE MOTIVOS DA RESOLUÇÃO QUE APROVOU A NOVA ESTRUTURA | 217

prioritariamente voltado para a agregação de valor, sob a perspectiva dos usuários e dos cidadãos.

São as seguintes as ações estratégicas propostas nessa dimensão:

(a) implementar a Estrutura Organizacional nas unidades organizacionais, conforme as prioridades estabelecidas pela Comissão de Gestão Estratégica, utilizando a metodologia de Grupos e Subgrupos de Modernização e Gestão, aplicada na atual fase do Projeto;

(b) continuar o processo de implementação da Diretoria Geral de Logística e da Diretoria Geral de Gestão de Pessoas, com as adaptações previstas na nova Estrutura Organizacional;

(c) desenvolver e implementar um Sistema de Gestão orientado para o Processo de Certificação ISO 9001:2000 para três unidades organizacionais selecionadas pela Presidência do Tribunal de Justiça;

(d) modelar e documentar, mediante a implementação de rotinas administrativas, os processos de trabalho das unidades organizacionais no nível operacional de Serviço;

(e) fortalecimento da operação descentralizada e regionalizada dos Foros;

(f) finalizar a implementação da Estrutura Organizacional do Modelo Organizacional Integrado Idealizado, ora em desenvolvimento.

O foco na valorização das pessoas pressupõe que o processo de transformação institucional seja desencadeado a partir do incremento da capacitação dos quadros de pessoal do Poder Judiciário.

São as seguintes as ações estratégicas propostas nessa dimensão:

(a) elaborar a matriz de competências administrativas judiciárias (definição de requisitos de formação, treinamento, habilidade e experiência para o exercício de cargos e funções);

(b) estabelecer um plano de desenvolvimento de competências;

(c) realizar um programa de desenvolvimento gerencial;

(d) promover estudos para a necessária implementação da Universidade Corporativa do Poder Judiciário, com a finalidade de gerenciar de forma integrada todas as atividades de desenvolvimento de pessoas, atualmente exercidas pela Emerj e pela Esaj, e alinhá-las às estratégias institucionais.

O foco na gestão da informação e do conhecimento pressupõe que o processo de transformação institucional seja apoiado em infra-estrutura adequada de tecnologia e de sistemas de informação, de forma a propiciar, com eficácia, as práticas de geração e disseminação de informações e de conhecimento, por toda a Instituição.

São as seguintes as ações estratégicas propostas nessa dimensão:

(a) implementar a estrutura organizacional da Diretoria Geral de Tecnologia da Informação;

(b) elaborar e implementar um plano de modernização de infra-estrutura de sistema e de tecnologia da informação;

(c) desenvolver práticas de geração e de disseminação do conhecimento, mediante a implementação da Diretoria Geral de Gestão do Conhecimento do Judiciário;

(d) atualizar a documentação normativa relacionada às competências administrativas de todas as unidades organizacionais do Poder Judiciário, compatibilizando-a com os instrumentos legais vigentes, de modo a compor o Regimento Interno do Sistema Administrativo Judiciário.

Os benefícios esperados, resultantes da implementação do modelo organizacional proposto, são especialmente os seguintes:

(a) reforço para a atuação jurisdicional, mediante a disponibilidade, sem aumento de despesa, de um cargo adicional para a assessoria direta dos Desembargadores e de outro para a Secretaria de Juízos Cíveis de Entrância Especial, na medida em que se tornem disponíveis os recursos financeiros resultantes do processo de implementação da nova estrutura organizacional, após a modelagem e a reformulação dos processos vigentes;

(b) reforço para a atuação dos servidores, mediante o equilíbrio de funções e responsabilidades;

EXPOSIÇÃO DE MOTIVOS DA RESOLUÇÃO QUE APROVOU A NOVA ESTRUTURA | 219

(c) redimensionamento das unidades organizacionais, de forma a proporcionar melhor execução e controle das atividades, redução do desperdício e da duplicidade de trabalhos;

(d) fortalecimento da área-fim (linha de frente), mediante a melhoria do apoio proporcionado pelas áreas-meio (retaguarda);

(e) projeção de imagem de modernização, mudança e transparência do Poder Judiciário do estado do Rio de Janeiro;

(f) maior aproximação da Instituição com a sociedade.

A Estrutura que ora se propõe apresenta condições de vir a ser passo relevante na resposta institucional aos justificados anseios pela modernização do Poder Judiciário, posto que projetada com ciência e técnica, e com a participação de profissionais que lhe conhecem o funcionamento e as deficiências, ao viverem o cotidiano da prestação jurisdicional e da administração judiciária.

Tal Estrutura, que se aperfeiçoará no curso de sua implantação e operação, oferecerá modelo apto a inspirar outros passos rumo à modernidade da Gestão Judiciária, mas sem a pretensão de remover todos os obstáculos ao eficaz desempenho dessa função estatal, somente superáveis pela conjugação de dois outros empreendimentos estratégicos:

(a) a racionalização dos ritos e liturgias do processo judicial, preservada a seriedade e a segurança de formas essenciais, racionalização essa dependente de reforma legislativa para a qual o Judiciário está pronto a contribuir;

(b) a redefinição do perfil nuclear do ofício jurisdicional no Estado Democrático de Direito, dependente de atualizar-se a Lei Orgânica da Magistratura Nacional, tarefa na qual está empenhado o Supremo Tribunal Federal, e de emenda constitucional cujo projeto transita no Congresso Nacional há mais de dez anos, tempo que testemunha os dissensos inerentes ao tema.

Enquanto essas duas vertentes estratégicas não se ultimam, é possível e desejável avançar-se na reestruturação interna da administração judiciária, para o que basta a vontade política de seus Órgãos diretivos. A aprovação e a implantação da nova Estrutura Organizacional já produzirão, por si só, estima-se, ganhos de racionalidade e produtividade no funcionamento da máquina judiciária, sem qualquer gravame para os seus custos. Ao contrário, ensejarão redução a ser reinvestida na melhoria dos serviços devidos aos jurisdicionados.

Exposição de motivos da resolução que redistribuiu cargos em comissão e funções gratificadas

A presente Exposição de Motivos subsidiou o projeto em que se converteu a Resolução nº 3, de 04/03/2004, por meio da qual o Órgão Especial do Tribunal de Justiça estabeleceu medidas e autorizou providências para a implantação da estrutura organizacional aprovada pela Resolução nº 15/2003.

Exposição de Motivos

O presente Projeto de Resolução almeja impulsionar a implantação da estrutura organizacional aprovada pela Resolução nº 15/2003, mediante: (a) a transformação e a redistribuição de cargos em comissão e funções gratificadas a que têm acesso os integrantes do Quadro Único de Servidores do Poder Judiciário, instituído pela Lei nº 3.893/2002, bem assim de cargos efetivos que se encontram desprovidos, considerados desnecessários; (b) outras medidas e providências correlatas.

Os cargos comissionados, as funções gratificadas e os cargos efetivos vagos e desnecessários devem ser compatibilizados com a nova estrutura, que enseja a redução de seu número e a aplicação da resultante economia na criação, sem aumento de despesa, de outras funções gratificadas, que atuarão, respectivamente, no Gabinete de cada Desembargador e junto a cada

A REFORMA DO PODER JUDICIÁRIO NO ESTADO DO RIO DE JANEIRO

Juízo de Entrância Especial, ao que definido, como prioridade, na Resolução nº 15/2003, art. 5º, §2º.

Sob tal perspectiva, a Resolução ora projetada estará, para a Resolução nº 15/2003, como o regulamento está para a norma de eficácia contida, de vez que a implantação da estrutura aprovada pela Resolução nº 15/2003 depende, quanto à lotação dos cargos em comissão e das funções gratificadas, da redistribuição e do aproveitamento que se propõem nos termos dos Anexos ao Projeto. Sem essa racionalização (redução e remanejamento) do quantitativo daqueles cargos e funções, não se viabilizam as novas funções gratificadas, nem o exercício das competências de chefia e assessoramento indispensáveis à gestão da nova estrutura. Em síntese, propõe-se a extinção de 133 cargos de direção e assessoramento superior (03 CG, 07 DG e 123 DAS) e de 48 cargos de assessoramento intermediário (CAI), no total de 181 cargos e funções comissionadas, além de 142 cargos de provimento efetivo que se encontram vagos, para que sejam transformados em 457 funções gratificadas (155 CAI-6 e 302 CAI-4).

Recorde-se que, em 2001, o Judiciário fluminense conveniou com a Fundação Getulio Vargas o desenvolvimento de estudos e projetos com vistas à racionalização de sua estrutura organizacional e à modernização dos processos de gestão de suas atividades. Em dezembro de 2003, a estrutura foi aprovada pela Resolução nº 15, do Órgão Especial, propiciando, mercê da supressão de redundâncias e superposições gerenciais e operacionais, a melhor adequação dos inúmeros serviços judiciários e a possibilidade de reforçarem-se pontos sensíveis das atividades de prestação jurisdicional. Os ganhos obtidos com a racionalização dos meios podem e devem ser investidos na consecução dos fins próprios do Poder Judiciário.

No segundo grau de jurisdição, esse reforço consistirá na criação de 155 funções gratificadas, símbolo CAI-6, junto ao Gabinete de cada Desembargador em atividade judicante. No primeiro grau, o reforço advirá da criação de 302 funções gratificadas de secretário de Juízo, símbolo CAI-4, para servir junto a cada Juízo de Entrância Especial (Comarcas da Capital, Niterói, Campos dos Goitacazes, Duque de Caxias, Nova Iguaçu, São João de Meriti, São Gonçalo, Petrópolis e Volta Redonda).

EXPOSIÇÃO DE MOTIVOS DA RESOLUÇÃO QUE REDISTRIBUIU CARGOS E FUNÇÕES | 223

A idéia da criação dessas funções, como reforço adequado à produtividade dos órgãos jurisdicionais, espelha-se nos resultados decorrentes da Lei estadual nº 2.369, de 26 de dezembro de 1994, que criou a função gratificada de secretário de juiz de direito no Poder Judiciário do estado do Rio de Janeiro, a que atribuiu a gratificação mensal de assessoramento intermediário, símbolo CAI-6.

Da experiência de quase uma década na utilização desse assessoramento intermediário (CAI) destacam-se dois pontos: (a) os juízes foram efetivamente providos do apoio que lhes faltava na organização e na realização das audiências, bem como em pesquisas para a tomada de decisões processuais e no atendimento a cidadãos e profissionais que procuram o Juízo; (b) tal secretário, porém, não logra efetuar tais tarefas e ainda zelar, satisfatoriamente, pela ordem administrativa do Juízo, seja no controle da memória, por matéria, de decisões e sentenças proferidas, ou no provimento de instalações, materiais e equipamentos necessários ao funcionamento do Juízo.

Se, de um lado, a atuação do secretário e a informatização dos serviços liberaram o juiz para concentrar-se na atividade judicante, o que aumentou a sua produtividade (no início da década de 1990, um Juízo cível da Comarca da Capital prolatava, em média, trinta sentenças ao mês; hoje, profere oitenta), de outro, o aumento da demanda pela prestação jurisdicional absorve o secretário e impõe ao juiz preocupações administrativas, quadro que tende a limitar a sua produtividade, quando esta haveria de acompanhar o incremento da demanda, que não tem sido inferior a 10% (dez por cento) ao ano, sobretudo após a implantação dos Juizados Especiais. É que estes, a partir da edição do Código de Defesa do Consumidor (Lei nº 8.078, de 11.09.90), atraíram milhares de novas ações do interesse do consumidor, ações essas que, em razão de seu pequeno valor (até quarenta salários mínimos), até então sequer eram propostas e passaram a ser graças ao seu processamento gratuito, em que a conciliação é possível sem a presença de advogados. Basta citar, para ilustrar-se a ordem de grandeza dessa evolução quantitativa de demanda pela prestação jurisdicional, que, de janeiro a novembro de 2003, na Comarca da Capital (Foros Central e Regionais), os Juizados Especiais Cíveis receberam 141.667 novas ações e julgaram 124.822, enquanto nas Varas Cíveis foram tombadas 106.273 novas ações e julgadas 65.515.

A evolução da produtividade dos desembargadores apresenta perfil próprio, posto que não se inclui na competência do Tribunal de Justiça o julgamento de recursos contra decisões proferidas nos Juizados Especiais, que contam com Turmas Recursais integradas por juízes. Nos últimos cinco anos (após a fusão dos Tribunais de Alçada, ocorrida em 1998), o número de processos autuados em segundo grau passou de 51.414, em 1999, para 83.285, em 2003 (aumento de 62%, média de 12,4% ao ano); o número de julgamentos elevou-se de 46.163, em 1999, para 83.498, em 2003 (aumento de 80%, média de 16% ao ano). Não houve modificação do número de órgãos julgadores, mas os desembargadores receberam, no período, o reforço de mais um assessor. É de esperar-se, portanto, que o acréscimo de outro assessor venha a proporcionar renovado incremento da produtividade.

Daí o Projeto, sem embargo de manter cada juiz estadual provido do secretário instituído pela mencionada Lei nº 2.369/94, acrescer um segundo secretário, símbolo CAI-4, a cada Juízo de Entrância Especial (que dele poderá valer-se se o juiz acumular Juizado Especial ou Turma Recursal dos Juizados Especiais), e um terceiro assessor, símbolo CAI-6, para cada Desembargador.

A solução de manter o número de órgãos julgadores – pela inviabilidade de multiplicá-lo indefinidamente, dadas as limitações orçamentárias e de infra-estrutura –, porém conferindo a cada qual mais e melhores meios (materiais e humanos) para elevar a produtividade, tem sido a adotada pelos Tribunais Superiores do país para fazer frente ao aumento contínuo da demanda por prestação jurisdicional.

Cuidando-se, como se cuida, de função de confiança, o seu exercício será privativo de serventuário titular de cargo efetivo (CF/88, art. 37, V), pelo que se estimulará o reconhecimento ao quadro de carreira, ao lado de dotar-se o Gabinete de cada Desembargador e dos Juízos de Entrância Especial, onde maior se apresenta o movimento de processos, de mais um auxiliar já afeito ao mister judiciário.

EXPOSIÇÃO DE MOTIVOS DA RESOLUÇÃO QUE REDISTRIBUIU CARGOS E FUNÇÕES | 225

Em termos de remuneração, trata-se de parcela insuscetível de incorporação aos vencimentos, posto que sua percepção vincula-se ao efetivo exercício da função, o que, de outro turno, assegura, como a prática tem demonstrado, a permanência daqueles que se comprovam aptos, ao nuto da autoridade judiciária. Se o servidor deixa a função, cessa a respectiva gratificação e direito não há à sua atribuição ao inativo, pela evidente razão de que este não estará a exercer função alguma.

Assim sempre entendeu o Supremo Tribunal Federal, em uma messe de julgamentos, a propósito da regra, insulada no art. 40, §8º, da Constituição da República, determinante da revisão dos proventos de aposentadoria e pensões "na mesma proporção e na mesma data, sempre que se modificar a remuneração dos servidores em atividade, sendo também estendidos aos aposentados e aos pensionistas quaisquer benefícios ou vantagens posteriormente concedidos aos servidores em atividade ...". A extensão, segundo orienta a Corte Excelsa, somente seria cabível se a remuneração independesse do exercício da função. Tornou-se paradigmática a decisão que, em via extraordinária, deu provimento a recurso contra decisão de Tribunal Estadual, que julgara procedente a pretensão de professores aposentados à extensão, para si, de gratificação de regência de turma, criada para os professores em atividade. De vez que os aposentados não mais exercem regência de turma, é curial que a gratificação, cujo fato gerador é a regência, não pode ser estendida aos proventos, como decidido pelo STF. Idêntica é a situação da gratificação a que farão jus o assessor de Desembargador e o secretário de Juízo enquanto exerçam a função. Assim, além de não acarretar aumento de despesa na folha de pagamento dos servidores ativos, porque decorrerá da transformação de cargos e funções que a nova estrutura tornou desnecessários, a gratificação devida aos ocupantes dessas funções de secretaria de Juízo e de assessoramento a Desembargador não repercutirá sobre as despesas com inativos.

O Projeto fixa a lotação, por unidade organizacional – tanto as administrativas quanto as judiciais –, do respectivo quantitativo de cargos em comissão e de funções em confiança. É que, por força do crescimento desordenado da máquina judiciária fluminense nas últimas décadas, premido pelo contínuo crescimento do número de ações ajuizadas e de serviços com o fim de atendê-las, especialmente a partir dos novos direitos estabelecidos na Constituição Federal de 1988, esses cargos e funções conhecem administração não raro casuística e improvisada. É comum encontrarem-se cargos e funções previstos na lotação de determinados órgãos deslocados a serviço de outros, o que dificulta o planejamento das atividades e o controle da produtividade, além de eventual desvio de função. Também é comum verificar-se número excedente de cargos e funções em certos órgãos, enquanto a outros faltam servidores. A lotação redistribuída e reorganizada, segundo critérios racionais de gestão por processos de trabalho, tende a eliminar tal dificuldade.

Em cumprimento ao determinado na Resolução nº 15/2003, no sentido de que a implantação integral da estrutura se faça de modo gradual, o Projeto propõe o cronograma do Anexo III. A inteligência da determinação está em que a extinção dos cargos e a sua transformação nas funções gratificadas retromencionadas não se podem dar no mesmo prazo e de uma só vez. A uma, porque poderiam acarretar solução de continuidade na gestão das unidades organizacionais, mormente naquelas em que houve redefinição de competências e atribuições. A duas, porque à criação, por transformação, dos 155 CAI-6 (assessoramento a Desembargador) e 302 CAI-4 (Secretaria de Juízo de Entrância Especial) corresponde a despesa mensal de R$ 809.282,13, ao passo que a extinção dos 133 cargos em comissão, 48 funções gratificadas e 142 cargos vagos de provimento efetivo gera, associada à implementação da nova estrutura, a economia mensal de R$ 540.894,28, restando, portanto, a diferença de R$ 268.387,25, que somente será coberta ao cabo da modelagem prevista no art. 5º, §1º, da Resolução nº 15/2003, a ultimar-se até o final deste exercício. Por isto que, de pronto, será possível a criação dos 155 CAI-6 (R$ 316.385,25), deixando-se a dos 302 CAI-4 (R$ 492.996,28) para implantação no prazo estabelecido no Anexo III.

O Projeto colhe a oportunidade de implantação da nova estrutura para suprir lacuna de há muito observada no concernente ao funcionamento dos Conselhos e Comissões que se foram instituindo ao longo da expansão das atividades judiciais, hoje somando vinte e seis. A princípio, eram as Comis-

EXPOSIÇÃO DE MOTIVOS DA RESOLUÇÃO QUE REDISTRIBUIU CARGOS E FUNÇÕES | 227

sões previstas na organização judiciária, tais como a do Regimento Interno e a de Legislação e Normas. Depois, atos executivos foram criando Conselhos e Comissões voltados para as mais variadas finalidades, tais como, entre outras, as de adoção de crianças e adolescentes; juizados especiais; vitaliciamento de juízes; avaliação documental; museu da Justiça; metas de arrecadação do Fundo Especial do Tribunal de Justiça; justiça itinerante; justiça terapêutica. Por último, a Resolução nº 15/2003, incorporando a consagrada tese de que diretrizes gerais ou especializadas devem ser preferencialmente propostas aos gestores de grandes estruturas por órgãos colegiados que descortinem a visão do sistema, aprovou a instituição de comissões específicas, como as de Gestão Estratégica e de Informática.

Nada obstante a diversidade de suas atribuições, formação e composição, tais Conselhos e Comissões apresentam em comum o fato de não contarem com regras que definam o seu funcionamento interno e o apoio administrativo necessário à realização de seus objetivos. É a falta que o Anexo IV pretende emendar, ao submeter ao Órgão Especial as normas que passarão a reger o funcionamento desses Colegiados, de modo a instituir rotinas uniformes que facilitem o cotidiano administrativo de seus trabalhos, preservado o foco de seus respectivos objetivos e peculiaridades.

A seguir, com o fim de emprestar maior agilidade ao estabelecimento de relações de cooperação com entidades externas, desejosas de apoiar a execução de programas de interesse comum entre o Judiciário e a comunidade – conjugação que o Estado contemporâneo tem testado nos últimos dez anos, com resultados notáveis sobretudo em países europeus, Inglaterra à frente (*public-private partnership* – PPP), e que ensaia os primeiros passos na Administração brasileira, na esteira do novíssimo conceito de "administração pública consensual" (v. Diogo de Figueiredo Moreira Neto, Mutações do Direito Administrativo, págs. 45 e segs., Ed. Renovar, 2000; e Carlos Pinto Coelho Motta, Perspectivas na Implantação do Sistema de Parcerias Público-Privadas (PPP), Informativo de Licitações e Contratos, nº 118, págs. 1.019-1.027, Ed. Ed. Zênite, dez./2003) –, o Projeto de Resolução propõe que o Órgão Especial autorize o Presidente a delegar a celebração de convênios a magistrado titular de Juízo de primeiro grau, desde que o seu objeto se realize sem ônus de qualquer natureza para o Poder Judiciário e vedadas a requisição e a cessão de pessoal.

Ao descentralizar a formalização desses ajustes para a autoridade judiciária que atua diretamente junto aos jurisdicionados, vincula-se a delegação à prévia verificação de cláusulas que eventualmente pudessem comprometer o orçamento do Judiciário, que não comporta investimentos em programas e projetos dissociados da prestação jurisdicional, mas que vê, na aproximação com entidades da comunidade, movidas pelo interesse público, excelente oportunidade para o desenvolvimento de consciência participativa em assuntos de cidadania e justiça, a par de ensejar aos jurisdicionados maior conhecimento sobre o Judiciário.

Por fim, completando este conjunto de providências de implantação da nova estrutura, o Projeto agasalha o atendimento a antiga aspiração dos serventuários, qual seja a de contarem, como ocorre em outros setores da Administração estatal, com verba de alimentação. A concessão do benefício já constava entre os projetos previstos no Plano de Ação Governamental do Judiciário Fluminense para o biênio 2003-2004, acomodando-se, portanto, à regra do art. 16 da Lei de Responsabilidade Fiscal.

Em recente decisão, o Plenário do Tribunal de Contas da União, sublinhando o caráter indenizatório do chamado auxílio-refeição e o seu expresso amparo em legislação federal, julgou possível e regular o seu pagamento a servidores, inclusive durante os períodos de afastamentos legalmente considerados como de efetivo exercício (Decisão nº 1.624/2002, Rel. Min. Lincoln Magalhães da Rocha, *DOU* de 09.12.02).

Tem-se que o deferimento do benefício a todos os 13.251 servidores ativos do Poder Judiciário harmoniza-se com o momento de implantação da nova estrutura organizacional, na medida em que uma das premissas desta é a de que o maior apoio possível aos agentes tende a elevar os graus de eficiência e eficácia de sua atuação, quando maior será, interna e externamente, a natural cobrança por resultados.

O auxílio-refeição (valor unitário mensal de R$ 154,00) somar-se-á a outros benefícios já garantidos (vg, auxílio-creche). Articulado com o quadro organizado em carreira desde 2002, com melhorias de instalações e

EXPOSIÇÃO DE MOTIVOS DA RESOLUÇÃO QUE REDISTRIBUIU CARGOS E FUNÇÕES | 229

condições materiais de trabalho decorrentes de obras e reformas por que vêm passando todos os prédios de Foros do Estado, e com padrão de remuneração que progressivamente se vá ajustando às responsabilidades das funções judiciárias (nesta data, os vencimentos mensais médios são de R$ 3.154,99, para os cargos de carreira, e de R$ 3.399,32, para os cargos de provimento isolado, sem contar a incidência de adicionais, como o de tempo de serviço, variáveis individualmente), o auxílio significará mais um passo para que os recursos humanos tenham as condições necessárias e suficientes à concretização, no Judiciário fluminense, de um dos mais prestigiosos princípios da moderna gestão – "na vida empresarial de hoje, a qualidade da força de trabalho tornou-se fator individualmente mais crucial para o êxito de uma organização" (Maria Amália Bernardes, A melhor empresa: como as empresas de sucesso atraem e mantêm os que fazem a diferença, pág. 20, Editora Elsevier, 2003).

A índole indenizatória do auxílio, que não se confunde, destarte, com verba remuneratória, autoriza que a despesa seja assumida tanto por convênio já firmado com o Banco do Brasil, cuja contrapartida é a gestão dos depósitos judiciais, quanto, se for o caso, pelo Fundo Especial do Tribunal de Justiça, ao qual é defesa despesa atinente à remuneração de pessoal (Lei nº 2.524/96, art. 2º, parágrafo único). No caso, a despesa com o auxílio-refeição, no valor mensal de R$ 2.040.654,00, segundo calculado nos autos do pertinente processo administrativo (nº 205.914/03), é absorvível pelo superávit mensal médio do Fundo (R$ 3.850.000,00, em 2003). Ademais, a par de sua consistência financeira, a arrecadação do Fundo conta com o tranqüilizador respaldo de consolidado entendimento do Supremo Tribunal Federal – "Ao contrário da Carta decaída (art. 62, §2º, que proibia a vinculação da receita de tributos em geral), a Constituição só vedou a vinculação a órgão, fundo ou despesa da receita de impostos (art. 167, IV): válida, pois, a afetação ao fundo impugnado do produto da arrecadação de taxas, quais a taxa judiciária e as custas, ou de receitas não tributárias" (ADIn nº 2.123-1-ES, Rel. Min. Marco Aurélio, por meio da qual, em 2001, se inquinava de inconstitucional o Fundo Especial do Tribunal de Justiça do Estado do Espírito Santo – *DJU* de 31.10.2003, reeditando orientação traçada nas ADIn nº 459-SC, Rel. Min. Carlos Velloso, RTJ 146/747, e nº 1.889-AM, Rel. Min. Nelson Jobim, Inf. STF 169).

Desse conjunto de medidas de implantação extrai-se que a estrutura organizacional aprovada pela Resolução nº 15/2003 enseja economia de custos que redunda em providências capazes de elevar a produtividade do Judiciário fluminense e o teor de eficiência e eficácia de seus serviços e servidores, sendo esse o escopo que anima a Administração a submeter ao Órgão Especial o presente Projeto.

Modelo de RAD:
elaboração de relatório de informações gerenciais

1. Objetivo

Estabelecer critérios e procedimentos para a elaboração e a formatação de Relatórios de Informações Gerenciais – RIGER.

2. Campo de aplicação e vigência

Todas as unidades organizacionais do Poder Judiciário do estado do Rio de Janeiro e passa a vigorar a partir de 26/10/2004.

3. Definições

TERMO	OBJETO
RAD	Rotina Administrativa
RIGER Setorial	Relatório de Informações Gerenciais, de **natureza sistemática**, elaborado pelas unidades organizacionais do Poder Judiciário do Estado do Rio de Janeiro.
RIGER do Poder Judiciário do Estado do Rio de Janeiro	Relatório de Informações Gerenciais, de **natureza sistemática**, consolidado e disponibilizado pela ASDIN, contemplando o conjunto de informações obtidas nos RIGER setoriais.
RIGER Extraordinário	Relatório de Informações Gerenciais elaborado por unidades organizacionais, consolidado pela ASDIN, específico para atender a **solicitações eventuais** de informações, formuladas por entidades ou órgãos externos ao Poder Judiciário do estado do Rio de Janeiro.
SIGA	Sistema Integrado de Gestão do Poder Judiciário.

4. Responsabilidades gerais

FUNÇÃO	RESPONSABILIDADE
Assessoria de Desenvolvimento Institucional – ASDIN	❑ apoiar as unidades organizacionais na formatação dos RIGER; ❑ consolidar os RIGER setoriais para compor o respectivo RIGER do Poder Judiciário do estado do Rio de Janeiro; ❑ consolidar os RIGER extraordinários; ❑ disponibilizar os RIGER setoriais e extraordinários.
Gabinetes das Diretorias Gerais e unidades organizacionais equivalentes	❑ elaborar os RIGER setoriais e extraordinários.
Diretoria Geral de Gestão do Conhecimento - DGCON	❑ disponibilizar os RIGER emitidos na Rede de Conhecimento do Poder Judiciário.
Todos os servidores	❑ Contribuir para a elaboração dos RIGER.

5. Relatórios de informações gerenciais setoriais e do Poder Judiciário do estado do Rio de Janeiro

5.1 Os Relatórios de Informações Gerenciais Setoriais (RIGER Setoriais) e os Relatórios de Informações Gerenciais do Poder Judiciário do Estado do Rio de Janeiro (RIGER do Poder Judiciário), ambos de natureza sistemática, são estabelecidos pela RAD-TJERJ-006 (Geração e Análise de Informações e Melhorias Contínuas) com o fim de subsidiar a gestão estratégica do Poder Judiciário do estado do Rio de Janeiro, com foco no ciclo de análise e melhorias.

5.1.1 Os gestores das Diretorias Gerais e unidades equivalentes emitem, com a periodicidade estabelecida na referida RAD, os RIGER Setoriais com as informações de suas respectivas análises críticas.

5.1.2 A ASDIN emite, com a periodicidade estabelecida na referida RAD, o RIGER do Poder Judiciário do estado do Rio de Janeiro, resultado da consolidação dos RIGER Setoriais.

5.1.3 A ASDIN providencia a disponibilização do RIGER do Poder Judiciário do estado do Rio de Janeiro para as Diretorias Gerais e unidades equivalentes.

5.1.4 A DGCON providencia a disponibilização das informações do RIGER do Poder Judiciário do estado do Rio de Janeiro na Rede de Conhecimentos do Poder Judiciário do estado do Rio de Janeiro.

MODELO DE RAD | 233

6. Relatórios de informações gerenciais extraordinários externos

6.1 O fluxograma para a geração de RIGER extraordinários externos (eventuais e destinados ao atendimento de solicitações de informações externas ao Poder Judiciário do estado do Rio de Janeiro) é apresentado no Anexo 1.

6.2 O canal de recebimento e de expedição de demandas por informações originárias de órgãos externos ao Poder Judiciário do estado do Rio de Janeiro é o Gabinete da Presidência do TJERJ, que registra as demandas e as encaminha à ASDIN.

6.3 A ASDIN procede à análise preliminar da demanda, verificando a necessidade de obtenção de autorização do Presidente do TJERJ, bem como a forma de realizá-la, isto é, com ou sem a elaboração do respectivo RIGER.

6.4 A ASDIN gerencia os prazos de resposta, empreendendo a coordenação das informações das unidades organizacionais demandadas.

6.5 De posse dos RIGER recebidos das unidades organizacionais, a ASDIN minuta a resposta e obtém a autorização da autoridade competente, encaminhando os autos do processo ao Gabinete da Presidência, para responder ao solicitante.

6.5.1 O RIGER de resposta pode ser o mesmo documento recebido da unidade organizacional demandada ou, quando for pertinente, um RIGER que consolide dois ou mais RIGER extraordinários de diferentes unidades organizacionais.

6.6 Sempre que uma unidade organizacional emitir um RIGER extraordinário, automaticamente repassa a informação à DGCON, com o fim de prover a disponibilização das informações na Rede de Conhecimentos do Poder Judiciário do estado do Rio de Janeiro.

7. Relatórios de informações gerenciais extraordinários internos

7.1 O fluxograma para a geração de RIGER extraordinários internos (eventuais e destinados ao atendimento de solicitações de informações internas) é apresentado no Anexo 2.

A REFORMA DO PODER JUDICIÁRIO NO ESTADO DO RIO DE JANEIRO

7.2 Os RIGER emitidos para atender a solicitações eventuais internas são elaborados, no tempo oportuno, pelas unidades organizacionais demandadas e enviados às unidades demandantes, para atender à necessidade geradora.

7.3 O canal de recebimento e de expedição das demandas de informações originárias de órgãos internos ao Poder Judiciário do estado do Rio de Janeiro é o Gabinete da unidade organizacional demandada, que registra a solicitação, coleta e consolida os RIGER.

7.4 De posse dos RIGER recebidos das unidades organizacionais, o Gabinete minuta a resposta e obtém a autorização da autoridade competente, conforme cada caso específico, encaminhando os autos do processo ao solicitante.

7.4.1 Quando necessário, o Gabinete solicitará a complementação de informações de outras unidades organizacionais, negociando o prazo e o conteúdo nos autos do mesmo processo administrativo.

7.5 Sempre que uma unidade organizacional emitir um RIGER extraordinário interno, automaticamente repassa a informação à DGCON, com o fim de prover a disponibilização das informações na Rede de Conhecimentos do Poder Judiciário do estado do Rio de Janeiro.

8. Formatação dos relatórios de informações gerenciais

8.1 Os Relatórios de Informações Gerenciais de qualquer natureza são elaborados com base na formatação estabelecida nesta RAD, que é o instrumento de padronização desse tipo de documento, cujo modelo, FRM-ASDIN-006-01, encontra-se na intranet.

8.1.1 O foco do RIGER é o atendimento a uma necessidade geradora. A padronização proposta não deverá prejudicar a finalidade do RIGER, cabendo flexibilizar a formatação sem prejuízo do modelo.

8.2 A ASDIN prestará o apoio necessário às unidades organizacionais para o cumprimento dos padrões estabelecidos nesta RAD, de forma a harmonizar conteúdo e forma.

MODELO DE RAD | 235

8.3 Os RIGER devem possuir, em todas as páginas, as seguintes informações de controle:

- **No cabeçalho:** título, unidade organizacional que o emite, autoridade responsável pelo conteúdo e data de emissão;
- **No rodapé:** tipo de relatório, número da página e a quantidade de páginas.

8.3.1 O título deve corresponder ao assunto tratado no RIGER.

8.4 Os RIGER específicos para atender a entidades ou órgãos externos ao Poder Judiciário, quando impressos, possuirão capa apropriada contendo as informações de identificação do documento.

8.5 Os RIGER devem conter os seguintes capítulos essenciais:

TÍTULO DO CAPÍTULO	DESCRIÇÃO	OBRIGATÓRIO
Sumário	Enumeração dos capítulos e itens do Relatório, acrescida do número das respectivas páginas.	Sim
Apresentação	Síntese da origem da demanda, descrição das principais informações do RIGER e período objeto de análise.	Sim
Metodologia	Informação sobre o método utilizado para planejar e compor o RIGER.	Não
Definições	Relação e definição dos termos específicos e siglas utilizados no conteúdo do RIGER, não-usuais no Poder Judiciário do estado do Rio de Janeiro.	Não
Diretrizes ou Títulos dos Capítulos	Apresentação pormenorizada do conteúdo do RIGER.	Sim
Considerações Finais	Apresentação das principais conclusões, recomendações, prognósticos e fechos pertinentes.	Sim
Anexos	Documentos ou informações que não foram inseridos no texto do RIGER, mas que sejam relevantes para a sua compreensão sistêmica.	Não

8.6 Os itens dos RIGER seguem numeração seriada, como nesta RAD. Caso sejam necessários outros desdobramentos, utilizam-se letras, hífens ou os marcadores disponíveis nos aplicativos de processamento de textos.

- **Capítulos, subcapítulos e parágrafos** são indicados por números arábicos, separados por pontos definidores da hierarquia, admitindo-se até numeração quaternária.
  Exemplo: 1, 1.1, 1.1.1 e 1.1.1.1;
- **Títulos dos capítulos primários**: possuem tipos em caixa alta, em negrito e separados do respectivo número do capítulo por espaço;
- **Títulos dos subcapítulos**: possuem o primeiro caracter em caixa alta; os demais são em caixa baixa, em negrito e separados do respectivo número do capítulo por espaço;
- **Alíneas**: podem ser usadas alíneas para hierarquizar itens de numeração quaternária ou quando esse tipo de arranjo for mais compreensível que a numeração em subcapítulos. Alíneas são subdivisões introduzidas pelas letras minúsculas do alfabeto, precedidas de recuo à esquerda, de acordo com a parte onde ocorrerá a inserção, seguidas do sinal de fechar parênteses; imediatamente após, sem espaços adicionais, vem o respectivo texto.
- O espaçamento entre linhas é de 1,5.

8.7 As expressões em língua estrangeira – palavras simples, palavras compostas ou frases – devem ser destacadas em itálico.

8.8 A utilização de maiúsculas restringe-se aos seguintes empregos:
- cabeçalho
- título
- cabeçalho de tabelas ou quadros
- títulos e legendas de figuras
- siglas tradicionais

8.8.1 O destaque usual consiste no emprego da maiúscula apenas no início da palavra. Esse caso ocorre, geralmente, nas seguintes condições:
- início do período
- nomes próprios
- títulos ou publicações
- citação para a introdução de siglas
- órgãos da organização
- nomes de organismos internacionais ou nacionais, congressos, conferências e similares

MODELO DE RAD | 237

8.9 Tabelas e quadros deverão ser utilizados para a apresentação de relações ordenadas de dados segundo determinada classificação. As tabelas ou quadros numéricos podem relacionar valores computados, com o fim de facilitar o manejo de equações complexas ou para apresentar séries estatísticas.

8.9.1 Os títulos de tabelas e caixas de textos devem destacar-se por sombreamento que facilite a leitura. O tamanho de tabelas e caixas de texto e demais configurações de formato é ajustado de acordo com o tamanho de seu respectivo texto e/ou dados.

8.9.2 Tabelas e quadros devem vir, de preferência, intercalados no texto, logo após serem citados pela primeira vez. Em casos excepcionais, quando as tabelas e os quadros ocuparem quantidade grande de páginas e essa composição não for viável, poderão ser apresentados ao final do texto, como anexos.

8.9.3 Tabelas e quadros devem ser sempre identificados por número em algarismos romanos e dotados de título explicativo de seu conteúdo, sendo imprescindível referenciar, no respectivo rodapé, a(s) fonte(s) de obtenção dos dados.

8.10 Quando os números se referirem a grandezas dimensionais, utilizar-se-á, conforme determinado pela legislação brasileira, o Sistema Internacional de Unidades, observadas onde couber, as recomendações específicas dos subparágrafos que se seguem.

8.10.1 O Sistema Internacional de Unidades é resumido no Quadro Geral das Unidades de Medida, do Instituto Nacional de Pesos e Medidas, disponível para consulta na Intranet, opção do menu "Documentos de Apoio" do SIGA.

8.10.2 Na representação de números fracionários, empregar exclusivamente a vírgula para separar as suas partes decimal e fracionária.
Exemplo: utilizar 4,5 e não 4.5.

8.10.3 Para melhorar a clareza de leitura de números grandes, separar as classes por pontos. As classes são compostas por três dígitos, contados a partir da vírgula. A separação por classes, caso necessário, também pode ser adotada na parte fracionária.
Exemplo: usar 1.267.327 e não 1267327; 1,453.249 e não 1,453249.

8.10.4 Utilizar somente algarismos significativos, desprezando a parte não significativa. Para tanto, considerar a precisão com que os dados de origem foram coletados, bem como a precisão requerida para a finalidade do Relatório. Quando desprezar alguma parte e o primeiro número desprezado tenha valor entre 0 e 4, manter o valor do último algarismo significativo que permanece. Alternativamente, somar uma unidade ao último algarismo significativo que permanece, caso o primeiro algarismo desprezado tenha valor entre 5 e 9.

Exemplo: usar 75,7% e não 75,67754%; 90,8 e não 90,845679 (supondo que haja, em ambos os exemplos, apenas um algarismo significativo após a vírgula).

8.10.5 As unidades de medida são escritas logo em seguida à parte numérica, com espaço de separação, com o fim de evitar confusão de leitura. O espaço de separação será suprimido quando se tratar de unidades de tempo ou unidades angulares sexagesimais.

Exemplo 1: usar **48 m** e não **48m**; **5 l** e não **5l**, **10 kg** e não **10kg**.

Exemplo 2: usar **5h** e não **5 h**; **25min** e não **25 min**; **20s** e não **20 s**; **6° 20' 15"** e não **6 ° 20 ' 15 "**.

8.10.6 Não utilizar indevidamente símbolos de unidades angulares sexagesimais no lugar de símbolos de unidades de tempo (ambas têm a mesma grafia).

Exemplo: usar **8h 20min 30s** e não **8h 20' 30"**.

8.10.7 As abreviaturas de unidades não levam marca de plural.

Exemplo: usar **9 m** e não **9 mts** ou **9 ms**; **20 kg** e não **20 kgs**; **25 cm** e não **25 cms**.

8.10.8 O símbolo de unidade monetária deve ser seguido de espaço em relação ao número que expressa o respectivo valor numérico:

Exemplo: usar **R$ 2.400,00** e não **R$2.400,00** ou **2.400,00 R$**.

8.11 Figuras e gráficos, de preferência, serão intercalados no texto, logo após sua primeira citação. Em casos excepcionais, em que tal composição se mostre inadequada, as figuras e gráficos serão apresentados ao final do texto, como anexos. Os gráficos e textos deverão possuir título e a respectiva fonte, se pertinente. A título de exemplificação, seguem alguns tipos de gráficos.

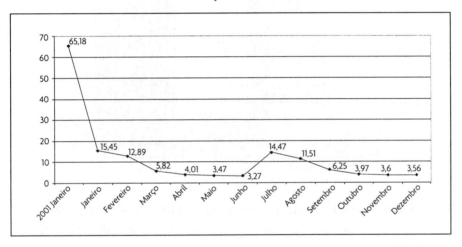

Tempo médio (dd) entre atuação
e distribuição cível — 2003

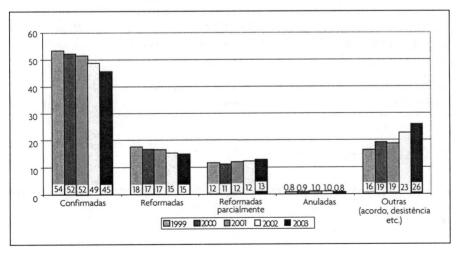

Análise qualitativa das sentenças (%)
1999/2000/2001/2002/2003

Juizados especiais cíveis
Comarcas do interior (tombados e julgados)
2003

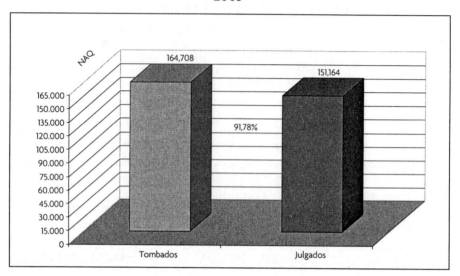

8.12 Todos os gráficos e tabelas apresentados nos RIGER deverão ter os dados que registram devidamente analisados, comentados e correlacionados.

9. Indicadores de desempenho

NOME	FÓRMULA	FREQÜÊNCIA
Índice de Pontualidade de RIGER Setoriais	Total de RIGER encaminhados no prazo / Total de RIGER encaminhados	Anual
Estatísticas gerais sobre RIGER Extraordinários	Conforme funcionalidade do sistema e interesses específicos	Anual

10. Gestão de registros

10.1 Os registros desse processo de trabalho são mantidos da seguinte forma:

REGISTROS	CÓDIGO	RESPONSÁVEL PELO REGISTRO	TEMPO DE ARQUIVAMENTO		
			ARQ. CORR.	ARQ. INTERM.	DESTI-NAÇÃO
RIGER Setoriais	==	Unidades organizacionais	2 anos	5 anos	Permanente
RIGER do Poder Judiiciário	==	ASDIN	2 anos	5 anos	Permanente
RIGER Extraordinários	==	Unidades organizacionais e ASDIN	2 anos	5 anos	Permanente

11. Anexos

❑ Anexo 1 – Fluxograma do Processo de Elaboração de Relatórios de Informações Gerenciais Extraordinários Externos.

❑ Anexo 2 – Fluxograma do Processo de Elaboração de Relatórios de Informações Gerenciais Extraordinários Internos.

❑ Anexo 3 – Modelo de RIGER

Anexo 1 – Fluxograma do processo de elaboração de relatórios de informações gerenciais extraordinários externos

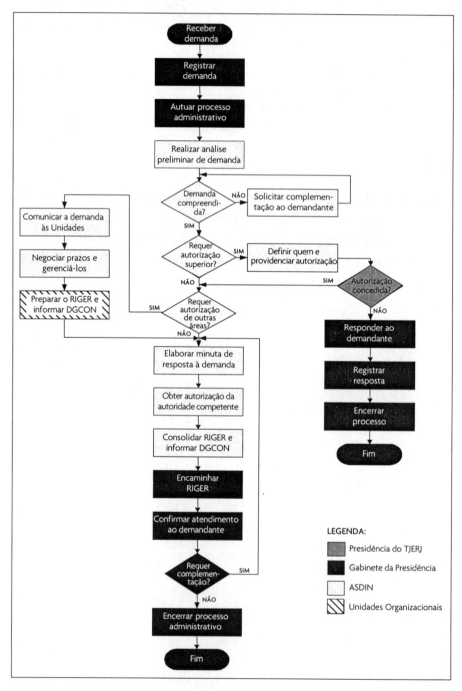

MODELO DE RAD | 243

Anexo 2 – Fluxograma do processo de elaboração de relatórios de informações gerenciais extraordinários internos

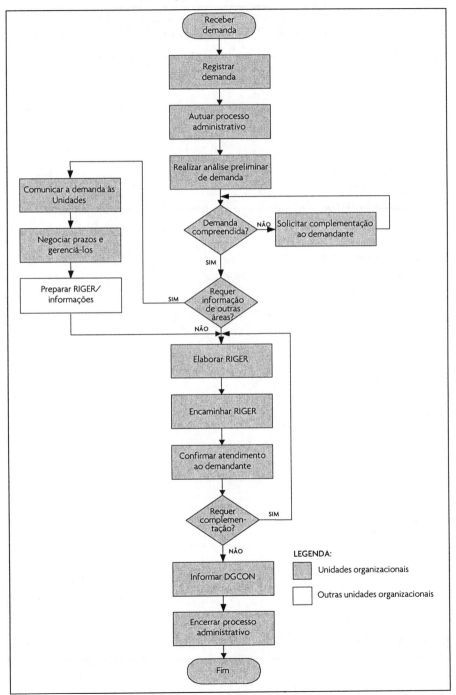

Anexo 3 – Modelo de RIGER

RELATÓRIO DE INFORMAÇÕES GERENCIAIS		
Unidade Organizacional:	Aprovado por	Emissão: 03/05/2006

SUMÁRIO

Enumeração de capítulos e itens do Relatório, acrescida do número das respectivas páginas.

Ex:

1 APRESENTAÇÃO 2
2 DEFINIÇÕES 3
3 CONTEXTUALIZAÇÃO 4
4 COLETA DE DADOS 5
5 SÍNTESE 6
6 CONSIDERAÇÕES FINAIS 7
7 ANEXOS 8

RIGER EXTRAORDINÁRIO

MODELO DE RAD | 245

RELATÓRIO DE INFORMAÇÕES GERENCIAIS		
Unidade Organizacional:	Aprovado por	Emissão: 03/05/2006

1 APRESENTAÇÃO

Deve determinar a abrangência de aplicação do documento, determinando a área (setor, seção, local, etc.), ao local se destina

2 DEFINIÇÕES

Relação e definição de termos específicos e siglas utilizados no conteúdo do RIGER, não-usuais no Poder Judiciário.

TERMO	OBJETO

3 CONTEXTUALIZAÇÃO

Apresentação pormenorizada do conteúdo do RIGER. São discriminados tantos capítulos quantos forem necessários. Pode ser dividido em subcapítulos, parágrafos e, quando necessário, alíneas, seguindo os desdobramentos da numeração do capítulo.

4 COLETA DE DADOS

5 SÍNTESE

6 CONSIDERAÇÕES FINAIS

Apresentação de conclusões, recomendações, prognósticos e outros fechos pertinentes.

7 ANEXOS

Documentos ou informações que não foram inseridos no texto do RIGER, mas que tenham sido referenciados.

RIGER EXTRAORDINÁRIO

Perfil das maiores demandas judiciais do TJERJ

1. Apresentação

Por solicitação do Senhor Ministro Nelson Jobim, Presidente do Supremo Tribunal Federal, este Relatório de Informações Gerenciais (RIGER) foi produzido pela DGJUR – Diretoria Geral de Apoio ao Segundo Grau de Jurisdição, sob a coordenação do Desembargador Jessé Torres, Gerente do Fundo Especial do Tribunal de Justiça e integrante da Comissão de Gestão Estratégica do TJERJ.

Reúne informações que objetivam compor o perfil das mais freqüentes demandas propostas perante as diferentes instâncias do Poder Judiciário do estado do Rio de Janeiro, nos aspectos de interesse da pesquisa solicitada.

A análise pretende identificar elementos para a formulação de ações que desestimulem a má prestação de serviços por parte das empresas mais acionadas em Juízo e, em conseqüência, reduzir o ônus do estado na solução dos conflitos decorrentes.

2. Definições

TERMO	OBJETO
Amostra	Qualquer subconjunto ou parte da população.
Comarca da Capital	Limite espacial de jurisdição que delimita o âmbito de atuação e de competência do Foro Central e dos dez Foros Regionais (Bangu, Campo Grande, Santa Cruz, Madureira, Méier, Jacarepaguá, Barra da Tijuca, Ilha do Governador, Leopoldina e Pavuna).

Continua

TERMO	OBJETO
DGJUR	Diretoria Geral de Apoio ao Segundo Grau de Jurisdição.
Foro Central	Instalação física, localizada na Av. Erasmo Braga, que congrega o núcleo central do Poder Judiciário do estado do Rio de Janeiro, composto das Varas Centrais da Capital e das Câmaras que formam o segundo grau de jurisdição.
Foro Regional	Instalação física que congrega Varas distribuídas por regiões da Comarca da Capital.
JEC	Juizados Especiais Cíveis, que processam causas cujo valor não ultrapassa 40 salários mínimos, instalados nas Comarcas do estado.
População ou Universo	Conjunto de indivíduos ou de objetos tendo, pelo menos, uma característica observada.
RIGER	Relatório de Informações Gerenciais
Sistema DCP	Sistema informatizado responsável pelo controle processual dos processos em tramitação nas Varas de primeiro grau de jurisdição.
Sistema DAP	Sistema informatizado responsável pelo controle processual dos processos em tramitação nos Juizados Especiais Cíveis e Criminais.
Sistema JUD	Sistema informatizado responsável pelo controle processual dos processos em tramitação no segundo grau de jurisdição.

3. Metodologia

O presente Relatório foi elaborado com base na sucessão de etapas, abaixo relacionadas, cuja explicação pormenorizada é encontrada no desenvolvimento de cada uma delas:

- seleção dos argumentos para a definição do escopo da pesquisa;
- seleção das empresas mais demandadas em cada universo de pesquisa (JEC, Varas e Câmaras);
- análise e inferências de cada um dos três universos de pesquisa;
- inferências e conclusões finais.

4. Escopo

Para a definição do escopo da coleta de dados e a respectiva análise foram selecionados os seguintes fatores:

FATORES	PORMENORIZAÇÃO
Período da pesquisa	01/01/2002 a 30/04/2004.
Universo de ações analisadas	Ações de responsabilidade civil propostas nos Juizados Especiais Cíveis – JEC e nas Varas comuns da primeira instância, estas desde que objeto de recurso para a segunda instância.
Foros de julgamento	Comarca da Capital, incluindo o Foro Central e os Foros Regionais, bem como o da Comarca de Niterói.
Fonte de coleta de dados	**Juizados Especiais Cíveis - JEC:** banco de dados do Sistema DAP; **Primeira instância (Varas):** banco de dados do Sistema de Distribuição e Controle Processual da Primeira Instância – DCP; **Segunda instância (Câmaras):** banco de dados do Sistema JUD e exame de autos processuais.

Nos 28 meses cobertos pela pesquisa, tramitou, pela rede de órgãos prestadores de jurisdição que integram todas as instâncias do Poder Judiciário do estado do Rio de Janeiro (131 Juizados Especiais Cíveis, 106 Juizados Especiais Criminais, 503 Varas, 18 Câmaras Cíveis e 8 Câmaras Criminais), o total de 2.019.558 ações e de 193.203 recursos, gerando 1.775.624 julgamentos, em primeiro e segundo graus.

O universo das ações analisadas neste RIGER, selecionadas, segundo os fatores retroindicados, constitui a mais volumosa categoria de conflitos da mesma natureza em curso no Judiciário deste estado – ordem de grandeza equivalente a um terço de todos os processos que tramitaram pelo Judiciário fluminense naquele período, versando sobre conflitos concernentes aos mais variados objetos (ilegalidades imputadas à Administração Pública, relações entre titulares de direitos patrimoniais privados, relações de família e de órfãos e sucessões, tutela dos direitos da infância e da juventude, acidentes de trabalho, denúncias criminais).

5. Seleção das empresas mais demandadas em cada universo de pesquisa

Com o fim de estabelecer caminho consistente, que autorizasse inferências de caráter geral, foram realizadas análises sobre os três universos de interesse, isto é, ações propostas nos Juizados Especiais Cíveis e nas

Varas da primeira instância, estas desafiando recursos para a segunda instância, de modo a estabelecer possíveis correlações e tendências, seja quanto a tempo de tramitação do processo, a valores de condenações, ou a volume de ações judiciais.

Para assegurar a abrangência requerida e contemplar as tendências de crescimento da demanda, foram selecionadas as empresas que tenham sido partes (autor ou réu) em cada um dos três universos de análise, cujo resumo numérico é mostrado nos quadros II, IV e V deste RIGER.

No universo dos Juizados Especiais Cíveis, pela sua característica de distribuição concentrada (poucas empresas sendo responsáveis por muitas ações), foram selecionadas as 16 empresas mais demandadas. Para as Varas de primeira e as Câmaras de segunda instâncias foram selecionadas as 32 empresas mais demandadas, em face da mais desconcentrada distribuição de ações.

Mediante a análise das dezesseis empresas mais demandadas nos JEC (Quadro II), foram estabelecidos os seguintes grupos de atividades e as respectivas empresas que os compõem:

- ❑ Concessionárias de telefonia fixa e móvel: **Telemar, Embratel, Telefônica Celular.**
- ❑ Concessionárias de luz, água e esgoto: **Cerj, Light e Cedae.**
- ❑ Fornecedores de bens e serviços sujeitos às normas de defesa do consumidor: **C&A Modas, Casa Bahia** e seguradoras em geral.
- ❑ Instituições financeiras: **Banco do Brasil, Banco Bradesco, Fininvest, Banco Itaú, Banco Banerj, Banco ABN Amro Bank, Cartão Unibanco, Banco Unibanco, Cartão Credicard e Bradesco Seguros.**
- ❑ Governo, médias e grandes empresas: **estado do Rio de Janeiro, município do Rio de Janeiro, Petrobrás e CSN.**

Com base no agrupamento estabelecido, bem como nas quantidades de ações aforadas, obteve-se a freqüência de ocorrência por grupos de atividades mostrada no quadro a seguir.

PERFIL DAS MAIORES DEMANDAS JUDICIAIS DO TJERJ | 251

Quadro I – Distribuição de empresas por instância e por grupos de atividades

GRUPO	JEC		1ª INSTÂNCIA		2ª INSTÂNCIA	
	Qtde.	%	Qtde.	%	Qtde.	%
Concessionárias de telefonia fixa e móvel	3	19	2	6	3	10
Concessionárias de luz, água e esgoto	3	19	2	6	2	6
Fornecedores de bens e serviços	2	12	10	31	9	29
Instituições financeiras	8	50	14	44	12	39
Governo, médias e grandes empresas	0	0	4	13	5	16

A análise preliminar do Quadro I sugere que as concentrações ocorrem em função das características de poder socioeconômico da parte mais fraca na relação, a saber:

☐ JEC: concentração em empresas referentes a compras de baixo valor financeiro, associadas ou não a financiamentos por meio de cartão de crédito do lojista ou em demandas de serviços essenciais (telefonia fixa, água e esgoto, luz); tais ações referem-se à carteira pulverizada de clientes, com valores reclamados relativamente baixos e envolvendo maioria de pessoas físicas;

☐ primeira instância: concentração em sociedades comerciais e instituições financeiras, com reduzida participação do estado do Rio de Janeiro e grandes empresas (Petrobras e CSN);

☐ segunda instância: concentração em instituições financeiras e governo (estado e município do Rio de Janeiro) ou grandes empresas (CSN, Petrobras e CBTU/Supervia); tais ações referem-se à carteira de clientes em geral concentrada, com valores relativamente altos e envolvendo maioria de pessoas jurídicas.

6. Análises e inferências nas ações propostas nos juizados especiais cíveis – JEC

O Quadro II apresenta as dezesseis empresas mais demandadas nos JEC.

Quadro II – Informações das 16 empresas mais demandadas nos JEC

EMPRESAS MAIS DEMANDADAS	1/5/2002 a 31/08/02	1/9/2002 a 31/12/02	1/1/2003 a 30/04/03	1/5/2003 a 31/08/03	1/9/2003 a 31/12/03	1/1/2004 a 30/04/04	Total Geral	% de participações	% de participações acumuladas	Total 2003	Previsão 2005	Variação % 2003 a 2005
Telemar	29.540	22.786	25.766	29.688	25.287	23.810	156.877	48,9	48,9	80.741	67.366	−17
Cerj – Companhia de Eletricidade do Rio	5.124	5.357	6.431	8.422	7.229	7.524	40.087	12,5	61,4	22.082	32.648	48
Light – Serviços de Eletricidade S/A	3.451	2.898	3.829	5.560	4.414	4.205	24.357	7,6	69,0	13.803	18.638	35
Banco Itaú S/A	3.089	1.056	1.483	4.107	2.194	1.127	13.056	4,1	84,5	7.784	4.103	−47
Banco do Brasil S/A	1.718	1.620	1.878	2.601	2.583	2.762	13.162	4,1	73,1	7.062	12.259	74
Banco Bradesco	1.843	1.636	1.895	2.505	2.234	2.698	12.811	4,0	77,1	6.634	10.699	61
Fininvest S/A	1.990	1.560	1.706	1.905	1.664	1.702	10.527	3,3	80,4	5.275	4.666	−12
Banco Banerj S/A	792	804	826	1.212	2.250	3.714	9.598	3,0	87,5	4.288	17.228	302
Embratel	1.249	1.135	1.028	1.256	1.120	1.111	6.899	2,2	89,6	3.404	3.123	−8
Credicard	1.001	1.114	956	1.347	1.070	937	6.425	2,0	91,6	3.373	3.173	−6
Telefônica Celular	798	698	1.103	981	861	1.255	5.696	1,8	93,4	2.945	4.553	55
Banco ABN Amro Bank S/A	1.049	725	864	972	764	680	5.054	1,6	95,0	2.600	1.485	−43
C&A Modas	674	584	662	1.277	1.054	1.155	5.406	1,7	96,7	2.993	5.551	85
Cedae – Comp. Est. de Água e Esgoto	404	391	716	739	820	782	3.352	1,2	97,9	2.275	3.983	75
Casa Bahia Comercial LTDA	471	402	647	779	680	993	3.972	1,2	99,1	2.106	4.295	103
Cartão Unibanco	411	531	462	734	455	217	2.810	0,9	100,0	1.651	810	−51
Total							320.589	100		169.016	194.572	

PERFIL DAS MAIORES DEMANDAS JUDICIAIS DO TJERJ | 253

Adicionalmente às informações do Quadro II, é possível visualizar-se, nos gráficos constantes do Anexo 1, o histórico do ajuizamento de ações, por quadrimestre e por empresa, com a finalidade de identificar as tendências de demanda, provavelmente decorrentes da má prestação de serviços por parte das empresas.

O Quadro III mostra a tendência de crescimento de demandas nos JEC, por empresas e por grupos de atividades.

Quadro III – Resumo das tendências de variação do volume de demandas

Empresa	Tendência
Telemar	Queda
Cerj - Companhia de Eletricidade do Rio	Alta
Light- Serviços de Eletricidades S/A	Alta
Banco do Brasil S/A	Alta
Banco Bradesco	Alta
Fininvest S/A	Queda leve
Banco Itaú S/A	Queda (inconstante)
Banco Banerj S/A	Alta acentuada
Embratel	Estável
Credicard	Estável
Telefônica Celular	Alta
Banco ABN Amro Bank S/A	Queda
C&A Modas	Alta acentuada
Cedae – Comp. Est. de Água e Esgoto	Alta (inconstante)
Casa Bahia Comercial LTDA	Alta
Cartão Unibanco	Queda (inconstante)

Grupo de Atividades	Tendência
Concessionárias de Telefonia	Queda
Concessionárias de Luz, Água e Esgoto	Alta acentuada
Fornecedores de bens e serviços	Alta acentuada
Instituições financeiras (bancos e cartões de crédito não vinculados a comércio)	Alta acentuada

No período compreendido entre o primeiro quadrimestre do ano de 2002 e o primeiro quadrimestre de 2004 (inclusive), registrou-se um total de 714.061 ações, do que se depreende que as dezesseis empresas mais demandadas, com total de 320.589 ações aforadas no mesmo período, são responsáveis por 44,9% do total de ações distribuídas entre os JEC.

Foram desprezados os dados correspondentes ao primeiro quadrimestre do ano de 2002, em face da significativa participação da Telemar no conjunto de ações. Essa taxa de participação foi parcialmente reduzida com a implementação do chamado "Expressinho", iniciativa implementada pelo TJERJ com o fim de estimular a Telemar a compor-se com os demandantes antes do ajuizamento das ações. Implementada no mês de abril de 2002, a alternativa promoveu a redução de 53.725 ações, propostas no primeiro quadrimestre, para 29.540 ações, propostas no segundo quadrimestre, representando queda de 45% na quantidade de ações ajuizadas.

Nada obstante, é significativa a contribuição da Telemar no volume de ações (cerca de quatro vezes superior à média da empresa colocada em segundo lugar), o que requer consideração específica. Em que pese ao resultado do "Expressinho" e a tendência levemente declinante da quantidade de ações propostas (ver Anexo 1), a Telemar continua representando, somente ela, cerca de 48,9% do total de ações acumuladas no período 2003/2004, entre as dezesseis empresas selecionadas nos JEC.

Chama a atenção a característica sazonal observada nos gráficos do Anexo 1, que mostram significativa redução de ações judiciais iniciadas no terceiro quadrimestre de cada ano. Isso pode estar relacionado ao recesso do Judiciário ao final do exercício, acarretando redução de produtividade significativamente maior do que no recesso do meio do ano, dado a ser levado em conta nas cogitações acerca da conveniência e da necessidade de existirem dois períodos anuais de recesso.

Observe-se, no Quadro II, que as seis empresas mais demandadas acumulam cerca de 80% das ações ajuizadas, entre as dezesseis selecionadas, evidenciando que há forte concentração, mesmo nesse grupo, das mais demandadas perante os JEC.

O Quadro II também mostra a projeção de crescimento das demandas nos JEC, estimado em 15% (de 169.016 ações em 2003, para 194.572 projetadas para 2005). Desse aumento provavelmente resultarão dois efeitos: a mobilização de maiores recursos por parte do TJERJ e o aumento dos prazos para a solução dos conflitos.

É interessante considerar o levantamento realizado pelo Centro Brasileiro de Estudos e Pesquisas Judiciais, cujo resultado, publicado no jornal Valor Econômico, edição de 21/06/2004, sobre as causas que levam a população aos Juizados Especiais Cíveis no estado de São Paulo, pode ser assim resumido:

PERFIL DAS MAIORES DEMANDAS JUDICIAIS DO TJERJ | 255

- cerca de 33% dos demandantes têm como grau de instrução até o segundo grau incompleto;
- cerca de 32% têm como grau de instrução o segundo grau completo;
- cerca de 35% têm curso superior, completo ou incompleto;
- cerca de 47% das ações referem-se a cobranças;
- apenas 19% auferem renda igual ou superior a R$ 2.000,00.

Supondo-se que haja similaridade entre os protagonistas dos conflitos ajuizados nos estados do Rio de Janeiro e de São Paulo, mostra-se inquietante a participação de algumas empresas no crescimento das demandas (Banco Banerj, Cerj, Light, Banco do Brasil, Telefônica Celular, C&A Modas e Cedae), tal como mostra o Anexo 1. Considerando-se que nos JEC não há custas, atendendo-se, em geral, à população de menor renda, há de ser admitida a possibilidade de as empresas estarem deixando de investir na melhoria de sua gestão em prejuízo dos clientes e usuários, que são levados a buscar no Judiciário a reparação de danos decorrentes da prestação desses serviços.

Tal situação pode, ademais, estar promovendo a transferência de recursos da parcela da sociedade que recolhe impostos e faz funcionar a Justiça gratuita, para empresas que não atendem à sua clientela satisfatoriamente, assim requerendo uma reação pedagógica em resposta.

7. Análises e inferências nas ações propostas nas varas de primeiro grau

Os dados quantitativos utilizados como base para a pesquisa foram obtidos a partir de consulta ao Sistema DCP, que dá suporte à primeira instância.

O número total de ações propostas nas Varas de primeiro grau no período da pesquisa alcançou 829.226. A esse quantitativo aplicaram-se as seguintes restrições de escopo: período compreendido entre 01/01/2002 a 30/04/2004; apenas as ações de responsabilidade civil que tenham sido objeto de recurso de apelação; somente as ações aforadas na Comarca da Capital, incluindo o Foro Central e os dez Foros Regionais, bem como o da Comarca de Niterói; somente as ações distribuídas no foro comum, excluídas as pro-

A REFORMA DO PODER JUDICIÁRIO NO ESTADO DO RIO DE JANEIRO

cessadas nos Juizados Especiais. A aplicação destas restrições restringe o universo de análise a 38.794 ações.

O Quadro IV mostra os ajuizamentos, por empresa, distribuídos no mesmo período de análise dos dados coletados, considerada a subamostra referente às trinta e duas empresas com maior participação no *ranking* desse universo.

Quadro IV – Relação das 32 empresas mais demandadas nas Varas da primeira instância

EMPRESAS MAIS DEMANDADAS NA 1ª INSTÂNCIA	1/1/2002 a 30/04/02	% de participações em relação ao total geral	% de participações acumulada em relação ao total geral
Telemar	1.692	4,4	4,4
Petrobras	1.052	2,7	7,1
Banco do Brasil	833	2,1	9,2
Bradesco Seguros	745	1,9	11,1
Banco Itaú	713	1,8	13,0
Unibanco	675	1,7	14,7
Banco Bradesco	639	1,6	16,4
Light	630	1,6	18,0
Banco Banerj	535	1,4	19,4
CBTU/Supervia	415	1,1	20,4
Banco ABN AMRO	408	1,1	21,5
Estado do Rio de Janeiro	364	0,9	22,4
Sul América Seguros	362	0,9	23,4
Cerj	345	0,9	24,3
Editora O Dia	307	0,8	25,0
Unibanco Seguros	298	0,8	25,8
Credicard	259	0,7	26,5
Banco Fininvest	238	0,6	27,1
Banco Santander	220	0,6	27,7
Serasa	196	0,5	28,2
C&A	181	0,5	28,6
Companhia Siderúrgica Nacional	161	0,4	29,0
Losango	156	0,4	29,4
Itaú Seguros	139	0,4	29,8
Caixa Geral S/A	138	0,4	30,2
Infoglobo	134	0,3	30,5
Banerj Seguros	126	0,3	30,8
Telerj Celular	119	0,3	31,1
HSBC Bank Brasil	117	0,3	31,4
Cartão Unibanco	114	0,3	31,7
Jornal Extra	102	0,3	32,0
HSBC Bamerindus	99	0,3	32,3
Total das 32 empresas	12.512	32,3	-

Universo considerado   38.794

PERFIL DAS MAIORES DEMANDAS JUDICIAIS DO TJERJ | 257

O Quadro IV permite observar que a Telemar também lidera este *ranking*, superando em mais que 60% a segunda colocada (Petrobras). Em que pese à distribuição mais uniforme do quantitativo de ações por empresas, em relação aos JEC, verifica-se que as dez empresas mais demandadas nas Varas respondem por cerca de dez por cento das ações do universo, isto é, 38.794 ações.

Esse grupo de 32 empresas, com agrupamento de ações por natureza de atividade, apresenta o seguinte perfil:

- concessionárias de telefonia fixa e móvel: 14,5%;
- concessionárias de luz, água e esgoto: 7,8%;
- fornecedores de bens e serviços sujeitos às normas de defesa do consumidor: 20,7%;
- instituições financeiras (bancos e financeiras, com exclusão dos cartões de crédito orgânicos de empresas comerciais): 41,1%;
- Governo, médias e grandes empresas: 15,9%.

Quadro V – Distribuição de processos por grupo de atividades (32 empresas mais demandadas na primeira instância)

EMPRESAS MAIS DEMANDADAS	Total Geral	% de partici-pações	% de partici-pações acumulada
Instituições financeiras (bancos e cartões de crédito não vinculados a comércio)	5.144	41,1	41,1
Fornecedores de bens e serviços	2.590	20,7	61,8
Governo (Estadual e Municipal), Petrobras e CSN	1.992	15,9	77,7
Concessionárias de Telefonia	1.811	14,5	92,2
Concessionárias de Luz, Água e Esgoto	975	7,8	100,1

A observação do Quadro V sugere forte concentração de ações ajuizadas em face de instituições financeiras, indicando a necessidade de medidas pedagógicas junto a esse segmento.

Em segunda prioridade, identifica-se a contribuição dos fornecedores de bens e serviços, incluindo seguradoras e administradoras de cartões de crédito associadas a vendas e de alguma forma também vinculadas a atividades financeiras.

Conclui-se que as atividades relacionadas ao mercado financeiro respondem por mais de 60% das ações distribuídas às Varas.

8. Análises e inferências nas ações cujas sentenças foram objeto de apelação

Os dados quantitativos utilizados como base para a pesquisa foram obtidos a partir de consulta ao Sistema JUD, que dá suporte à segunda instância.

O número de ações em que são partes as empresas selecionadas, encontrado no Sistema JUD, superou 190 mil processos. A esse quantitativo aplicaram-se as restrições de escopo já indicadas: período compreendido entre 01/01/2002 e 30/04/2004; apenas as ações de responsabilidade civil que tenham sido objeto de recurso de apelação; somente as ações aforadas na Comarca da Capital, incluindo o Foro Central e os dez Foros Regionais, bem como o da Comarca de Niterói; somente as ações distribuídas no foro comum, excluídas as processadas nos Juizados Especiais.

Esses parâmetros reduziram o universo da pesquisa a 19.766 processos, quantitativo ao qual se pode atribuir, para o grau de precisão requerido neste RIGER, a consideração de "população infinita". As estatísticas da variável "valor de condenação" desta população, calculadas sobre amostra de 244 processos, produzem os seguintes valores:

média = X = R$ 15.073,35;	desvio-padrão = s = R$ 10.208,07.

Estabelecendo nível de confiança em 95%, resulta que, para a suposição feita ("população infinita"), o tamanho da amostra estimado é de 705 processos.[1]

Adicionalmente à utilização dos dados existentes, houve necessidade de consultar os autos processuais, de forma a encontrar algumas das informações requeridas, não registradas no sistema informatizado.

Com o fim de obter informação suficientemente ampla e consistente, tendo como fatores de restrição os recursos e o tempo disponíveis, o tamanho da amostra foi ampliado para 2.404 processos para as análises subseqüentes.

---

[1] $N=[(z_{\alpha/2} \cdot \sigma)/h]^2$, onde 2h é o intervalo de confiança selecionado.

O Quadro VI, a seguir, mostra a distribuição de apelações por empresas, no mesmo período da análise dos dados coletados, considerada a subamostra referente às trinta e duas empresas com maior participação no *ranking* de apelações.

Quadro VI – Relação das 32 empresas mais demandadas perante as Câmaras da segunda instância

EMPRESAS MAIS DEMANDADAS NA 2ª INSTÂNCIA	1/1/2002 a 30/04/02	% de participações em relação ao total geral	% de participações acumuladas em relação ao total geral
Telemar	620	3,1	3,1
Unibanco	475	2,4	5,5
Banco Itaú	443	2,2	7,8
Banco do Brasil	442	2,2	10,0
Banco ABN Amro	435	2,2	12,2
Credicard	344	1,7	14,0
Companhia Siderúrgica Nacional	319	1,6	15,6
Petrobras	312	1,6	17,2
Bradesco Seguros	269	1,4	18,5
Estado do Rio de Janeiro	266	1,3	19,9
Fininvest	260	1,3	21,2
Banco Banerj	254	1,3	22,5
Banco Bradesco	247	1,2	23,7
Light	243	1,2	24,9
Município do Rio de Janeiro	204	1,0	26,0
Losango	191	1,0	26,9
CBTU	177	0,9	27,8
Supervia	139	0,7	28,5
Unibanco Seguros	133	0,7	29,2
Editora O Dia	119	0,6	29,8
Sul América	116	0,6	30,4
HSBC Bank Brasil	107	0,5	30,9
C&A modas	106	0,5	31,5
Cartão Unibanco	102	0,5	32,0
Banco Santander	99	0,5	32,5
Infoglobo Comunicações	86	0,4	32,9
Cerj	82	0,4	33,3
Telerj	82	0,4	33,8
Itaú	80	0,4	34,2
Telerj	79	0,4	34,6
Rio Ita	78	0,4	35,0
Banco Real	70	0,4	35,3
Total das 32 empresas	6.979	35,3	-

Universo considerado   19.766

Observa-se que três empresas (Embratel, Cedae e Casa Bahia) não estão presentes na relação do Quadro II, referente aos processos tombados nos JEC. Essas três empresas têm como clientela majoritária a população de baixa renda, em geral com maior dificuldade de acesso à Justiça de primeiro e segundo graus.

Com base nas duas relações de empresas (Quadro II – JEC e Quadro VI – Apelação), algumas foram selecionadas para análises mais detalhadas (resultado do julgamento, valor de condenação, gratuidade do processo e duração do julgamento).

Pela análise do Quadro II – JEC, as seguintes empresas tiveram compulsados os autos de seus respectivos processos:

- a Telemar foi selecionada em razão de liderar o *ranking* de processos nos três universos (JEC, Varas e Câmaras);
- dos Bancos, foram selecionados um governamental (Banco do Brasil) e um privado (Banco Banerj), este pertencente ao grupo econômico Itaú, controlador do Banerj, com atuação mais concentrada no Rio de Janeiro, o que não ocorre com aquele;
- das operadoras de cartões de crédito, foram selecionadas Fininvest e Credicard, primeiras colocadas no segmento, bem como C&A Modas, considerando as ações aforadas por conta do respectivo cartão de crédito;
- as duas concessionárias estaduais de luz, Cerj e Light, foram destacadas para análise por não atuar em regiões justapostas – a Cerj atende ao interior do Estado, e a Light, preferencialmente, à capital. A essas concessionárias soma-se a Cedae, de água e esgoto, que aparece na 14ª colocação.

Para a análise de valor e percentual de condenação, tempo de julgamento e gratuidade do processo foram analisados 2.404 autos, cujos resultados são apresentados a seguir.

Gráfico I – perfil da amostra

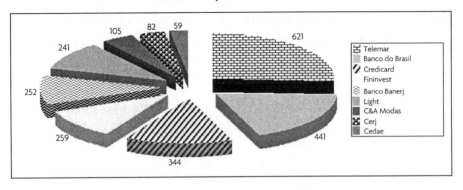

Gráfico II – Processos analisados (amostra e subamostra)

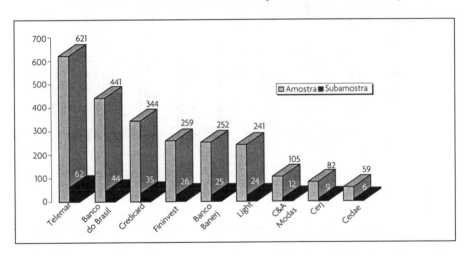

Das empresas selecionadas para compor a subamostra, a Embratel foi retirada após a consolidação dos dados pesquisados porque apenas um processo estava disponível para análise detalhada. Sua inclusão poderia, portanto, distorcer as estatísticas.

Dos processos componentes da subamostra, 66% referem-se a partes autoras beneficiárias da gratuidade de justiça, nos termos da Lei nº 1.050/60. A totalidade dos processos dirigidos à Cedae e 90% dos processos dirigidos à C&A Modas são aforados por consumidores hipossuficientes, indicativo de que o defeituoso serviço prestado afeta a parcela menos favorecida da população. O gráfico a seguir detalha o comportamento da variável "justiça gratuita", com indicação do valor percentual por empresa.

Gráfico III – Valores percentuais de justiça gratuita por empresa

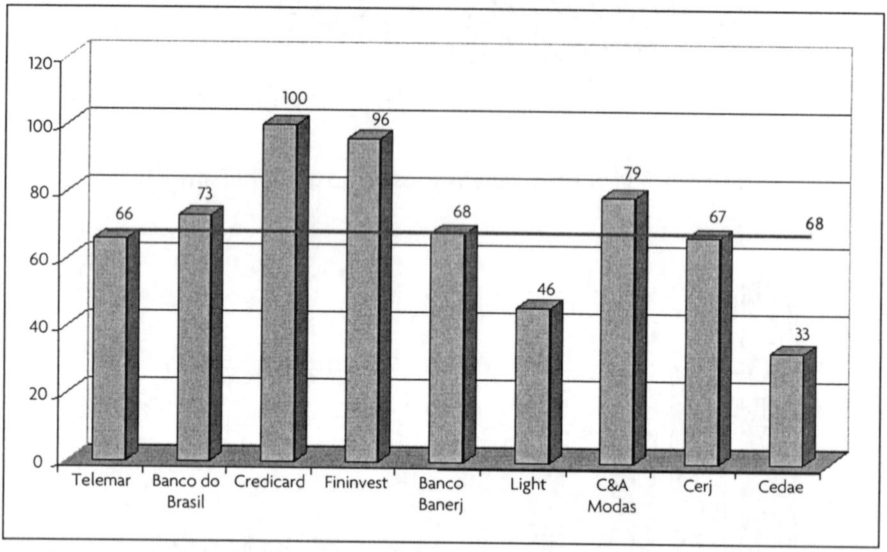

Nota: a linha grossa indica a média de gratuidade.

O agregado por grupo de empresas da mesma natureza demonstra maior equilíbrio do que o perfil individualizado. As médias entre os grupos de empresas são parecidas, destacando-se a menor média dos Bancos, provável decorrência do fato de que a parcela da população que tem acesso aos seus serviços é de renda mais alta. A média mais elevada das administradoras de cartão de crédito deve-se à inclusão de C&A Modas no grupo, do que se extrai que essa empresa atende a segmento de menor poder aquisitivo. Os demais grupos, por oferecerem serviços de amplo acesso, encontram-se próximos da média.

Gráfico IV - Valores percentuais de justiça gratuita por grupo de empresas

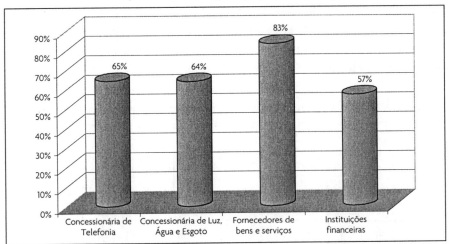

O resultado dos julgamentos nesses processos mostra uma média de condenações das empresas selecionadas semelhante à média de gratuidade de justiça, sem que isto implique correlação entre as duas variáveis.

C&A Modas, com 90% de gratuidade de justiça, tem 79% de derrotas nos processos judiciais. O Credicard, com 54% de gratuidade de justiça, foi condenado em 100% dos casos. O gráfico seguinte demonstra o resultado dos julgamentos por empresa.

Gráfico V - Valores percentuais de condenações por empresa

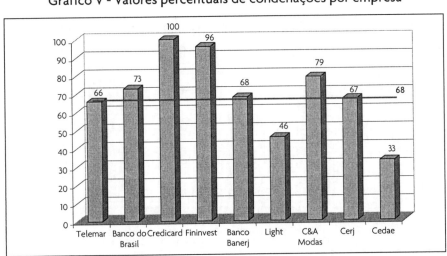

Nota: a linha grossa indica a média das condenações.

As operadoras de cartões de crédito (Credicard e Fininvest) destacam-se no percentual de condenações. As concessionárias dos serviços públicos de água e luz são as que menos sucumbem; na amostra selecionada, obtiveram mais vitórias do que derrotas, provável decorrência da aplicação das ressalvas estabelecidas no art. 6º, §3º, da Lei nº 8.987/95.

Gráfico VI - Valores percentuais de condenações por grupo de empresas

Grupo	%
Concessionária de Telefonia	66%
Concessionária de Luz, Água e Esgoto	49%
Fornecedores de bens e serviços	83%
Instituições financeiras	84%

Com relação ao valor médio das condenações, as empresas de água e luz sofrem as de menor valor. O valor médio das condenações em cada processo pode ser visualizado nos gráficos a seguir.

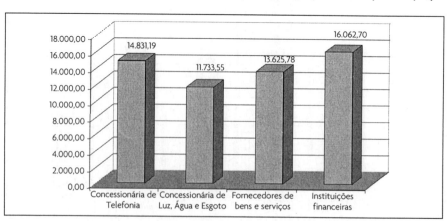

Gráfico VII - Valor médio das condenações por grupos de empresas (R$)

Gráfico VIII - Valor médio das condenações por empresa (R$)

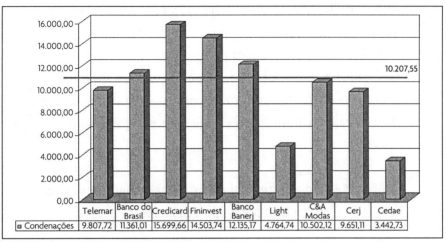

Nota: a linha grossa indica a média de valores das condenações.

Outro dado coletado refere-se à duração dos processos judiciais, tomando como data de início a do tombamento, e como termo final a da baixa ou da interposição de recurso (especial e/ou extraordinário) para os Tribunais Superiores. O tempo médio quase chega a três anos, ou, de forma mais precisa, 923 dias, conforme demonstrado no gráfico seguinte.

Gráfico IX - Tempo médio entre tombamento e baixa/interposição de recurso por empresa

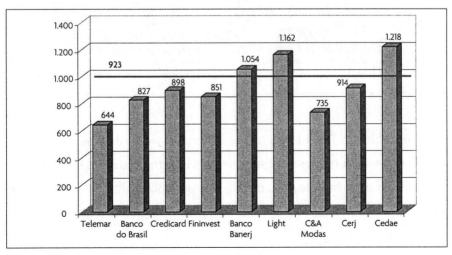

Nota: a linha grossa indica a média de tempo de julgamento, expresso em dias.

Os processos em que são rés empresas de água e luz têm a maior duração (1.098 dias), enquanto os das empresas de telefonia têm a menor (644 dias). A duração dos processos a que respondem instituições financeiras (Bancos e administradoras de cartões de crédito) situa-se mais próxima da média. A maior duração dos primeiros é provável conseqüência da necessidade da produção de prova pericial acerca de alegadas panes em equipamentos medidores ou fuga de energia nas instalações do consumidor.

Gráfico X - Média entre tombamento e baixa/interposição de recurso por grupo de empresas

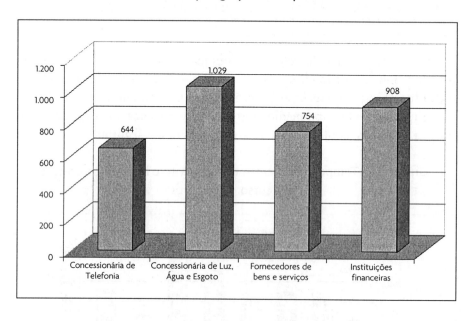

No âmbito do Tribunal de Justiça do Estado do Rio de Janeiro, a relação entre processos autuados e recursos especiais/extraordinários e os seus respectivos agravos, interpostos ao longo do período analisado neste RIGER, mantém-se em torno de 39%, como se observa no gráfico a seguir.

Gráfico XI - Processos autuados X recursos interpostos

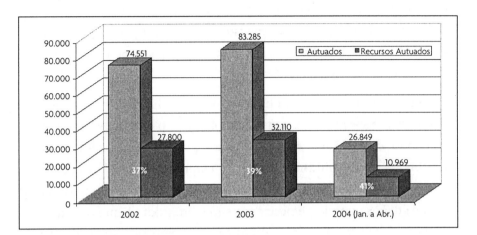

9. Considerações finais

A atuação das empresas líderes em responder a demandas judiciais acarreta grande volume de processos, com largo reflexo social, posto que atinge, em especial, as classes menos favorecidas da população, tanto que 66% dos processos de responsabilidade civil dessas empresas, por danos decorrentes de seus serviços, tramitam sob o regime da gratuidade de justiça. Em outras palavras: 1/3 dos lesados paga as custas processuais, para que 2/3 possam ser atendidos gratuitamente.

Do volume crescente de demandas contra essas empresas, a que corresponde elevado índice de condenações, infere-se que nelas há escassa preocupação com padrões de qualidade no atendimento a seus clientes e usuários, sendo freqüentes o desrespeito à legislação vigente e a geração de danos materiais e/ou morais reconhecidos, cujo valor médio, por processo, em torno de dez mil reais, não é satisfeito antes do prazo médio de 923 dias, a contar do ajuizamento da respectiva ação.

Auspicioso parece ser, apenas, o sinal de que também os segmentos mais carentes da população estão levando seus pleitos ao Judiciário e dele recebendo resposta, mesmo quando no outro pólo da relação processual encontra-se representante de poderosos grupos econômicos.

Percorrendo-se o caminho inverso – da amostra para o universo – e adotando-se como referência os percentuais médios, a pesquisa sugere as possíveis seguintes extrapolações:

a) no período de 28 meses, objeto da pesquisa, foi distribuído, nos 131 Juizados Especiais Cíveis instalados em todo o estado do Rio de Janeiro, o total de 714.061 novas ações, das quais 629.905 (88%) versavam sobre a responsabilidade civil de 16 empresas fornecedoras de bens e serviços (Quadro I), a cujo defeituoso funcionamento se imputa a causa de danos materiais e/ou morais suportados por clientes e usuários;

b) em 68% (485.561) dessas 714.061 ações, as empresas foram afinal condenadas a reparar danos, cujo desembolso médio calculado por ação foi de R$ 10.207,55, o que significa uma dívida, em favor de clientes e usuários lesados, no montante global de R$ 4.956.388.185,55 ou R$ 309.774.261,59 para cada uma daquelas 16 empresas;

c) tal dívida não é paga antes do prazo médio de 923 dias, sendo que 2/3 dos processos tramitam gratuitamente, o que vale dizer que o Poder Judiciário os custeia e enseja aos devedores uma moratória financiada pelo estado;

d) cada uma dessas 16 empresas, ao que tudo indica, preferiu aguardar os 923 dias de tramitação dos processos até a condenação final, na média, de R$ 309.774.261,59, a realizar os investimentos necessários a prevenir os danos causados aos usuários; ou as empresas desconhecem essa situação, ou tal conduta é economicamente vantajosa em confronto com os investimentos corretivos; poder-se-ia, tendo em vista a taxa de juros, entender que a receita financeira decorrente da economia de não promover os investimentos necessários seria vantajosa, considerando o tempo de litígio custeado pelo Estado e a condenação final.

Nessas circunstâncias, a questão de interesse comum do Judiciário e dos Jurisdicionados – estes, como autores ou réus dessas ações de responsa-

PERFIL DAS MAIORES DEMANDAS JUDICIAIS DO TJERJ | 269

bilização civil – é a de se saber qual seria o valor reparatório de danos a partir do qual as empresas fornecedoras de bens e serviços passariam a considerar necessário, do ponto de vista dos custos comparados, investir em medidas corretivas internas que fossem eficientes e eficazes para o fim de prevenir a ocorrência daqueles danos, de sorte a evitar demandas judiciais.

As medidas corretivas teriam por alvo as causas que mais freqüentemente são apontadas nas ações de responsabilidade civil, segundo descrição reiterada pelos órgãos julgadores, ainda sem quantificação estatística, a saber:

a) no segmento das concessionárias de serviço público em geral, os danos decorrentes de interrupção na prestação do serviço por falta de pagamento, porém sem o prévio aviso exigido na legislação de regência (Lei nº 8.987/95, art. 6º, §3º); de interrupção na prestação de serviço por suposta violação de equipamento medidor, contudo sem comprovação idônea; de cobrança de valores indevidos, seja em razão de lançamento por estimativa a despeito de haver equipamento medidor, de serviço não prestado (especialmente de água e esgoto), ou de clonagem de linhas (particularidade dos serviços de telefonia);

b) no segmento das instituições financeiras em geral, os danos decorrentes da remessa do nome do consumidor a cadastros de inadimplentes, como SPC e SERASA, quando indevida porque já pago o débito, mas não registrado pelo credor; ou porque terceiro comprou e não pagou em nome do consumidor, após obter financiamento ou abrir conta fazendo uso de seus documentos adulterados, não conferidos adequadamente pela instituição; ou porque houve emissão de cheques sem fundos por terceiros, mediante grosseira falsificação de assinatura; ou da apresentação de títulos frios a protesto, sem a conferência de causa ou autenticidade pelo apresentante;

c) no segmento dos fornecedores de bens e serviços em geral, os danos decorrentes da remessa do nome do consumidor a cadastros de maus pagadores, porque se recusa a satisfazer despesas pertinentes a serviços oferecidos sem a sua solicitação ou anuência; ou de mora excessiva na entrega da prestação, sem escusa técnica justificável e já pago o preço.

Esse rol de causas responderia, na avaliação dos órgãos julgadores, pela massa das demandas, sem embargo da existência de outras, singulares ou excepcionais, como no caso da Petrobras, em conseqüência de acidentes ecológicos que provocam danos ambientais que se estendem à população. Mesmo admitida a concorrência da participação de terceiros ou do próprio consumidor na geração dessas causas, permanece a responsabilidade objetiva do prestador em face da regra do art. 14 do Código de Defesa do Consumidor. Fica claro que o dano não ocorreria sem o defeituoso funcionamento dos serviços do prestador, o que sublinha a importância, com o fim de prevenir o dano, de investir-se na melhoria da gestão dos serviços prestados, sobretudo no que respeita a tecnologia da informação e a treinamento de pessoal.

Anexo – Gráficos das tendências de ajuizamentos de ações por empresas

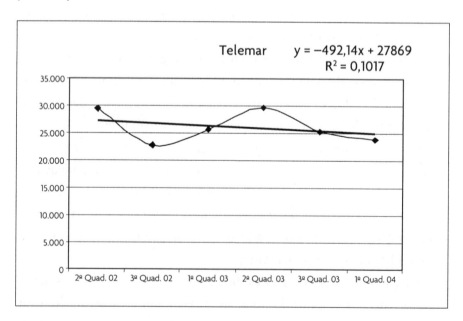

PERFIL DAS MAIORES DEMANDAS JUDICIAIS DO TJERJ | 271

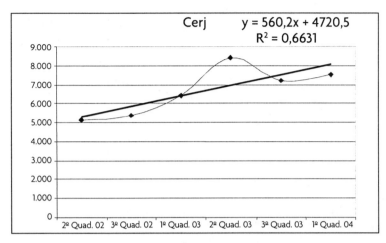

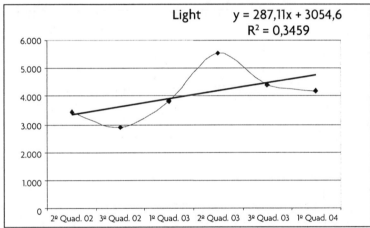

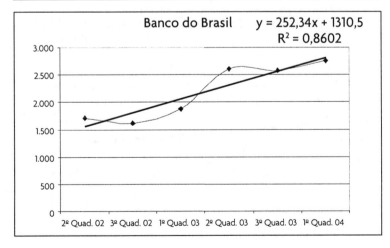

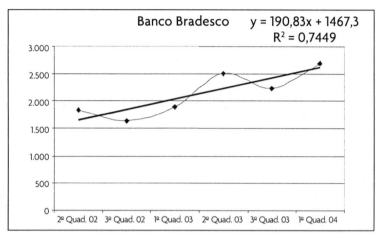

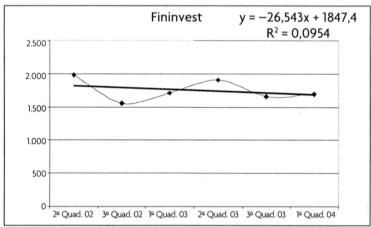

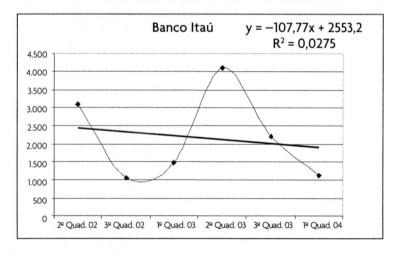

PERFIL DAS MAIORES DEMANDAS JUDICIAIS DO TJERJ | 273

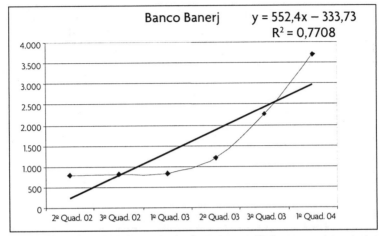

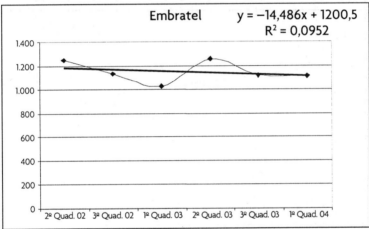

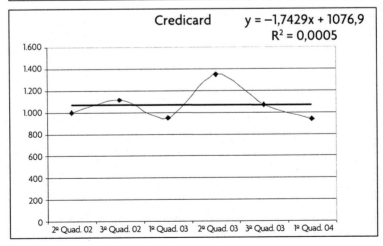

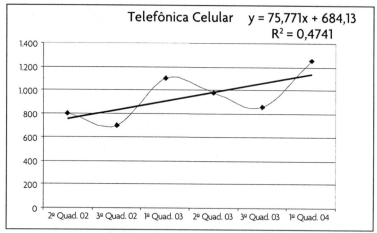

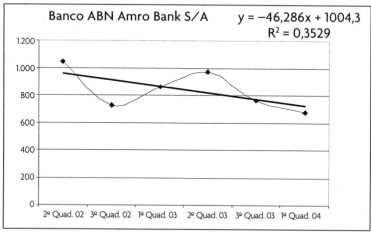

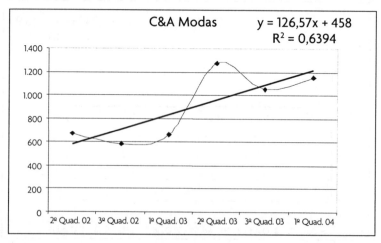

PERFIL DAS MAIORES DEMANDAS JUDICIAIS DO TJERJ

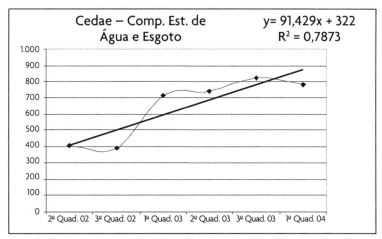

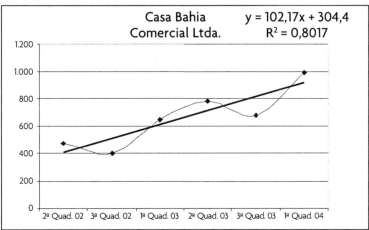

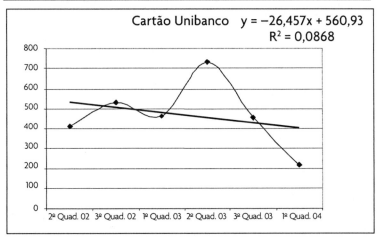

Documento estratégico de vara cível visando a certificação ISO 9001:2000

1. Explicação introdutória sobre o documento estratégico

O Documento Estratégico da **13ª Vara Cível** é o documento de mais alto nível do Sistema Integrado de Gestão (SIGA), definindo a política, as estratégias e os objetivos do órgão jurisdicional de primeiro grau.

O Documento Estratégico consolida:

- a árvore dos processos de trabalho e as interações entre os processos (diagrama de contexto);
- a estrutura organizacional do órgão;
- as responsabilidades executivas, atribuições e respectivas autoridades de nível gerencial;
- os direcionadores estratégicos e a política da qualidade;
- a forma de definição e de acompanhamento dos objetivos estratégicos;
- a matriz de correlação entre os requisitos da norma NBR-ISO-9001:2000 e os respectivos requisitos do SIGA (Anexo 1).

O Documento Estratégico provê as respostas estruturais – internas e externas – para a compreensão do que é e de como atua a **13ª Vara Cível**. Define as linhas mestras do seu sistema, de forma a traçar referências documentais para os usuários e as auditorias internas ou externas de certificação ISO-9001:2000.

O Documento Estratégico pode também ser utilizado para apoio ao treinamento e ao aprimoramento dos processos de trabalho junto a todos os interessados nas relações com a 13ª **Vara Cível** (magistrados, servidores, usuários etc.).

O Juiz Titular da 13ª Vara Cível e o Escrivão devem dispor de exemplares impressos do Documento Estratégico, mantidos atualizados pelo Representante da Administração Superior – RAS como cópias controladas, expedidos pela Assessoria de Desenvolvimento Institucional (ASDIN) do Tribunal de Justiça do Estado do Rio de Janeiro.

Cabe ao Representante da Administração Superior (RAS) a responsabilidade quanto ao conteúdo de atualização do Documento Estratégico.

2. Informações sobre a 13ª Vara Cível

2.1 Dados referenciais

Órgão de Prestação Jurisdicional: JUÍZO DE DIREITO DA 13ª VARA CÍVEL DA COMARCA DA CAPITAL

Av. Erasmo Braga, 115 – 3º andar – sala 311 – Corredor D

20.026-900 – Rio de Janeiro, RJ.

Telefone: (0xx21) 2588-2207 (Cartório)   **Fax:** (0xx21) 2588-2207

Homepage: http://www.tj.rj.gov.br   *e-mail* cap13civ@tj.rj.gov.br

CNPJ: 28538734/0001-48

Inscrição Estadual: isenta

2.2 História da 13ª Vara Cível

A 13ª Vara Cível foi instituída pelo Decreto-Lei nº 2.035, de 27/02/1940. Aos 02/01/2002, foi empossada, como Juíza de Direito Titular, a Dra. Ledir Dias de Araújo. O cargo de Escrivão encontra-se preenchido, mas o Escrivão está à disposição do TJERJ. O Responsável pelo Expediente é Manoel H. Marques Fontes Neto.

A 13ª Vara Cível tem como atribuições processar demandas relacionadas a cartas precatórias, ações cíveis, juizado informal de conciliação e acidentes de trabalho que lhe sejam remetidas por distribuição aleatória ou prevenção legal.

Em 2004, o Presidente do TJERJ, por meio do Ato Executivo nº 3.186/04, designou a 13ª Vara Cível da Comarca da Capital como uma das unidades organizacionais adicionais para a implementação de sistema de gestão conforme à norma NBR-ISO-9001:2000.

3. Definições

TERMO	ESCLARECIMENTO
Administração Superior	responsável pela direção e controle da 13ª Vara Cível no mais alto nível (Juiz de Direito Titular da 13ª Vara Cível).
Macroprocessos	processos de trabalho que formam a espinha dorsal das atividades-fim e meio da 13ª Vara Cível.
Missão	imagem que procura retratar o objeto ou área de atuação, a expansão organizacional e a dimensão social em que se insere o Poder Judiciário.
Objetivo Estratégico	o que é buscado ou almejado, quanto à qualidade (NBR-ISO-9000:2000).
Política da Qualidade	intenções e diretrizes globais da 13ª Vara Cível, relativas à qualidade, formalmente expressas pela Administração Superior.
Produtos	são o resultado dos processos de trabalho da 13ª Vara Cível, destinados à entrega da prestação jurisdicional demandada.
Rotinas Administrativas – RAD	documentos que fornecem informações sobre como realizar atividades e processos de trabalho de forma constante; podem incluir procedimentos documentados, instruções de trabalho e desenhos (NBR-ISO-9000:2000).
Usuários	todas as pessoas – internas (servidores e estagiários) ou externas (público interessado em geral, incluindo partes, advogados, membros do Ministério Público e da Defensoria Pública, avaliadores, contadores, peritos, assistentes técnicos, leiloeiros, depositários) – que recebem os serviços prestados pela 13ª Vara Cível ou colaboram na sua prestação.
Valores	crenças essenciais e princípios que estabelecem os parâmetros éticos e morais sobre os quais o Poder Judiciário forma a sua cultura.
Visão de futuro	ideário do Poder Judiciário, que permite a identificação de necessidades de mudança, oportunidades, restrições e ameaças, direcionando esforços para o propósito a ser atingido.

4. Estrutura de macroprocessos

4.1 Visão sistêmica da 13ª Vara Cível

A 13ª **Vara Cível** funciona como uma rede interdependente de macroprocessos de trabalho, ilustrada no diagrama de contexto – Anexo 2 e pormenorizada no Anexo 3, que mostra os principais processos, bem como suas interações. Todos os processos e subprocessos identificados na figura são descritos, com suficiente grau de detalhamento, nas seções específicas deste Documento Estratégico.

A 13ª **Vara Cível** tem como foco de trabalho a entrega da prestação jurisdicional que lhe é demandada. As políticas e diretrizes relacionadas à prestação jurisdicional são estabelecidas pelo Presidente do Tribunal de Justiça do Estado do Rio de Janeiro, em consonância com a Comissão de Gestão Estratégica do Poder Judiciário.

Para cumprir a sua missão, a 13ª **Vara Cível** conta com o apoio das unidades organizacionais responsáveis pelos sistemas de suprimento às necessidades de tecnologia da informação (Diretoria Geral de Tecnologia da Informação – DGTEC), de gestão de pessoas (Diretoria Geral de Gestão de Pessoas – DGPES), de logística (Diretoria Geral de Logística – DGLOG), de rotinas administrativas (Assessoria de Desenvolvimento Institucional – ASDIN), de informação sobre os seus indicadores de desempenho (Comissão de Apoio à Qualidade – COMAQ), e de normatização, apoio e fiscalização (Corregedoria Geral da Justiça – CGJ).

4.2 Desdobramento dos processos de trabalho

Como sinalizador para organizar a respectiva documentação, é adotada a seguinte convenção de hierarquia de processos de trabalho:

- macroprocessos;
- processos;
- subprocessos; e
- atividades.

DOCUMENTO ESTRATÉGICO DE VARA CÍVEL VISANDO A CERTIFICAÇÃO ISO 9001:2000 | 281

Para cada macroprocesso da 13ª **Vara Cível** estão relacionadas Rotinas Administrativas (RAD), que são implementadas, mantidas e constantemente avaliadas em sua pertinência, adequação e eficácia. A relação dessas RAD é indicada ao final da descrição de cada macroprocesso.

5. Estrutura organizacional

O Anexo 4 apresenta a estrutura organizacional da 13ª **Vara Cível**, que define as relações hierárquicas fundamentais para o efeito de implementação das relações de poder e de subordinação, bem como a responsabilidade pelo gerenciamento ou pela execução dos processos de trabalho.

Cada executor de um processo de trabalho recebe da Administração Superior, sem necessidade de formalização, a respectiva delegação de autoridade para fazê-lo, em conformidade com o SIGA.

6. Estrutura do sistema normativo

A 13ª **Vara Cível**, como órgão integrante do Poder Judiciário fluminense, tem a sua gestão apoiada por um Subsistema Integrado de Gestão – SIGA/ 13ª Vara Cível, que, futuramente, será conectado ao Sistema Integrado de Gestão do Poder Judiciário – SIGA.

As normas administrativas do SIGA/13ª Vara Cível são regulamentadas pelo Sistema Normativo Administrativo do Poder Judiciário, instituído pelo Ato Executivo nº 2.950/2003.

O SIGA/13ª Vara Cível é estruturado em três classes de documentos normativos:

❑ Documento Estratégico – documento de mais alto nível, que consolida a política e a estratégia da 13ª Vara Cível;

❑ Rotinas Administrativas Gerais – procedimentos documentados requeridos pela norma NBR-ISO-9001:2000, todos de abrangência institucional;

❑ Rotinas Administrativas Operacionais – procedimentos documentados necessários para assegurar o planejamento, a operação e o controle eficazes dos processos de trabalho da 13ª Vara Cível e das unidades organizacionais de apoio.

7. Escopo do Sistema Integrado de Gestão da 13ª Vara Cível e suas exclusões

O escopo de certificação da 13ª Vara Cível compreende a operação integrada dos seguintes macroprocessos de trabalho:

- ❑ prestar a jurisdição de primeiro grau;
- ❑ prestar assessoria ao magistrado;
- ❑ garantir apoio cartorário.

Os requisitos 7.3 (Projeto e Desenvolvimento), 7.5.2 (Validação dos Processos de Produção e Fornecimento de Serviço) e 7.6 (Controle de Dispositivos de Medição e Monitoramento) da norma NBR-ISO-9001:2000 são excluídos do escopo por não serem aplicáveis à natureza das atividades da 13ª Vara Cível.

No caso do requisito 7.3 sua exclusão é justificada em face das atividades da Vara serem obrigatoriamente executadas com base na legislação em vigor, em especial no Código de Processo Civil.

O requisito 7.5.2 não se aplica, uma vez que os processos de trabalho são condicionados pela legislação, e os ajustes, caracterizados como melhorias contínuas, não alterando a natureza da atividade realizada na unidade organizacional.

O requisito 7.6 igualmente não se aplica, tendo em vista que não são utilizados dispositivos de medição para a realização dos processos de trabalho.

8. Controle de documentos

Política da 13ª Vara Cível para o controle de documentos: a extensão e a complexidade dos controles de documentos são definidas para assegurar a utilização eficaz de documentos na sua versão atualizada, com o cuidado de evitar extravios e custos desnecessários.

DOCUMENTO ESTRATÉGICO DE VARA CÍVEL VISANDO A CERTIFICAÇÃO ISO 9001:2000 | 283

A sistemática para o controle de documentos pertinentes à execução dos processos de trabalho da 13ª Vara Cível está definida na Rotina Administrativa Controle de Documentos e de Registros.

Cabe à ASDIN gerenciar o ciclo de vida das Rotinas Administrativas (RAD) e manter os documentos originais aprovados.

Cabe aos gestores orientar os servidores quanto ao controle apropriado dos documentos. Aos servidores cabe manter o controle dos documentos nas suas respectivas áreas de trabalho.

Os servidores poderão imprimir cópias das RAD para treinamento ou outros fins. As cópias receberão uma marcação, na cor vermelha, de "cópia não-controlada". A emissão de cópias controladas é feita pela ASDIN.

O recebimento, o registro, a triagem e o trâmite interno de processos judiciais, processos administrativos e outros documentos são realizados pelo Cartório.

Outros documentos processados na 13ª Vara Cível, que não repercutam diretamente na qualidade, possuem os controles mínimos apropriados às suas finalidades.

Pormenores do Processo de Controle de Documentos e de Registros são encontrados no seguinte documento:

🖝 RAD-TJERJ-003 – Controle de Documentos e de Registros.

9. Controle de registros

Política da 13ª Vara Cível para o controle de registros: a extensão e a complexidade do controle, bem como o tempo de guarda dos registros, são definidas para que haja eficácia e eficiência de recuperação e de utilização dos registros necessários às comprovações da qualidade, administrativas ou legais, com o cuidado de evitar trâmites burocráticos e custos desnecessários.

Além dos documentos normativos do SIGA/13ª Vara Cível (Documento Estratégico, Rotinas Administrativas Gerais e Rotinas Administrativas Operacionais), são controlados autos judiciais, petições, laudos, mandados, ofícios, autos administrativos, relatórios e demais documentos, conforme cada caso específico, sempre que influenciarem diretamente a qualidade da prestação jurisidicional e a satisfação dos usuários.

A Rotina Administrativa Controle de Documentos e de Registros define a sistemática para o controle de registros pertinentes à execução dos processos de trabalho da 13ª Vara Cível.

Os registros da 13ª Vara Cível são documentos que apresentam os resultados obtidos nos processos ou fornecem evidências de atividades realizadas.

Os registros de comprovação da conformidade dos resultados de execução dos processos de trabalho, com os seus respectivos requisitos, são definidos nas RAD pertinentes aos processos de trabalho considerados nos respectivos capítulos "gestão de registros", onde também são definidos os prazos de guarda e a destinação.

A 13ª Vara Cível mantém arquivos dos registros cuja recuperação é freqüente, requerendo, em conseqüência, acesso imediato. Os registros cuja recuperação é eventual e, em conseqüência, não requerem acesso imediato, são mantidos no Arquivo Central do Poder Judiciário.

Cabe ao Escrivão planejar e gerenciar os arquivos da Serventia e orientar os servidores quanto à gestão dos registros.

Cabe a todos os servidores manter a integridade dos registros dos seus respectivos processos de trabalho.

São controlados os registros que evidenciam a conformidade de processos e de serviços, a satisfação dos usuários, os resultados das auditorias e outros registros considerados importantes para demonstrar a qualidade praticada ou viabilizar o rastreamento de processos de trabalho.

São características de registro cuja preservação é essencial: **identificação, legibilidade, armazenamento, proteção, recuperação, tempo de retenção e descarte.**

Pormenores do Processo de Controle de Registros são encontrados no seguinte documento:

🗁 RAD-TJERJ-003 – Controle de Documentos e de Registros.

10. Processos de trabalho diretamente relacionados à Administração Superior da 13ª Vara Cível

10.1 Comprometimento da Administração Superior

Os servidores são instruídos sobre a importância dos requisitos dos usuários, bem como estimulados e orientados para atendê-los com propriedade, considerando que o foco da 13ª Vara Cível é a adequada participação de cada usuário na composição das demandas em processamento. Para tal finalidade são realizadas reuniões de avaliação da eficiência e da eficácia dos processos de trabalho, com base em indicadores de desempenho e em outras informações. O juiz de direito determina as ações gerenciais pertinentes ou ações corretivas ou preventivas, conforme o caso. Tais reuniões podem ser de rotina, com freqüência mínima quinzenal, ou de análise crítica, conforme estabelecido neste Documento Estratégico.

10.2 Responsabilidades gerais

Para a implementação e a manutenção do SIGA/13ª Vara Cível, o juiz de direito estabelece as seguintes atribuições gerais, alinhadas com a estrutura organizacional da 13ª Vara Cível (Anexo 4) e detalhadas neste Documento Estratégico ou nas RAD pertinentes a cada processo de trabalho.

FUNÇÃO	RESPONSABILIDADE
Juiz de Direito	□ examinar e julgar os feitos da competência da 13ª Vara Cível; □ determinar o cumprimento e exercer a responsabilidade final por todas as questões que importam ao atendimento dos requisitos do SIGA/13ª Vara Cível; □ promover a melhoria contínua do SIGA/13ª Vara Cível, mediante determinação e acompanhamento da gestão estratégica, políticas e objetivos estratégicos, e liderança das análises críticas do SIGA/13ª Vara Cível; □ conduzir as reuniões de análise crítica e assegurar os respectivos resultados.

Continua

FUNÇÃO	RESPONSABILIDADE
Escrivão ou Responsável pelo Expediente	❑ gerenciar e acompanhar a realização das atividades operacionais do Cartório da 13ª Vara Cível, relativas à prestação jurisidicional; ❑ garantir a implementação e a execução da estratégia estabelecida pelo juiz, mediante o acompanhamento dos indicadores de desempenho estabelecidos; ❑ administrar os recursos humanos e materiais do Cartório.
Secretário do Juiz	❑ apoiar o juiz na elaboração e emissão dos pronunciamentos judiciais, bem como na administração dos recursos humanos e materiais do gabinete do juiz.
Servidores	❑ realizar os processos de trabalho com autocontrole; ❑ informar aos superiores qualquer impossibilidade de atender à satisfação dos destinatários do próximo processo de trabalho.

10.3 Representante da Administração Superior – RAS

Com o fim de formalizar delegação que se mostrar necessária, o juiz designa o escrivão como o Representante da Administração Superior – RAS, com as seguintes responsabilidades:

❑ assegurar que os processos de trabalho incluídos no escopo de certificação sejam estabelecidos, implementados e mantidos;
❑ relatar à Administração Superior o desempenho do SIGA/13ª Vara Cível, bem como qualquer necessidade de melhoria;
❑ assegurar a promoção da conscientização sobre os requisitos dos usuários em todo o ambiente da 13ª Vara Cível.

10.4 Política da qualidade da 13ª Vara Cível

O compromisso da Administração Superior com a qualidade dos serviços entregues aos usuários é formalizado mediante a seguinte declaração:

Política da qualidade da 13ª Vara Cível

Realizar a prestação jurisdicional de forma eficiente e eficaz, em atendimento às necessidades e expectativas dos usuários, buscando a melhoria contínua dos nossos processos de trabalho.

DOCUMENTO ESTRATÉGICO DE VARA CÍVEL VISANDO A CERTIFICAÇÃO ISO 9001:2000 | 287

A política da qualidade estabelecida está alinhada com os direcionadores estratégicos do Poder Judiciário, assim definidos:

Política da qualidade do Poder Judiciário

Desenvolver as melhores práticas de gestão, para que os órgãos de prestação jurisdicional e as unidades administrativas que lhes dão apoio atendam à missão e à visão estabelecidas pelo Poder Judiciário.

Missão do Poder Judiciário

Resolver os conflitos de interesses que lhe sejam levados pela população, garantindo as liberdades, assegurando os direitos e promovendo a paz social.

Visão de futuro do Poder Judiciário

Entregar a prestação jurisdicional em tempo adequado à natureza dos conflitos propostos, obtendo o reconhecimento da sociedade sobre a contribuição do Judiciário para o exercício democrático da cidadania e o desenvolvimento harmonioso de todos os segmentos sociais.

Valores

- ❑ Conhecimento jurídico atualizado;
- ❑ Transmissão de valores éticos;
- ❑ Pragmatismo;
- ❑ Responsabilidade social.

10.5 Objetivos e indicadores estratégicos de desempenho

Os objetivos estratégicos, bem como os respectivos indicadores de desempenho, são definidos pela Administração Superior da 13ª Vara Cível na

A REFORMA DO PODER JUDICIÁRIO NO ESTADO DO RIO DE JANEIRO

última Reunião de Análise Crítica do SIGA/13ª Vara Cível de cada ano, no mês de novembro, para o ano seguinte, propostos por iniciativa do Representante da Administração Superior, que consolida as sugestões dos servidores. Tais objetivos são alinhados com os objetivos fixados pela Comissão de Gestão Estratégica do Poder Judiciário.

Após aprovados pelo juiz, os objetivos estratégicos são comunicados a todos os integrantes da 13ª Vara Cível, ressaltando-se a necessária contribuição de cada um para que sejam alcançados. É responsabilidade do RAS a divulgação dos objetivos estratégicos consolidados, bem como o acompanhamento e a implementação dos respectivos planos de ação.

Cada objetivo estratégico terá os seus respectivos indicadores de desempenho, capazes de apontar o respectivo progresso das metas estabelecidas.

Os objetivos estratégicos e seus indicadores de desempenho encontram-se reunidos no documento "Objetivos Estratégicos da 13ª Vara Cível", cuja cópia poderá ser obtida com o RAS.

Além dos Indicadores de Desempenho e dos Objetivos Estratégicos da 13ª Vara Cível, as RAD também estabelecem os indicadores de desempenho operacionais para os respectivos processos a que dizem respeito, base de referência para a análise de dados e de melhorias contínuas dos processos de trabalho.

10.6 Reuniões de análise crítica

As reuniões para análise crítica do SIGA/13ª Vara Cível são realizadas com freqüência trimestral, nos meses de fevereiro, maio, agosto e novembro de cada ano. Avaliam a pertinência, a adequação, a eficiência e a eficácia do SIGA/13ª Vara Cível.

O planejamento das reuniões é realizado pelo RAS, que as programa com base nos resultados dos indicadores de desempenho e nas seguintes informações:

❑ resultado de auditorias realizadas;
❑ desempenho dos processos de trabalho e conformidade dos respectivos produtos desses processos;

DOCUMENTO ESTRATÉGICO DE VARA CÍVEL VISANDO A CERTIFICAÇÃO ISO 9001:2000 | 289

- ❏ realimentação do usuário;
- ❏ situação das ações preventivas e corretivas;
- ❏ acompanhamento das ações oriundas de análises críticas anteriores;
- ❏ mudanças que possam afetar o SIGA/13ª Vara Cível (tecnologia de informação, legislação etc.);
- ❏ recomendações para melhoria.

As reuniões são convocadas e documentadas pelo RAS, com o registro das considerações ou ações que contemplam, pelo menos, os seguintes tópicos:

- ❏ melhorias do SIGA/13ª Vara Cível e dos seus respectivos processos;
- ❏ melhorias nos serviços prestados quanto aos requisitos que provêem a satisfação dos usuários;
- ❏ necessidade de recursos.

As reuniões de análise crítica do SIGA/13ª Vara Cível são realizadas com a participação do juiz, do escrivão ou responsável pelo expediente, do secretário do juiz e dos servidores, recomendando-se que todos a elas compareçam.

10.7 Comunicação interna

O juiz e o escrivão promovem a comunicação interna na 13ª Vara Cível sob a seguinte orientação geral:

- ❏ os assuntos urgentes são comunicados pessoalmente;
- ❏ caso haja necessidade de registro, serão posteriormente ratificados por documento;
- ❏ mediante reuniões sistemáticas ou quando se fizerem necessárias (a critério do juiz).

Os dados resultantes da realização dos processos de trabalho são inseridos nos bancos de dados, por meio do Sistema de Distribuição e Controle

A REFORMA DO PODER JUDICIÁRIO NO ESTADO DO RIO DE JANEIRO

Processual da 1ª Instância – DCP, também conhecido como Projeto Comarca, ou por processamento manual.

Os servidores têm acesso a essas informações e dados, de acordo com suas respectivas senhas de acesso aos sistemas e arquivos. As senhas e autorizações de acesso são estabelecidas para dinamizar as decisões e preservar o apropriado controle das informações pelos canais autorizados.

10.8 Atividades de assessoramento ao juiz

10.8.1 Apoio logístico

O apoio logístico e de secretariado ao juiz é realizado pelo secretário do juiz, que é responsável, entre outras, pelas seguintes atividades:

1. coordenar a agenda do juiz;
2. proceder à triagem, à análise e ao encaminhamento das correspondências dirigidas ao juiz;
3. elaborar e encaminhar os expedientes gerados internamente no gabinete;
4. gerenciar os pedidos de material e de serviços do gabinete;
5. gerenciar os pedidos de manutenção e apoio de informática do gabinete;
6. gerenciar as necessidades de capacitação dos servidores, em conjunto com o escrivão.

10.8.2 Apoio à prestação jurisdicional de primeiro grau

O apoio à atividade-fim da Vara – prestação jurisdicional – é realizado pelo secretário do juiz , que responde pelas seguintes atividades, entre outras:

1. gerenciar a marcação e o cancelamento de audiências;
2. minutar relatórios de sentença, quando autorizado pelo juiz;
3. realizar o pré-atendimento aos advogados que desejam despachar com o juiz;
4. acompanhar a emissão de relatórios de indicadores de desempenho.

Pormenores do processo de assessoramento ao juiz são encontrados no seguinte documento:

📁 RAD-VCIV-012 – Apoiar a Prestação Jurisdicional de Primeiro Grau.

11. Macroprocesso gerir a prestação jurisdicional de primeiro grau

O juiz de direito é responsável por realizar a gestão da prestação jurisdicional de primeiro grau na 13ª Vara Cível, além de ser responsável por despachar, decidir e sentenciar, em prazos razoáveis e compatíveis com o volume de serviço do Cartório, os autos dos processos judiciais levados à sua conclusão.

Pormenores do processo Gerir a Prestação Jurisdicional de Primeiro Grau:

📁 RAD-VCIV-002 – Gerir a Prestação da Jurisdicional de Primeiro Grau.

12. Macroprocesso apoiar a prestação jurisidicional de primeiro grau

O escrivão gere os recursos da 13ª Vara Cível relacionados à infra-estrutura, à competência de pessoas e ao ambiente de trabalho.

12.1 Manutenção da infra-estrutura

A manutenção preventiva e corretiva das instalações e de equipamentos de informática compete ao Tribunal de Justiça. Em caso de emergência, a manutenção corretiva é solicitada pelo secretário do juiz ao Tribunal de Justiça, inicialmente por telefone e depois ratificada formalmente.

Pormenores do processo Manutenção da Infra-estrutura são encontrados no seguinte documento:

📁 RAD-VCIV-003 – Gerir o Cartório.

12.2 Gestão da competência das pessoas

As atividades na 13ª Vara Cível são desenvolvidas pelo juiz, serventuários e colaboradores em funções de conciliação e peritagem.

O aperfeiçoamento do magistrado segue os dispositivos constitucionais pertinentes e é realizado pela Escola da Magistratura – Emerj. As ações ocorrem desde o ingresso do magistrado na carreira, estendem-se pelos dois primeiros anos de exercício da função e permanecem ao longo da carreira sendo requisito para as promoções e remoções do magistrado até alcançar o cargo de desembargador.

O incremento da capacitação dos serventuários incumbe à Diretoria Geral de Gestão de Pessoas – DGPES e, em particular, à Escola de Administração Judiciária. Eventualmente, com o fim de solucionar carências específicas, o juiz solicita à DGPES a capacitação requerida.

A integração de novos colaboradores no Tribunal de Justiça é realizada pela ESAJ. Na 13ª Vara Cível, é feita com base no Documento Estratégico ou, em caso de procedimento específico, na RAD pertinente, e ministrada pelo gestor imediato.

Pormenores do processo Gerenciar Competências das pessoas são encontrados nos seguintes documentos:

📁 RAD-DGPES-040 – Capacitação e Desenvolvimento

📁 RAD-EMERJ-013 – Curso de Aperfeiçoamento de Magistrados.

12.3 Infra-estrutura

A infra-estrutura necessária à realização dos processos de trabalho da 13ª Vara Cível inclui, como recursos inventariados no patrimônio do Tribunal de Justiça do Estado do Rio de Janeiro, o gabinete do juiz, a sala de audiências, a sala do secretário do juiz, o cartório, as instalações sanitárias, o mobiliário, os materiais de expediente, os materiais de escritório, os equipamentos de informática, os programas de computador e os serviços de apoio especificados adiante.

12.4 Compras administrativas

12.4.1 Aquisição de materiais e serviços

Os equipamentos, os materiais e os bens permanentes usados na 13ª Vara Cível são providos pela **Diretoria Geral de Logística** do Tribunal de Justiça, mediante solicitação ou entrega automática por dotação orçamentária. Cabe ao Tribunal de Justiça assegurar a adequação de tais aquisições às finalidades pretendidas, de forma a permitir a execução dos processos de trabalho, em conformidade com a RAD implementada.

Pormenores do processo Aquisição de Materiais e Serviços são encontrados nos seguintes documentos:

📁 RAD-VCIV-012 – Apoiar a Prestação da Jurisdição de 1º Grau.
📁 RAD-VCIV-003 – Gerir o Cartório.

12.5 Ambiente de trabalho

Recomenda-se a criação de ambiente de trabalho favorável ao desenvolvimento dos processos de trabalho, à satisfação e à motivação das pessoas, e à obtenção dos melhores resultados, mediante:

- manutenção de clima organizacional profissional, cordial e harmônico, com o fim de obter os resultados desejados, sem inibir a criatividade e a prontidão na solução dos problemas e requisitos informais apresentados pelos usuários;
- solução de conflitos eventuais cuja permanência ou solução insatisfatória perturbe o ambiente da 13ª Vara Cível;
- implementação de ferramentas gerenciais para melhorar continuamente a identificação e a organização dos locais de trabalho, privilegiando a identificação visual ou a sinalização dos postos de trabalho.

É responsabilidade de todos – Administração Superior e servidores – manter o ambiente de trabalho limpo e organizado.

Com a finalidade de propiciar ambiente de trabalho confortável, as instalações da 13ª Vara Cível são dotadas de ar-condicionado central.

Para estimular a interação social e ensejar o lazer, a 13ª Vara Cível conta, para o magistrado, com o apoio da Associação dos Magistrados do Estado do Rio de Janeiro – AMAERJ e, para os serventuários, com as iniciativas do Sindicato dos Serventuários da Justiça do Estado do Rio de Janeiro – SIND-JUSTIÇA.

13. Macroprocesso realizar apoio cartorário

Os processos de trabalho realizados no Cartório, são distribuídos entre três equipes. *O fluxograma do Anexo 5 apresenta, de forma resumida, as atividades realizadas na 13ª Vara Cível.*

EQUIPES	RESPONSABILIDADES
Apoio	❏ receber, analisar, registrar e disponibilizar para processamento os documentos destinados à 13ª Vara Cível; ❏ autuar os documentos recebidos; ❏ realizar a juntada de ofícios, correspondências, mandados e carta precatória nos autos dos processos judiciais; ❏ expedir documentos; ❏ arquivar autos de processos judiciais; ❏ realizar a baixa para conclusão e publicação de expedientes.
Digitação	❏ confeccionar ofícios, mandados e documentos; ❏ elaborar e arquivar os registros de remessa de documentos.
Processamento	❏ realizar a juntada dos documentos nos autos dos processos judiciais; ❏ proceder ao processamento.

Todos os servidores do Cartório realizam, em sistema de rodízio, a atividade de atendimento aos usuários no Balcão de Atendimento da 13ª Vara Cível. A escala do rodízio é estabelecida pelo escrivão.

13.1 Receber documentos

O objetivo desse processo de trabalho é receber documentos destinados à 13ª Vara Cível e dar-lhes o devido encaminhamento interno.

Pormenores do processo Receber Documentos são encontrados no seguinte documento:

📁 RAD-VCIV-004 – Receber Documentos.

13.2 Autuar processos

O objetivo desse processo de trabalho é transformar petições iniciais em processos judiciais.

Pormenores do processo Autuar Documentos são encontrados no seguinte documento:

📁 RAD-VCIV-005 – Autuar Documentos.

13.3 Entranhar documentos

O objetivo desse processo de trabalho é receber petições originárias do Protocolo Geral da Corregedoria e realizar a juntada (física) aos autos do processo judicial pertinente.

Pormenores do processo de **Entranhar** Documentos são encontrados no seguinte documento:

📁 RAD-VCIV-006 – **Entranhar** Documentos.

13.4 Processar autos

O objetivo desse processo de trabalho é realizar atividades durante a tramitação do processo judicial, com o objetivo de viabilizar-lhe o julgamento.

Pormenores do processo Processar Autos são encontrados no seguinte documento:

📁 RAD-VCIV-007 – Processar Autos.

13.5 Publicar

O objetivo desse processo de trabalho é providenciar a publicação, no *Diário Oficial*, de todos os atos realizados na 13ª Vara Cível que requeiram tal formalidade, conforme as disposições legais vigentes.

Pormenores do processo Publicar são encontrados no seguinte documento:

☐ RAD-VCIV-008 – Publicar.

13.6 Encaminhar documentos

O objetivo desse processo de trabalho é controlar o envio de documentos da 13ª Vara Cível para qualquer entidade externa.

Pormenores do processo Encaminhar Documentos são encontrados no seguinte documento:

☐ RAD-VCIV-009 – Encaminhar Documentos.

13.7 Atender a solicitações

O objetivo desse processo de trabalho é atender às providências demandadas à 13ª Vara Cível, entre as quais destaca-se o atendimento ao público.

Pormenores do processo Atender a Solicitações são encontrados no seguinte documento:

☐ RAD-VCIV-010 – Atender a Solicitações.

13.8 Realizar a gestão do cartório

O objetivo desse processo de trabalho é detalhar as atividades realizadas pelo escrivão para a gestão do Cartório.

Pormenores do processo Gerir o Cartório são encontrados no seguinte documento:

☐ RAD-VCIV-003 – Gerir o Cartório.

13.9 Digitar documentos

O objetivo desse processo de trabalho é detalhar as atividades de digitação de documentos.

Pormenores do processo Digitar Documentos são encontrados no seguinte documento:

🗁 RAD-VCIV-011 – Digitar Documentos.

13.10 Ações gerenciais

As ações gerenciais para a correção de desvios identificados e a introdução de melhorias nos processos de trabalho são definidas, mensalmente, nas reuniões entre o juiz e o escrivão e, trimestralmente, nas reuniões de análise crítica do SIGA/13ª Vara Cível, ou em período inferior sempre que se mostrarem necessárias.

13.11 Comunicação com os usuários – advogados e partes

A comunicação da 13ª Vara Cível com os seus usuários se dá por intermédio da Equipe do Cartório, quando do atendimento no Balcão. O usuário também é atendido pelo secretário do juiz ou diretamente pelo juiz. A comunicação interpessoal com o usuário se dá pelos órgãos de publicação oficial e pela página da intranet do Tribunal de Justiça.

Pormenores do processo Atendimento a Solicitações são encontrados nos seguintes documentos:

🗁 RAD-VCIV-002 – Gerir a Prestação Jurisdicional de Primeiro Grau.

🗁 RAD-VCIV-010 – Atender a Solicitações.

13.12 Identificação e rastreabilidade

As petições iniciais distribuídas à 13ª Vara Cível são autuadas mediante a atribuição de numeração cronológica, que identificará o processo judicial e servirá ao seu trâmite, a esse vinculando-se permanentemente, mesmo durante a fase de arquivamento.

Pormenores do processo Autuar Documentos são encontrados no seguinte documento:

🗁 RAD-VCIV-005 – Autuar Documentos.

13.13 Cuidados dispensados aos usuários e a seus pertences

A 13ª Vara Cível reconhece que, enquanto os usuários estiverem presentes nas instalações do Poder Judiciário, devem ter sua integridade física e segurança asseguradas, mediante instalações apropriadas e protegidas contra acidentes e intempéries.

A segurança contra incêndios e acidentes é gerenciada pela Brigada de Incêndio do Tribunal de Justiça. O Departamento de Saúde, da Diretoria Geral de Gestão de Pessoas, provê o atendimento médico de urgência, caso necessário ao resguardo da integridade dos usuários.

Similarmente, os documentos e as informações dos usuários, que compõem os autos de processos judiciais, são protegidos, conforme estabelecido na RAD-TJERJ-003 – Controle de Documentos e de Registros.

13.14 Preservação de produto e entrega dos processos judiciais

Durante todo o ciclo da prestação jurisdicional, o Cartório e o secretário do juiz zelam pelo processamento mediante a aplicação das RAD, bem como acompanham os indicadores de desempenho estabelecidos, de modo a assegurar o bom nome da Instituição, a valorização do esforço comum e a satisfação do usuário.

Pormenores do processo são encontrados nos seguintes documentos:

🗁 RAD-VCIV-002 – Gerir a Prestação Jurisdicional de Primeiro Grau.
🗁 RAD-VCIV-010 – Atender a Solicitações.

14. Medição, análise e melhoria

14.1 Medição e monitoramento da satisfação dos usuários

A satisfação dos usuários da 13ª Vara Cível é medida e monitorada com base em avaliação dos indicadores de desempenho dos processos de trabalho e em pesquisa de satisfação dos usuários.

O secretário do juiz seleciona, de forma sistemática, os resultados das avaliações, de modo a utilizá-los em prol da qualidade da serventia.

Pormenores do processo Medição e Monitoramento da Satisfação dos Usuários são encontrados no seguinte documento:

☞ RAD-VCIV-012 – Apoiar a Prestação da Jurisidição de Primeiro Grau.

14.2 Auditorias internas da qualidade

A Assessoria de Desenvolvimento Institucional do TJERJ (ASDIN) elabora e divulga, a cada ano, o Programa de Auditorias, que inclui os processos de trabalho da 13ª Vara Cível, levando em conta a sua importância e situação atual. As Auditorias Internas da Qualidade – AIQ são realizadas com os objetivos de verificar a eficiência e a eficácia de implementação do SIGA/13ª Vara Cível e de identificar oportunidades de melhorias.

As auditorias são conduzidas por auditores contratados ou por servidores especificamente treinados como auditores, preservada a necessária independência organizacional.

É responsabilidade do juiz e do escrivão implementarem as ações para corrigir situações indesejáveis identificadas, constantes dos relatórios de auditorias internas, ou melhorar o SIGA/13ª Vara Cível.

Pormenores do processo Auditorias Internas são encontrados no seguinte documento:

☞ RAD-TJERJ-005 – Auditoria Interna do SIGA.

14.3 Medição e monitoramento de processos judiciais

Durante a realização da prestação jurisdicional, as atividades são medidas e monitoradas consoante os requisitos da legislação em vigor.

14.4 Controle de processos judiciais não-conformes

Os processos judiciais, em processamento ou concluídos, e que forem identificados como não-conformes receberão tratamento especial. Serão inscritos em registros de controle que contenham a natureza da não-conformidade e as ações para solucioná-la. O prosseguimento do processamento após a correção das não-conformidades ou de limitação de suas conseqüências será supervisionado pelo escrivão, que reaplica os controles que identificaram a não-conformidade original.

Pormenores sobre os processos judiciais não-conformes são encontrados no seguinte documento:

🗁 RAD-TJERJ-004 – Tratamento de Ações Corretivas, Ações Preventivas e Melhorias.

🗁 *RAD-VCIV-013 – Tratamento de Não-Conformidades nas Varas Cíveis.*

14.5 Análise de dados

Os dados e as informações decorrentes de medidas de monitoramento administrativo da prestação jurisdicional, aí incluídas a satisfação dos usuários e auditorias internas da qualidade, são tratados e analisados com o fim de se aferirem a eficiência e a eficácia do SIGA/13ª Vara Cível. A coleta e a organização desses dados são realizadas pela Comissão de Apoio à Qualidade (COMAQ), utilizando-se os sistemas de informações específicos e apropriados (Projeto Comarca).

Pormenores do processo Análise de Dados são encontrados no seguinte documento:

🗁 RAD-TJERJ-006 – Geração de Informações e Melhorias Contínuas

14.6 Melhorias contínuas

Os resultados das análises de dados são objeto de reflexões do juiz, do escrivão e das equipes, em busca de melhorias contínuas dos processos de

DOCUMENTO ESTRATÉGICO DE VARA CÍVEL VISANDO A CERTIFICAÇÃO ISO 9001:2000 | 301

trabalho. As ações de melhorias constituem prioridade e são objeto de discussão permanente nas reuniões de análise crítica do SIGA/13ª Vara Cível. Nesse processo, são vinculados de forma lógica a política da qualidade, valores, objetivos, metas e os resultados dos indicadores de desempenho, buscando eficiência e eficácia do SIGA/13ª Vara Cível e a progressiva satisfação dos usuários.

O secretário do juiz processa os dados provenientes de medição e monitoramento administrativo de processos judiciais e harmoniza-os com as informações sobre os resultados das auditorias internas, das ações corretivas e preventivas. Os resultados consolidados são levados às reuniões de análises críticas do SIGA/13ª Vara Cível, cabendo ao juiz propor e acompanhar a implementação de melhorias contínuas da eficácia do SIGA/13ª Vara Cível e da satisfação dos usuários. O diagrama de blocos do processo de melhorias contínuas é mostrado no Anexo 6.

Pormenores do processo Melhorias Contínuas são encontrados no seguinte documento:

❑ RAD-TJERJ-006 – Geração de Informações e Melhorias Contínuas.

14.7 Ações corretivas e ações preventivas

As causas de não-conformidades que ocorrerem durante o processamento, ou causas que envolvam tendências ou situações de risco de ocorrência de não-conformidades, são investigadas com a profundidade adequada a cada caso, estruturadas e documentadas, sendo propostas e implementadas ações que eliminem ou bloqueiem as causas de não-conformidades (reais ou potenciais) e que sejam capazes de restaurar situação aceitável ou de introduzir melhorias.

Pormenores do processo Ações Corretivas e Ações Preventivas são encontrados no seguinte documento:

🗀 RAD-TJERJ-004 – Tratamento de Ações Corretivas, Ações Preventivas e Melhorias.

🗀 *RAD-VCIV-013 – Tratamento de Não-Conformidades nas Varas Cíveis.*

Anexo I
Matriz de correlação da NBR-ISO-9001:2000 com o SIGA/13ª vara cível

NORMA NBR ISO 9001:2000		DOCUMENTO NORMATIVO		
REQUISITO	SUBITEM	ITEM	CÓDIGO	TÍTULO
4.0 Sistema de Gestão da Qualidade	4.2.2 – Manual da Qualidade	—	RAD-13VCIV-001	Documento Estratégico
	4.2.3 – Controle de Documentos	8	RAD-13VCIV-001	Documento Estratégico
		—	RAD-TJERJ-003	Controle de Documentos e de Registros
		—	ATO 2.950/03	Ato Executivo do Sistema Normativo
	4.2.4 – Controle de Registros	9	RAD-13VCIV-001	Documento Estratégico
		—	RAD-TJERJ-003	Controle de Documentos e de Registros
5.0 Responsabilidade da Direção	5.1 - Comprometimento da Direção	10.1	RAD-13VCIV-001	Documento Estratégico
5.0 Responsabilidade da Direção	5.2 – Foco no Usuário	13.13	RAD-13VCIV-001	Documento Estratégico
	5.3 – Política da Qualidade	10.4	RAD-13VCIV-001	Documento Estratégico
	5.4.1 – Objetivos da Qualidade	10.5	RAD-13VCIV-001	Documento Estratégico
	5.4.2 – Planejamento do Sistema de Gestão	10.5	RAD-13VCIV-001	Documento Estratégico
5.0 Responsabilidade da Direção	5.5.1 – Responsabilidade e Autoridade	10.2	RAD-13VCIV-001	Documento Estratégico
	5.5.2 – Representante da Direção	10.3	RAD-13VCIV-001	Documento Estratégico
	5.5.3 – Comunicação Interna	10.7	RAD-13VCIV-001	Documento Estratégico
	5.6 – Análise Crítica pela Direção	10.6	RAD-13VCIV-001	Documento Estratégico
6.0 Gestão de Recursos	6.1 – Provisão de Recursos	12 e 12.1	RAD-13VCIV-001	Documento Estratégico
		—	RAD-VCIV-003	Gerir Cartório

Continua

DOCUMENTO ESTRATÉGICO DE VARA CÍVEL VISANDO A CERTIFICAÇÃO ISO 9001:2000 | 303

NORMA NBR ISO 9001:2000		DOCUMENTO NORMATIVO		
REQUISITO	SUBITEM	ITEM	CÓDIGO	TÍTULO
	6.2.1 – Recursos Humanos	12.2	RAD-13VCIV-001	Documento Estratégico
		—	RAD-VCIV-003	Gerir Cartório
	6.2.2 – Competência, Conscientização e Treinamento	—	RAD-DGPES-040	Capacitação e Desenvolvimento
		—	RAD-EMERJ-013	Curso de `Aperfeiçoamento de Magistrados
		—	RAD-VCIV-003	Gerir Cartório
	6.3 – Infra-estrutura	12.3	RAD-13VCIV-001	Documento Estratégico
		—	RAD-VCIV-003	Gerir Cartório
	6.4 – Ambiente de Trabalho	12.5	RAD-13VCIV-001	Documento Estratégico
7.0 Realização do Produto	7.1 – Planejamento da Realização do Produto	11, 12 e 13	RAD-13VCIV-001	Documento Estratégico
		—	RAD-VCIV-002	Gerir a Prestação Jurisdiconal de Primeiro Grau
		—	RAD-VCIV-003	Gerir o Cartório
		—	RAD-VCIV-012	Apoiar a Prestação da Jurisdição de Primeiro Grau
		—	RAD-VCIV-004	Receber Documentos
		—	RAD-VCIV-005	Autuar Documentos
		—	RAD-VCIV-006	Entranhar Documentos
		—	RAD-VCIV-007	Processar
		—	RAD-VCIV-008	Publicar
		—	RAD-VCIV-009	Encaminhar Documentos
			RAD-VCIV-010	Atender a Solicitações
			RAD-VCIV-011	Digitar Documentos
	7.2 – Processos relacionados a usuários	13.10 e 13.11	RAD-13VCIV-001	Documento Estratégico
	7.4 – Aquisição	12.4	RAD-13VCIV-001	Documento Estratégico

Continua

A REFORMA DO PODER JUDICIÁRIO NO ESTADO DO RIO DE JANEIRO

NORMA NBR ISO 9001:2000		DOCUMENTO NORMATIVO		
REQUISITO	SUBITEM	ITEM	CÓDIGO	TÍTULO
	7.5.1 – Controle de produção e fornecimento do serviço	12.4.1	RAD-13VCIV-001	Documento Estratégico
		—	RAD-VCIV-012	Apoiar a Prestação da Jurisdição de Primeiro Grau
		—	RAD-VCIV-003	Gerir o Cartório
	7.5.3 – Identificação e Rastreabilidade	13.12	RAD-13VCIV-001	Documento Estratégico
			RAD-VCIV-005	Autuar Documentos
	7.5.4 – Propriedade do Usuário	13.13	RAD-13VCIV-001	Documento Estratégico
		—	RAD-TJERJ-003	Controle de Documentos e de Registros
	7.5.5 – Preservação do Produto	13.14	RAD-13VCIV-001	Documento Estratégico
		—	RAD-VCIV-002	Gerir a Prestação Jurisdicional de Primeiro Grau
		—	RAD-VCIV-003	Gerir o Cartório
8.0 Medição, Análise e Melhoria	8.1 – Planejamento e implementação de medição, análise e melhoria	14	RAD-13VCIV-001	Documento Estratégico
	8.2.1 – Satisfação dos Usuários	14.1	RAD-13VCIV-001	Documento Estratégico
		—	RAD-VCIV-012	Apoiar a Prestação da Jurisdição de Primeiro Grau
		—	RAD-VCIV-003	Gerir o Cartório
	8.2.2 – Auditoria Interna da Qualidade	14.2	RAD-13VCIV-001	Documento Estratégico
		—	RAD-TJERJ-005	Auditoria Interna do SIGA
	8.2.3 – Procedimentos de Medidas e Monitoramento	14	RAD-13VCIV-001	Documento Estratégico
		—	RAD-VCIV-012	Apoiar a Prestação da Jurisdição de Primeiro Grau
		—	RAD-VCIV-003	Gerir o Cartório
	8.2.4 – Medida e Monitoramento de Produto	14.3	RAD-13VCIV-001	Documento Estratégico

Continua

DOCUMENTO ESTRATÉGICO DE VARA CÍVEL VISANDO A CERTIFICAÇÃO ISO 9001:2000

NORMA NBR ISO 9001:2000		DOCUMENTO NORMATIVO		
REQUISITO	SUBITEM	ITEM	CÓDIGO	TÍTULO
		—	RAD-VCIV-002	Gerir a Prestação Jurisdiconal de Primeiro Grau
		—	RAD-VCIV-003	Gerir o Cartório
	8.3 – Controle de Produto Não-conforme	14.4	RAD-13VCIV-001	Documento Estratégico
		—	RAD-TJERJ-004	Tratamento de Ações Corretivas, Ações Preventivas e Melhorias
		—	RAD-VCIV-013	Tratamento de Não-Conformidades nas Varas Cíveis
	8.4 – Análise de Dados	14.5	RAD-13VCIV-001	Documento Estratégico
			RAD- TJERJ -006	Geração de Informações e Melhorias Contínuas
	8.5.1 – Planejamento para Melhorias Contínuas	14.6	RAD-13VCIV-001	Documento Estratégico
		—	RAD- TJERJ -006	Geração de Informações e Melhorias Contínuas
	8.5.2 – Ação Corretiva	14.7	RAD-13VCIV-001	Documento Estratégico
		—	RAD- TJERJ -004	Tratamento de Ações Corretivas, Ações Preventivas e Melhorias
		—	RAD-TJERJ-013	Tratamento de Não-Conformidades nas Varas Cíveis
	8.5.3 – Ação Preventiva	14.7	RAD-13VCIV-001	Documento Estratégico
		—	RAD- TJERJ -004	Tratamento de Ações Corretivas, Ações Preventivas e Melhorias
		—	RAD-TJERJ-013	Tratamento de Não-Conformidades nas Varas Cíveis

306 | A REFORMA DO PODER JUDICIÁRIO NO ESTADO DO RIO DE JANEIRO

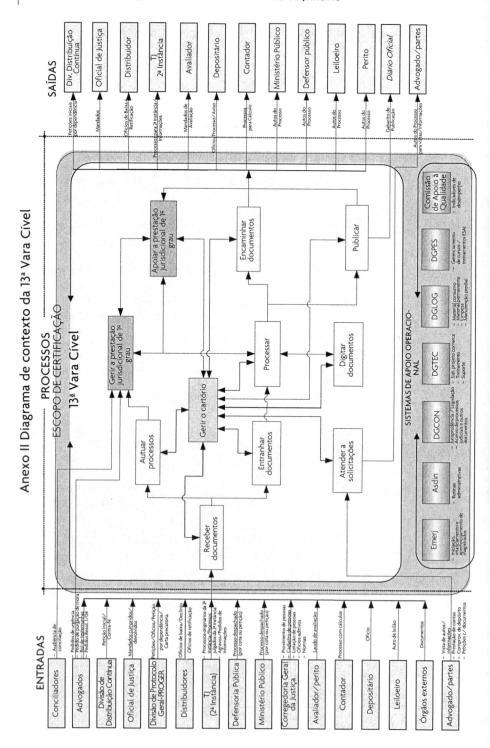

Anexo II Diagrama de contexto da 13ª Vara Cível

Anexo III Rede de processos de trabalho

NÍVEL	TÍTULO	RAD
Macroprocessos de Trabalho	Gerir a prestação jurisdicional	RAD-VCIV-002
	Apoiar a Prestação Jurisdicional	RAD-VCIV-012
	Gerir o Cartório	RAD-VCIV-003
Processos de Trabalho	Receber Documentos	RAD-VCIV-004
	Autuar Processos	RAD-VCIV-005
	Entranhar Documentos	RAD-VCIV-006
	Processar	RAD-VCIV-007
	Publicar Andamento dos Processos Judiciais	RAD-VCIV-008
	Encaminhar Documentos	RAD-VCIV-009
	Atender a Solicitações	RAD-VCIV-010
	Digitar Documentos	RAD-VCIV-011
	Tratamento de Não-conformidades nas Varas Cíveis	RAD-VCIV-013

Anexo IV Estrutura organizacional

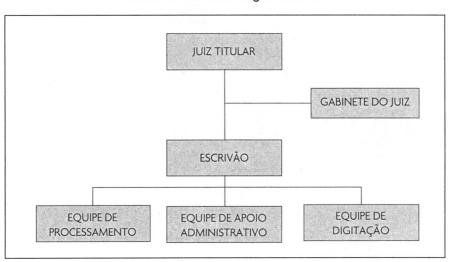

Anexo V Fluxograma geral de funcionamento da 13ª Vara Cível

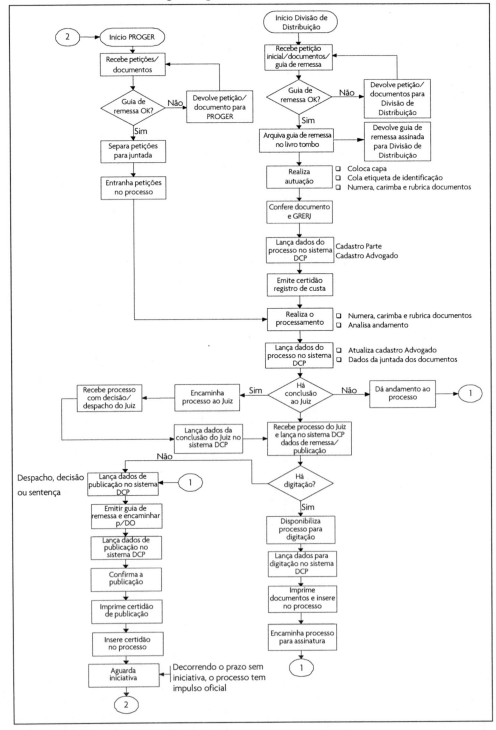

Anexo VI Processo de análise e melhorias

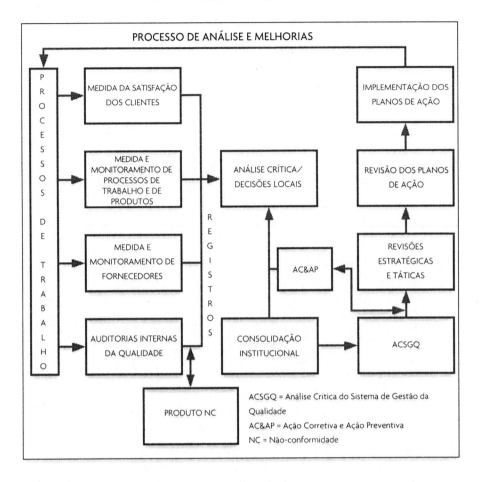

IMPRESSO POR:

Edil

ARTES GRÁFICAS
Tel/Fax: (21) 2501-7560
E-mail: grafica.edil@openlink.com.br